都市危機のアメリカ

都市危機のアメリカ

凋落と再生の現場を歩く

矢作 弘

岩波書店

はじめに

都市は流転し、生まれ変わる

「都市の「かたち」」を考える

都市は時代に育まれ、時代に伴走して変容する。都市は文化／文明の搬送者である。したがってアメリカの、現在の立ち位置を、そして今後について考えるために、「都市の「かたち」」を題材に取り上げることは理に適っている。ここで「都市の「かたち」」は、可視的、建築的な意味にとどまらず、人々の暮らし方／働き方を含む都市の総体を指している[1]。人々の経済的、社会的な結び付きと活動、及び活動の舞台になる物理的、建築的な環境をキーワード「都市の「かたち」」として捉え、その変容する姿を追いかける。

「都市は有機体」である

都市は、自然災害や疫病、戦乱や経済社会の転変などを繰り返して経験するが、つど、甦る。それも危機以前より強固に、そして馬力を備えて甦る。都市には危機から再生する力、そしてふれ過ぎた転変を押し戻す対抗力が内在している。

都市評論家L・マンフォードの名著『都市の文化』を通読し、その歴史観は「都市は流転し、生まれ変わる」──輪廻転生説にあるのではないか、と考えた[2]。成長し、繁栄する産業都市もやがて衰退し、ネクロポリス（死の都市）に至る。しかし、その朽ちて荒れ果てた路傍には、きっと新しい小さな命が芽生えている、とマンフォードはいう。「都市には、転生を促す対抗力が内在している」という楽観主義である。都市に対するこの理解は、「都市は有機体」である、という認識が前提にある。有機体の都市は時間をかけて変化に対応する。逆に突然の危機や過激な変化には対応できない。悲鳴を上げ、激しく反発する。しかし、悲鳴も反発も、また「転生を促す対抗力」の発露である。今般のコロナ禍の爆発では、アメリカの都市も大打撃を受けた。しかし、これまでの都市危機史に学べば、きっと甦る、と思う。その際、「ウイズコロナの時期」と「ポストコロナの時代」を峻別して考えることが大切である。本書では「ポストコロナの時代」を念頭に置きながら、21世紀を迎えて以降のアメリカが直面する「都市危機」を考える。

アメリカ都市小史

資源の豊かなアメリカは、19世紀に開発された大陸横断鉄道と五大湖の水運をバネに東海岸、そして中西部に産業都市群を造り出した。その多くは煤煙型の製造業都市として成長を謳歌し、アメリカ経済を牽引した。そこで働く労働力は国内外の移民がまかなった。世界大戦の戦時需要が、20世紀をアメリカの時代に押し上げた。しかし、1950年代には、その製造業都市がつまずいた。以降、衰退の坂道を転げ落ちた。最初は郊外化、次に国際競争／脱工業化の強烈なトリプルパンチを浴びた。製造業都市は対応できずに劣化し、ネクロポリスに転落した。そして都市騒乱。「都市の失敗」は、さらなる郊外化を加速した。

20世紀前半までのニューヨークは、都市型製造業に支えられた。しかし脱工業化を経験し、1970年代半ばには、市が財政破綻の際まで追い込まれた。その後、レーガノミクスの時代を迎えて危機から復活した。冷戦が遠のき、復調の兆しを示したが、1990年代初頭には再び、「アメリカの黄昏」が話題になった[3]。この時代にニューヨークは、金融制度の規制緩和／ファイナンスのグローバル化——そのタイミングを捉え、国際金融センターとして世界都市の3極（ニューヨーク、ロンドン、東京）を占めた。再生を先導したのは、「FIRE（金融 Finance、保険 Insurance、不動産 Real Estate の頭文字を取る）」。世紀末以降は、GAFA[4]に代表される情報通信ハイテク産業が台頭した。ニューヨークと並び、情報通信クラスターの集積した都市がアメリカ経済を牽引するようになった。そして、「スーパースター都市」（都市学者R・フロリダが新著で使い、一般的な表現になった）と呼ばれる栄誉を得た[5]。

都市の流転はそこでとどまらない。スーパースター都市では、ジェントリフィケーション（地区の「改善」）が激しくなった。高密度が過密に転じ、「外部不経済（家賃／店賃の高騰、交通渋滞など）」を増大させた。ニューヨークやサンフランシスコ、シアトルでは、「外部不経済」を嫌って企業や人材が逃げ出す、という状況が生まれている。今度は、「都市の成功」が新たな都市問題を引き起こす、という皮肉な話である。一方、サンベルト（陽光に恵まれた地帯）都市と並び、ラストベルト（赤錆地帯）がスーパースター都市から逃げ出す企業や人材の受け皿になり始めた。確かに相変わらず「ダメな」ラストベルト都市はある。ラストベルト都市の間で格差が広がる。

「都市の「かたち」」の変容は、（政治的、社会的な）公共空間にも影響を及ぼす。スーパースター都市のジェントリフィケーションは、不平等とコミュニティの分断を増幅し、都市社会運動を誘発している。都市社会運動は、左派に揺れるアメリカ政治と共振している。さらに都市の「外部不経済」は積層し、マイノリティやミレニアル世代を都市から郊外に追い出す。「再都市化」に逆流し、「再郊外化」である。20世紀後半の「郊外の「かたち」」は単一／一色で保守的だったが、「再郊外化」は郊外に多様性を呼び込む。そして郊外の政治的、社会的風景は変化し、リベラル色を強める。

歴史的な転換点にあるアメリカ都市／社会

アメリカは、社会の「振り子」がふれ戻しの転換点にある。本書では、「ジェントリフィケーションの激化」「GAFAに代表される情報通信ハイテク産業の急成長」「ラストベルトの旧煤煙型都市の復活」、そして「郊外の変容」を切り口に、転換点に差しかかったアメリカ都市／社会を考える。

(1) スーパースター都市の「かたち」

FIREが都市再生の舞台で主役を演じる時代を迎え、資本主義はマネー資本主義／不動産資本主義に零落してしまった。アダム・スミスの説いた資本主義とは別モノの、異形の資本主義になった。拝金主義のマネー資本主義は雇用を生まない、技術革新には関心がない——拡大再生産とは無縁の資金循環(カネに投資してカネを稼ぐ)を起こしている。新しい世紀を迎え、ジェントリフィケーションが激しくなった。ジェントリフィケーションは、マネー資本主義と不動産資本主義が輻輳《ふくそう》する現場である。「都市の「かたち」」を劇的に変容させる。格差と不平等を歴史的に経験したことのないレベルまで拡大し、公共空間の変質を誘発している。

情報通信ハイテク産業は、誕生20年余の短い間にアメリカ経済を牽引するビッグビジネス(情報資本主義の担い手)に急成長した[6]。ジェントリフィケーションを誘発し、都市改造でも主役を演じている。ところが都市間競争をめぐって「Winner-take-all(勝ち組がすべてを持ち去る)」を満喫しているはずのスーパースター都市に、異変(企業、人材の流出)が起きている。情報通信ハイテク産業が誘発する過激なジェントリフィケーション、それが引き起こす「外部不経済」の拡大である。都市研究は「グローバル・ジェントリフィケーションと情報資本主義が生み出す都市危機」を語るべき時代を迎えている。

(2) ラストベルト都市の「かたち」

20世紀を「アメリカの時代」に押し上げることで功があった中西部／東海岸の工業都市は、20世紀半ば以降、郊外化と脱工業化に打ちのめされてしまった。旧煤煙型都市には貧困と荒廃が蔓延し、「ラストベルト」「フロストベルト（氷結地帯）」と呼ばれて揶揄されてきた。その時代には、「都市の縮小と資本主義の危機」が都市研究の重要な課題になった。「プアーホワイト（貧しい白人）」を生み、この地域が「トランプのアメリカ」になったことはよく知られている。

その旧煤煙型都市が、今度は歴史的遺産（legacy）を活かしてニュー産業（バイオ、ＡＩ、ＩＴ、新素材産業など）を興している。それをバネに復活の軌道を歩み始めた。21世紀のアメリカ経済を支える屋台骨の1本に復活する。ラストベルト都市の再生をめぐっても、ＧＡＦＡなどの情報通信ハイテク企業が躍動している。幾つかのラストベルト都市では、継続してマイナスだった人口動態が反転している。当然、「トランプのアメリカ」にも変化が始まる。

（3）郊外都市の「かたち」

都市圏の郊外は伝統的に共和党が強い。カリフォルニア以外のサンベルト州も、共和党の地盤である。ところが2018年の連邦議会中間選挙では、サンベルトの郊外を含めて郊外全体で共和党から民主党へのオセロ返しが起きた。アメリカの公共空間が、大きな転換点に差しかかっていることを示す予兆になった。この10年ほどの間に、郊外では多様化が進行し、貧困が増加した。そして郊外都市政府が新しい郊外づくり――「都市的な郊外化（urban suburbanization）」に挑戦するようになった。郊外に都会的な魅力を備えた空間をつくり、リベラルなミレニアル世代を呼び込むねらいがある。「郊外の「かたち」」が変容し、「単一／一色」「白人／中間所得階層」のキーワードで語られてきた伝統的な郊外は、昔話の世界になってきた。

「ウイズコロナの時期」には、スーパースター都市、ラストベルト都市、そして郊外都市の人口動態は、都市の「高密度」を嫌う人々の移動を反映し、これまでの再郊外化の流れを加速する。半面、

「ポストコロナの時代」には、この流れに分岐が起き、再郊外化に逆らう伏流が生まれる。都市危機史に学べば、都市には危機から復活する復元力がある。コロナ禍で打撃を受けたスーパースター都市は、むしろ危機を踏み台に再活性化し、人々を再び呼び戻す。

本書の独自性

幾つかの仮説　本書では、「スーパースター都市の光と影――そして「影」が濃くなる」「ラストベルト都市がブーミング都市(人気上昇の町)になる」「郊外がリベラル化する」等々、幾つかの仮説を提起し、データと事例を基に検証する。昨今、アメリカの都市研究者の間でもこれらの仮説、その論点をめぐって熱い論争が起きている。

アメリカ社会を論じたり、ルポルタージュしたりする日本語の書き物には、負の側面を取り上げてアメリカを叩き、「アメリカは酷い」という文脈に終始するものを散見する。本書はその立場を取らない。どの社会にも「光と影」がある。アメリカにも過ぎたるを再考し、正す動きがある。再生や復興を目指す政策や活動がある。対抗力である。アメリカは多くの難問を抱えているが、それでもなお、21世紀前半はアメリカの時代である。そこにアメリカ都市研究の意義がある。

都市観察の立ち位置　社会問題に対してジャーナリズムは帰納的にアプローチする。現場発である。アカデミズムは演繹的である。理論発である。筆者は新聞記者として30年余働いた。縁があって大学に職を得た。しかし、「研究者になれた」という思いはない。大学生活では、国内外の人々に恵まれた。当代一流の研究者から都市をどのように理解すべきか、その理論について教示される機会が多かった。専門書を読む時間も増えた。そして大学人になって考えたことは、ジャーナリズムとアカデミズムの狭間で仕事をすることであった。そこに筆者の立ち位置を決めれば、幾分かは意味のある仕事を残せるのではないか、と考えた。本書に即していえば、一般書でもなく、専門書でもなく、その間――欲張ってその両方を目指す、という執筆方針を決めて書き始めた。都市問題の専門家／研究者が「おやまぁ、そういうニュースがあるの！」「そのトレンドは知らなかったなぁ！」と驚いたり感心したりする「facts（事実）」を、できる限り豊富に書き込む。都市研究者ではない方々には、いろいろな都市論を紹介しながら「facts」の意味解釈を試みる。そしてできる限り平易に書く。そこに本書のミッションを置くことにした。

日本語で書かれたアメリカ都市史の本は少ない。本書はアメリカ都市の通史ではないが、課題を記述する際に必要な範囲で関係する歴史に言及する。アメリカ都市史を知るのに役に立つと思う。

（1） 本書には「郊外都市の「かたち」」「ラストベルト都市の「かたち」」などの表現が出てくるが、「都市の「かたち」」と同じ意味で「かたち」を使っている。

（2） L・マンフォード、生田勉訳『都市の文化』鹿島出版会、1974年。

（3） 進藤榮一『アメリカ黄昏の帝国』（岩波新書、1994年）はレーガン時代を批判的に捉え、1990年代前半の沈むアメリカを描いている。1960年代のリベラリズムと反エスタブリッシュメントに関しては越智道雄『アメリカ「60年代」への旅』（朝日選書、1988年）がその時代を生き生きと描いている。

（4） Google（グーグル、設立1998年）、Amazon.com（アマゾン・ドット・コム、同1994年）、Facebook（フェイスブック、同2004年）、Apple（アップル、同1976年）の頭文字。

（5） R. Florida, *The New Urban Crisis: How our cities are increasing inequality, deepening segregation, and falling the middle class — And what we can do about it*, Basic Books, 2017.

（6）情報資本主義では、石油に代わって情報が産業活動の「コメ」になる。その生産、流通、及びそれを可能にする機器、システムの研究開発と製造が、投資、雇用、そして資本蓄積において圧倒的な規模に達する。金融資本、不動産資本と結び付き、都市の造営、都市空間の再編をめぐって甚大な影響力を発揮するようになる。

目　次

＊本文中の写真は著者撮影

NO FEE
FOR RENT
RHEINGOLD

2 BERRY
FRESH COFFEE
QUALITY GOODS
LOCAL FOOD
ONE

I 変容する「スーパースター都市の「かたち」」

「過ぎたる成功」が吐き出す矛盾(外部不経済)に、ニューヨーク、サンフランシスコ、シアトルなどのハイテク都市が苦悩している。「ブーミング都市」にもかかわらず、人口動態がマイナスに転じ(ニューヨーク)、企業も逃亡の機会を窺っている。特に、世紀末以降のごく短期間に、GAFAが都市空間で圧倒的な存在感を示すようになった[1]。そしてジェントリフィケーションを加速している。それに対して市民が反発し、創造都市政策を批判する都市社会運動の広がりにつながっている。脱工業化が情報資本主義化を鮮明にし、21世紀都市の危機は、新たな段階に達している。

上：創造階級を顧客にして高級アパート／コンドミニアムの建設が相次ぎ，界隈の家賃／店賃が高騰している(ニューヨーク・ブルックリンの旧工業地区).

下：空き工場や倉庫が「ヒップ・アンド・クール族」の集うカフェやレストランに転用され，ジェントリフィケーションを牽引する(ブルックリンの旧工業地区).

(一) A. Riguier, The rise of a few ‘Superstar Cities’, hobbls the job and housing markets, MarketWatch, June 14, 2019, New York’s comeback might have come and gone: The forces of urban renewal are in trouble. Other supercities should take note, Bloomberg, June 25, 2019, R. Florida, Talent may be shifting away from superstar cities, CityLab, Nov. 18, 2019.

1章　創造階級／創造都市が未曾有の格差社会を生む

――「アマゾン騒動」と都市社会運動の台頭――

情報通信ハイテク企業が都市改造の主役に躍り出た。GAFA、及びそこで高給を稼ぐ管理職／専門職集団は、R・フロリダが提唱した創造都市時代のチャンピオンである。しかし、その過密化する集積は、不平等と都市の分断を増殖させる。最近は、GAFAの対抗軸で都市社会運動が躍動し、都市政治の舞台で変革の要求を突き付けるようになった。この新しい都市危機に直面し、フロリダは「転向」を余儀なくされた。

アマゾン騒動「ニューヨークの陣」

空前絶後の再開発計画　アマゾン騒動「ニューヨークの陣」「シアトルの陣」は、21世紀の、変容するアメリカ都市が生み出す矛盾を具現する争いになった。ハイテクを駆使する無店舗販売のグローバル企業、アマゾン・ドット・コム（本社シアトル）は、2018年11月、ニューヨークに第2本社を置く、と発表した。ところが都市社会運動の挑発を受け、3カ月後の2019年2月には、計画断念に追い込まれた。計画は次のようなものだった(1)。

旧工業地区の広大な敷地に、平均15万ドルを稼ぐハイテクエリート／管理職（クリエイティブクラス＝創造階級）2万5000人が働くオフィス街を開発する。将来、5万人に増える（第2本社開発に連動し、その住宅需要を満たす高級アパートやコンドミニアム、彼らの消費ニーズを満足させる贅沢な商業／娯楽街区の開発が並行する）。街区は、周辺地区から経済的、社会的、そして文化的にも差別化され、「アマゾン租界」になる。

突然、裕福層が暮らす「小規模都市」が到来する。それも都市の中に「ゲーテッド都市」をつくる都市改造計画だった。ニューヨークの都市史を振り返っても、前例のない「空前絶後、最大規模の企業進出になる」と言われた。従前の、煤煙型の大規模工場の進出とは話の質が違った。高給を稼ぐホワイトカラーが大規模移住して来る。そういう計画だった。しかし、発表と同時に批判、反対が噴出した。そして計画は、突然、頓挫した。アマゾンはぶっきらぼうな電話を市長のB・デブラシオにかけ、一方的に「計画中止」を通告した。その日は2月14日だった。そのためメディアは、「バレンタインデーの別れ話になった」と揶揄していた。

開発予定地は、クイーンズのウォーターフロント。旧工業地区である。イーストリバーに浮ぶルーズベルトアイランドが目と鼻の先である。開発予定地に立つと、島の先にマンハッタンの摩天楼がグローバルシティの威風を示す。界隈でも、超高層ビルの建設が始まっている。ウォーターフロントの眺望、特にマンハッタンの豪華な夜景写真を販売広告紙に掲載し、高級コンドミニアムが売り出されている。いずれの住宅も、庶民には高嶺の花である。こうした物件は、海外の不動産投資家に人気がある。アマゾンは、そこに37万㎡のオフィススペースを確保することになっていた。

本社ビルに併設し、最高幹部専用のヘリポートの建設が計画されていた。ニューヨークは高速道路も一般道も交通渋滞が酷い。特に空港からのアクセス道路につながるリンカーン・トンネルや大橋界隈の渋滞が激しい。マンハッタンの車交通にロード・プライシング（混雑税）を課すことが決まっている。交通渋滞の緩和策である。専用ヘリポート計画は、アマゾンの幹部が交通渋滞を回避し、空港から短時間で第2本社に移動するためのものだった。この計画に、「エリート主義のシンボルである」と非難の声が上がり、アマゾンは急きょ、「建設費は社費で負担する」と弁明するはめになった。これが最初のつまずきになった。

発表の翌日、開発予定地では、草の根運動グループ、地区労働組合が反対集会を開催した。地元選出議員（州議会／市議会）を含めて100人以上が集い、「アマゾンの進出に反対」のシュプレヒコールを連呼した。そしてデモ行進。２０１８年の中間選挙で民主党重鎮を予備選で破って連邦下院に当選し、喝采を浴びたプエルトリコ系の、Ａ・オカシオ＝コルテスの支持基盤の人々もいた。集会では、「ｉＰｈｏｎｅからアマゾンのアプリを消去しよう」「アマゾンでの買い物をボイコットしよう」などのアマゾン攻撃が続いた。州議会／市議会でも批判が噴出した。誘致をめぐって州政府／市政府が30億ドルの利益供与（10年間の支援）を約束した。これに立腹した市会議員は、市議会にアマゾンの重役を呼び出し、「時価総額1兆ドルの世界企業でしょう。巨額の「付け届け」をねだるのはナンセンス」と厳しい追及を重ねた。重役の呼び出しは繰り返された。そのつど反対派が議場のバルコニーに陣取り、垂れ幕をぶら下げた。そこには「アマゾンはいらない。ＳＣＡＭＡＺＯＮ（「注文品が届かない」としよう）」と書かれていた。返金を求め、実際は配達済みの注文品はネコババする「反アマゾン運動」の呼びかけロゴ）しよう」と書かれていた。

反対が高揚し、計画撤回

批判はメディアにも広がった。ニューヨーク・タイムズなどのリベラル紙にとどまらなかった。ウォールストリート・ジャーナルは、「(政治とビジネスの)縁故資本主義ではないか」という社説を掲載し、計画を疑問視した。州知事、市長、アマゾン幹部の間で秘密裏に話が進み、計画が発表された。その間、議会は埒外に置かれた。「大規模都市開発、加えて巨額の利益供与。それをトップの談合で決めた。デモクラシーの危機である」という主張だった。

フィナンシャル・タイムズは、「偉大な小売業になったアマゾンは、「消費者を熟知している」と豪語するが、ニューヨークっ子の心情を理解していなかった」という記事を掲載した。[2] 進出反対派は、「地下鉄は混雑し、駅は汚い。比較的安く手頃な家賃で借りられる住宅(アフォーダブル住宅)は不足し、公立学校は予算が足らない。州政府も市政府も、大儲けしているグローバル企業に「付け届け」をする余裕はない」と非難した。ニューヨーク・タイムズは、「2万5000人も来るとトイレから流れる汚水処理が大変。築100年の古い下水管は大丈夫?」と報じた。[3]「交通渋滞を悪化させる」という報道もあった。いずれも、突然「小規模都市」が到来すれば、都市インフラはその需要増を賄えない、という危惧だった。アマゾンの生み出す「外部不経済」は、その便益を上回る、という批判だった。

地区労組も「アマゾン阻止」に参加し、アマゾンの労務政策を批判した。労組員は、「ニューヨークはユニオン都市(労組がしっかりしている都市)である。アマゾンは我が街には不似合い」と書かれたプラカードを掲げて歩いた。小売市場で圧倒的なパワーを確立したことに対する反発も噴出した。小売り・卸・百貨店労働組合(RWDSU)の幹部がデモ行進の先頭を歩いた。集会に参加した零細商店主からは、「アマゾンは我々から商機を奪っている。街の小売商店は店仕舞いに追い込まれている」という声が聞かれた。[4] ニューヨークの政治風土はリベラルである。常日頃からアマゾンに対する不満と憤りが鬱積していた。それが一気に爆発した。

こうした批判の爆発に対し、市民運動を支持基盤にする市長のデブラシオは、「アマゾンが約束の雇用を実現しなければ、助成金を取り戻す」と弁明する一方、「近隣地区には、ビジネスチャンスが生まれる。それをぜひ獲得して欲しい」とトリクルダウン効果(高給を稼ぐアマゾン社員の消費活動、及びそこから滴り落ちる効果)に期待を寄せた。州知事のA(アンドリュー)・クオモは、「(アマゾンが立地した暁には)アマゾン・クオモに改名しようかな！」と冗談を飛ばすほど誘致に熱心だった。知事は、「このプロジェクトでは州政府の利益供与30億ドルに対し、アマゾンから税金などで270億ドルの収入を期待できる」とその効果の大きさを強調していた。

しかし、そうしたアマゾン効果の説明にもかかわらず、反対運動は沈静化しなかった。2月には、今度は州議会(上院)が反対派の急先鋒議員を、問題を所管する委員会の委員に選出した。利益供与問題を、州議会でも糾弾する段取りができ上がった。しかし、一方では、市長と反対派グループとの間で話し合いが始まっていた。ところがアマゾンは、突然、「政治に嫌われて計画を断念するのは不本意だが」と反対派政治家を非難する声明を発表し、進出計画を撤回してしまった。関係者には寝耳に水だった。知事のクオモは罵倒に近い激しい言葉を並べ、反対派を糾弾する一方、「あらゆる局面で進出支援を惜しまない。計画撤回はニューヨークにとって大損になる」という談話を発表し、アマゾンに再考を促した。しかし、アマゾンが翻意することはなかった[5]。

アマゾンの傲慢さを叩く

民主党左派に属する市長のデブラシオは、アマゾンに再考を求めなかった。逆にアマゾンの計画撤回を批判する記事を、ニューヨーク・タイムズに投稿した[6]。記事は、知事と市長の政治的な立ち位置、政治思想の違いを浮き彫りにする内容だった。市長はアマゾンの尊大な決定に言及し、ビッグビジネスの行動スタイルを批判した。知事と市長は犬猿の仲といわれているが、アマゾンの誘致では、呉越同舟の二人三脚を演じた。しかし、撤退騒動をめぐっては対極的だった。

市長によると、進出計画撤回が発表される直前に、アマゾンから市長に短い電話があった。しかし、撤回についての丁寧な説明はなかった。不愛想な通告の後、一方的に電話は切れたという。傲慢なアマゾン——投稿記事の行間には、市長の憤りが滲み出ていた。市長はその数日前に、アマゾンの幹部と面談し、批判をどのように乗り越えるかアドバイスをしたという。そして「前に進む道はある」と考えていた。その尽力に対し、アマゾンはちゃぶ台をひっくり返す対応をしたのだった。記事は「企業国家アメリカ(Corporate America)」の横暴を考える、という視点から騒動を振り返っていた。アメリカでは、富と権力がごく限られたトップ(企業と富豪)に極端に集中し、社会には憤慨が蓄積している。「小売業の巨漢アマゾン、そのCEO(最高経営責任者)の大富豪J・ベゾスは、21世紀版企業国家アメリカの権化になり、市民から攻撃の標的になった」という趣旨の記事だった。アマゾンがコミュニティと真摯に話し合うことはなかった。また、市長は、アマゾンがシアトルでアフォーダブル住宅対策の新税を、市議会を脅して潰した話題(次項「アマゾン騒動「シアトルの陣」」参照)を紹介し、「労働者は長時間労働を強いられ、その上がりをCEOがさらって行く」と述べている。そして計画撤回が発表された同じ日のニュースを紹介し、アマゾンを厳しい筆致で叩いた(その日のニュース「巨額の利益を稼ぐアマゾンが連邦税逃れをしている!」)。

市長は記事の結びに自戒の弁を記していた。「我々は都市間競争を強いられてきた。しかし、アマゾンをめぐる誘致競争は、それが不正義であることを例証した」「逆に企業に対しては、立地先コミュニティへの社会貢献を求める時代を迎えている。同じ過ちを繰り返してはいけない。ルールを変更しなければならない」。ニューリベラリズム（新自由主義）的都市経営に対する反省である。市長の新聞投稿にリベラル派のガーディアンが反応し、アマゾン批判に追い打ちをかけた。記事は、「企業パワーの乱用——第2本社取引を撤回したアマゾンを、デブラシオ市長が酷評」という表題だった。[7]

アマゾン騒動をめぐる州知事と反対派の対立は、国政レベルで民主党内に広がる亀裂——その縮図を描く構図になった。[8] B・クリントン、B・オバマ大統領時代に培われた経済界と親和的なプラグマティズム政治——それを継承する民主党主流派の知事。一方、B・サンダースなどが唱導したラジカルポピュリズム——それを伸張させる民主党左派の市長。その対立がアマゾン騒動でも表面化した。そして「ニューヨークの陣」では、左派ポピュリズムがアマゾンを制して勝利し、民主党主流派に冷水を浴びせる結果になった。2020年の大統領選予備選を戦った民主党左派の連邦上院議員E・ウォーレンは、アマゾンの計画挫折を歓迎し、「我々は民主主義を巨漢企業の捕虜にしておくことはできない」と語った。[9] これに呼応し、クイーンズを選挙区とする民主党左派ポピュリストの連邦下院議員オカシオ＝コルテスもツイッターに投稿し、「労働者を搾取する貪欲なアマゾンを、ニューヨークっ子が打破した記念すべき戦いになった」と喝采していた。

草の根発のコミュニティ運動が、時代の寵児、GAFAの先導する大規模都市再開発を阻止した。アマゾン騒動「ニューヨークの陣」から得られた教訓である。計画が発表された当初、「アマゾンが計画を撤収する日が来る」などと考えるのは、誰もが「馬鹿げた妄想」と思っていた。しかし、それが現実になった。1960年代にマンハッタンのワシントンスクエアを分断して高規格道路を造ろうとしたニューヨーク市の開発担当局長R・モーゼスの計画を、在野の都市研究家J・ジェイコブズらが押し潰して以来の、コミュニティ運動の勝利になった。半世紀ぶりの「珍事」で、ニューヨークの都市社会運動史に記録を残すことになった。

将来に及ぼす影響も大きい。工業都市、港湾都市だったニューヨークには、大規模再開発のタネ地が多く残っている。タネ地の界隈で活動するコミュニティ運動は、アマゾン騒動から多くのことを学ぶに違いない。アマゾンが別の第2本社を計画しているワシントン郊外、同じ時期に5000人の創造階級が働く大規模アマゾンビルを建てることが決まったナッシュビル——そのいずれでも、反アマゾン運動が燻っている。[10] アマゾン騒動「ニューヨークの陣」の影響である。

アマゾン騒動「シアトルの陣」

アマゾン住宅税　アマゾンが第2本社の候補地探しをめぐり、誘致都市に「釣書」の提出を競わせていたさなかの2018年初夏に、シアトルでも騒動が起きた。ニューヨークで都市社会運動に完敗したアマゾンだが、「シアトルの陣」では完勝した。

シアトルは情報通信ハイテク都市の本家本元である。都心の風貌が短期間に激しく変容した。[11] それを牽引したのは、とりわけアマゾンである。シアトルの住宅危機は慢性的に深刻である。市のあるキング郡は、2017年に「ホームレス緊急宣言」を発した。2017年には、郡内で169人のホームレスが路上で凍死した。郡内を徘徊する1万人以上のホームレスは、テントか車、あるいはシェルター暮らしである。2010年以来、郡内で6万2000戸の住宅が市場価格で売り出されたが、その85%は高額住宅で、顧客はもっぱら創造階級である。中間所得階層以下が購入できるアフォーダブル住宅が圧倒的に不足している。

そこでシアトル市は、2017年11月、住宅問題を緊急に協議するタスクフォースをスタートさせた。ビジネス界にも参加を呼びかけた。全市レベルの協議会にする考えだったが、誘いの声をかけられたシアトル都市圏商工会議所は、参加を拒否した。「常々、ハイテク・ビッグビジネスがシアトルの住宅危機の原因者である、と指弾されている。そうした濡れ衣と非難に嫌気がさしている」。それが参加拒否の理由だった。タスクフォースは、アフォーダブル住宅税の新設案をまとめた。しかし、アマゾンとアマゾンに取り込まれたビッグビジネス（スターバックス、スーパーマーケットチェーンのクローガー、アルバートソンズなど）が新税反対に回り、新税支持の都市社会運動と激しく対立した。対立の狭間で市長と市議会は困惑し、途方に暮れた。そういう構図の「シアトルの陣」になった。

提案されたアフォーダブル住宅税は、(12)

① 2000万ドル以上の総収入のある企業を対象に課税する。
② 対象企業の、市内勤務の従業員に1人当たり年額500ドルを課税する（人頭税）。
③ それを原資に1800戸のアフォーダブル住宅を建設する。

という内容だった。市議会では、全会一致の賛成を得て成立した。

最近のシアトルは、「アマゾンシティ」になった。市内最大の雇用主はアマゾンである。4万5000人がアマゾンで働く。取引先を含め、10万人以上がその傘下で給与を得ている。都市開発を先導し、市内のオフィススペースの20％をアマゾンが占有している。圧倒的な存在感である。シアトルは美しい湾岸に面し、森と湖に囲まれている。風光明媚で「エメラルドシティ」の愛称を持つ。しかし、昨今は、街角を曲がればアマゾンか、アマゾンの関連事業に出合う。

アマゾンの急拡張が膨大な住宅需要をつくり出し、家賃を高騰させ、住宅の不足が深刻になった。それがシアトルの住宅危機をめぐる通説である。そのためアフォーダブル住宅税は、「アマゾン税」

と別称された。新税は、急拡大する私企業が社会にまき散らす「集積の不経済」に対し、公共(都市政府)が課税を通して負担を求め、社会正義のバランスを取ることを目指した税制だった。「集積の不経済」は、家賃の高騰、貧困層の立ち退きとホームレスの増加、不平等の拡大である。それが都市の持続可能性を脅かす段階にある。

アマゾンが新税潰しを先導

ところがアフォーダブル住宅税は、成立後2週間で再議に諮られた。そして規模を縮小して課税することになった。アマゾンが「新税破棄」の旗を掲げて市議会と市長に圧力をかけたのである。市長は驚愕し、議会と改定案の協議を始めた。その結果、課税額を1人当たり275ドルに減額し、5年後のサンセット条項(適用期間を定めた条項)付きにする妥協案をまとめた。これで一件落着を期待した市長と議会だったが、目算は外れた。アマゾンは脅しのレベルを引き上げる戦術に打って出た。アマゾンはシアトル市内に新しいオフィスビルを建設していた。大規模都市再開発である。しかし一転して、「新税を破棄しなければ、新ビル建設を撤回する」と市当局を恫喝したといわれる。そこでは、高給を稼ぐ4500人の創造階級が新たに働くことになっていた。新規の大型税源になる。それを「帳消しにする」という脅迫だった。真偽は不明だが、アマゾンが第2本社の適格都市探しをしている時節と重なっていた。脅しが真の話ならば、議会を変節させるのに大いに効果があったに違いない。

アマゾンは市民活動家をオルグして新税反対運動「No Tax on Jobs(雇用に対する課税に反対)」を展開した。2018年の中間選挙でアフォーダブル住宅税廃止を住民投票に諮る、そのための署名活動だった。アマゾンは運動に25万ドルの資金を供給した。アマゾンに促されてスターバックスなど地元のビッグビジネスも、総額25万ドルの運動資金を提供した。一方、新税賛成派が集めた活動資金は3

万ドルにとどまった。市議会が廃止を決めた日には、新税賛成派が「Tax Amazon（アマゾンに課税）」のプラカードを掲げて市庁舎前をデモ行進したが、訴えはかなわなかった。市議会は新税成立から1カ月後に、これを廃止する苦汁を呑む決断に追い込まれた。

このシアトルの騒動は、アマゾンの傲慢さを示す話題として全国ニュースになった[13]。当時、アマゾンの第2本社を誘致するために「釣書」を提出していた候補都市の間には、「アマゾンは何事も自分のルールを曲げずにゴリ押しする会社なのか」という震撼が走った。騒動のさなかに、アマゾンの副社長は、「アマゾンが急成長したおかげでシアトルは税収の伸びが人口の増加率を上回っている。財政には余裕がある。財政運営の不効率さに問題がある。市議会は反ビジネス主義なのか。我々はそれについて真剣に考えなければならない」と警告を発していた[14]。

一方、新税廃棄の再投票に渋々応じたある市議会議員は、「シアトルは反ビジネス主義ではない。しかし、人々を貧困に追いやり、それを犠牲にして繁栄するビジネス都市であってはならない」と苦言を呈していた[15]。シアトルの都市政治は、サンフランシスコやニューヨーク、ボストンと並びリベラルである。最低賃金15ドルの実現を目指してトップランナーになった。富裕世帯特別課税（金持ち課税）を成立させたこともある（その後、州裁判所が違法の判決）。そういう都市文化に慣れ親しむ市会議員が「圧力」に屈し、アマゾンに跪くことになった。その時の、慙愧の情はいかほどだったか。シアトルの騒動は、都市デモクラシーの危機を示す話題になった。

今般の人頭税をめぐる騒動をきっかけに、アマゾンの重役たちは市会議員選挙（2019年11月）を控えた特定候補に高額の政治献金をした[16]。それまでも、アマゾンは、会社として政治献金の実績があったが、地方政治には関心が薄かった。アマゾンが経済的、社会的に圧倒的な存在感を示し、シアトル市民の間にアマゾン・アレルギーが生じている。それが市議会に左派を送り込む流れにつながっている。11月の市会選挙では、事前の予想をひっくり返して民主党左派の、反アマゾン議員が再選された。件の市議は、「アマゾン税の再導入に向けて頑張る」と宣言していた。

情報通信ハイテク企業も一枚岩ではない。状況に危機意識を抱き、過度の集積が生み出す社会的費用をしっかり負担しよう、という動きがある。シアトル都市圏を基盤に成長したマイクロソフトは、都市圏での住宅建設を支援するために5億ドルの拠出を約束した[17]。「危機に直面するふるさと」に恩返しである。州政府の住宅対策基金（州住宅信託基金）の予算は1億ドルである。それと比較すれば、提供額の大きさがわかる。マイクロソフトは、情報通信ハイテククラスターの急成長が住宅危機の一因になっていることを認めている。社長のB・スミスはAP通信に対し、「子どもたちの教育に従事する労働者（教師）、住宅火災の消防にあたる労働者（消防士）、入院する患者の世話をする労働者（看護師）が暮らせるアフォーダブル住宅を増やすことは、我々の責務である」と語っていた。いずれも、都市インフラを支える中間所得階層職である。サンフランシスコ湾岸でも、同じ動きがある。シリコンバレーの情報通信ハイテク企業と投資銀行、基金が連携して5億ドルを準備し、住宅建設を支援する[18]。こうした動きにグーグルが拍車をかけた[19]。今後10年間に10億ドルを拠出し、湾岸にアフォーダブル住宅を中心に住宅2万戸の供給を支援する。民間企業の住宅対策としては過去最大規模になる。

都市危機に対するハイテク企業の反応を歓迎しながら、「ブーミング都市が直面する住宅危機の本質は、別のところにある。私企業の善意だけでは、問題解決にはほど遠い」と論じる専門家もいる[20]。マクロの経済構造がポスト工業化、すなわち情報通信ビジネスを主役とする新しい産業構造に変転している。都市はその衝撃を受けて住宅危機に直面している。それならば、「ここは連邦政府（住宅都市開発局）の出番である」という主張である。半世紀以上、都市問題から腰が引けている連邦政府に対する批判である。

アマゾン不信が広がる

第2本社の誘致合戦でアマゾンは、立地先をニューヨークとワシントン郊外に決めた（第2本社を2分割する）。競争に敗れた都市の間に、不信感が生まれた。アマゾンは、「高給を稼ぐ創造階級が大量移住する」と大々的に喧伝し、適地探しを始めた。都市政府を中心に238の「釣書（優遇策）」を提出させ、誘致を競わせた。カナダやメキシコの都市も参加した。「釣書」に加え、人口動態や土地利用、市民の所得分布、教育水準、エンジニアの動向など膨大な量のデータと資料を提出させた。非公開情報も含まれていた。選抜は2段階で行われた。2次選抜に残った20都市に対して追加データの提出を要求した。誘致に走った都市は、「素っ裸にされる」と苦笑し、それでも不承不承、ぶ厚いデータ資料書を提出した。ニューヨークは、140ページの脚注付きの回答書を提出した。メディアはこの話題を、アマゾンの高飛車で傲慢な経営姿勢を象徴する話として報道した。

アマゾンは、これらのデータや資料を、マーケティングや物流戦略に役立てることができる。情報通信ハイテク企業が得意とするところだ。「この機会に希少なデータの宝庫を構築し、アマゾンは今後、その帝国主義的ビジネスの拡張戦略に収集したデータを活用する」。反アマゾン運動を繰り広げる草の根運動ＩＬＳＲ（The Institute for Local Self-Reliance：地域自立研究所）の専務理事Ｓ・ミハエルは、そう考えている。「諸々のデータは、減税や補助金よりもはるかに貴重な獲得物になったはずだ[21]」。

適地に選ばれたのは、スーパースター都市――ビジネスの首都ニューヨーク、政治の首都ワシントンだった。敗北した都市には、疑念が残った。「人参（創造都市の夢）を眼前にぶら下げられ、我々は都合よく利用された」「出来レースだったのではないか」。ＣＥＯベゾスは、ワシントンポスト紙を買収し、現地に濃密なネットワークを持っている。ニューヨークにはアマゾンの、大型の出先オフィスがある。「アマゾンは両都市の事情を熟知している。そこに第2本社を置く。それならデータや資料の収集など必要なかったはず。それでも都市間競争をさせたことには、別のねらいがあったに違いない」という憶測を呼ぶことになった。

ニューヨーク市議会に呼ばれたアマゾンの重役は、30億ドルの「付け届け」を厳しく追及され、「適格都市の選定で最も重視したのは、ハイテク人材クラスターの評価だった。減税や補助金の額を比較した結果ではない」と弁明した。ニュージャージーとメリーランドの両州政府は、それぞれ70億ドルの助成を提案した(22)。企業誘致としては、史上最大規模の助成額の提示だった。それでも選外になった。その結果には、「ハイテク人材が集積していない都市は選外」というメッセージが込められていた。「付け届け」に関するアマゾンの、件の重役の議会説明は、立地を懇願する側が描いていた誘致戦略の風景(都市間で利益供与の額を競う)――それとの乖離を浮き彫りにした。21世紀の都市間競争では、有力大学が立地し、ハイテク知識やマネジメント能力を持つ高学歴のエリートが豊かに集積するスーパースター都市が圧倒的に有利な戦いを展開することになる、という話である。

都市は急には変われない

いつの時代も、都市は新陳代謝を重ねている。しかし、そこに暮らす人間も、営まれているビジネスも、さらには都市インフラも、短時間の急激な変化にはついて行けない。都市は人々の営為をゆっくり時間をかけて積み重ね、それを歴史にしてきた。都市の魅力は、時間を経て熟成するものである。

1990年代以降、ウォルマートが小売業界に君臨した。しかし、21世紀を迎えた頃からアマゾンが急成長し、ウォルマートを凌駕する勢いで小売業の巨漢になった。アメリカは、常々、マッチョであることが尊ばれる社会である。しかし、この国には、巨大化した権力の専横には大声を上げてこれを批判し、時には実力行使を含めて立ち上がる対抗力が潜在している。民主主義を擁護する草の根発の、健全なポピュリズムである。ニューヨークとシアトルで噴出したアマゾン批判は、その類だった。

ウォルマートの場合、その急拡大が消費市場の寡占につながった。商店街を潰し、「都市の「かたち」」を変容させた。街や消費行動がウォルマート化することを「ウォルマート症候群」と呼び、批判が広がった。ウォルマートの進出を阻止する草の根運動が各地で起きた。反対運動は、環境運動や歴史的街並み保存運動と連携して都市社会運動の様相を示した。そうした運動に押され、都市政府がウォルマートの立地を規制する条例を制定した(23)。郊外に5000台を収容する駐車場を併設するショッピングセンターが開業すれば、地域の商業構造は激変する。それと同様に、GAFAなど情報通信ハイテク企業の大規模進出／拡張をめぐっても、都市は激変に対し、短時間に、迅速に対応することはできない。

「ニューヨークの陣」「シアトルの陣」をめぐっても、似た議論があった。アマゾンのニューヨーク進出計画が明らかになった時、英紙ガーディアン(アメリカ版)は、ブルックリン暮らしのジャーナリストが書いた評論記事を掲載した。記事は挑発的な見出しで始まっていた。「親愛なるアマゾン様、NYは貴殿をいらない。都市破壊はほかでされたし(24)」。そして「J・ベゾスは尋常とは思えない規模の本社を、クイーンズに造りたがっている。我々庶民は、既にウォール街の金持ちたちに呑み込まれて溺死寸前である。そこに今度は、ハイテク金持ちが覆いかぶさる話。これ以上の金持ちの洪水は御免こうむる」と書いていた。「都市は急には変われない」という指摘である。さらに同紙は、「ニューヨーカーはアマゾンがニューヨークを植民地化するのを阻止する。その戦いを放棄しない」と檄を飛ばす記事を掲載した[25]。「アマゾンのニューヨーク進出は、地区住民に害あって益少なし」という論旨だった。有力紙が都市社会運動の一翼を担い、アマゾンの専横を非難したのである。実際、アマゾンの「ニューヨークの陣」をめぐっては、全国紙から地元紙まで、「反対運動は「都市社会運動」である」という共通認識があった[26]。

アマゾンの第2本社予定地だった近隣地区を訪ねると、陽光を反射して眩しい総ガラス張りの高層オフィスビルが建っている。豪華なアパートを建設するクレーンが並ぶ。街路の街景が急速に変容している。隣区のブルックリンは、最近、都市更新がニューヨーク市内で最も激しい。その結果、家賃や店賃が高騰している。「店賃を払えず零細商店が閉店」「ホームレスが増えている」と、住民の間に不満が鬱積している。賃貸住宅暮らしの中低所得階層は、高騰する家賃を払うのにもがいている。アマゾンの進出は、そうした地区の変化を加速するはずだった。それに乗り遅れる人々に「落伍者」の烙印を押し、排除する。巷のニューヨークっ子は、コミュニティの分断、格差の拡大に「日々、必死に折り合いをつけて暮らしているのに」、アマゾンの空前絶後の規模での襲来は、「下痢に苦しむ患者にインフルエンザを罹患させる話だった[27]」。

再び、都市社会運動の時代

反旗を掲げた草の根運動　「ニューヨークの陣」は、創造階級論／創造都市論——21世紀初めに台頭し、ニューリベラリズム都市論として一世を風靡した都市思想に対し、現場発の一撃を加える「事件」になった。クイーンズやブルックリンで活動する草の根運動がアマゾンのニューヨーク進出阻止に動いたが、常々、近隣住区の変容——ジェントリフィケーションと闘う都市社会運動である。

ＢＡＮ（The Brooklyn Anti-Gentrification Network）は、早い段階から反アマゾンに動いた[28]。オフィスを持たず、カフェで執行委員会や活動会議を開いている。小さく、組織的にも資金的にも脆弱である。単独行動ではなく、ほかのグループと連携してパワーを相乗している。ＢＡＮの場合、傘下に14の社会運動が名前を連ねている。人権保護グループ、移民がコミュニティに定着するのを支援する運動、それに借家人組合である。BAD Barcode（ブルックリンで暮らし働く文化産業労働者の運動）には、20を超える運動体の名前が連帯先として連なる。借家人組合、近隣住区団体、ハイテク労働者組合、アジア系草の根グループ、学生運動組織など多岐に渡る。CUNY Not HQ2（ニューヨーク市立大学・反第２本社計画）はアマゾン騒動に対応し、急きょ立ち上がった大学発の草の根運動だった[29]。

マイノリティ主導のＥ４Ｆ（Equality for Flatbush）は、ＢＡＮの参加メンバーである。ホームページには、①ニューヨーク市警のマイノリティ虐めと対決する、②低所得階層を排除し、コミュニティが中間所得階層の街区に変容するのを阻止する、の活動方針を掲げている。目標達成のために、①路上で示威行動を繰り返し、②ソーシャルメディアを使って情報を発信し、③政治家に対する働きかけを通じてコミュニティを組織する、と宣言している。同じ建物に The E4F RRLF（Rapid Response Legal Fund）のオフィスがある。家主の脅迫や意地悪などで立ち退きを迫られている低所得者のために、無料の法律相談、無料の弁護士活動を引き受けている。ＢＡＮ、Ｅ４Ｆ、The E4F RRLF は、重層的な、ヨコ並びの運動体である。イベントの開催や情報の提供で連携している。オフィスとスタッフを共有し、役職を兼務している。ＢＡＮは、黒人主導の運動体ＢＭＣ（Brooklyn Movement Center）の主要構成メンバーである。

ＢＭＣは、ブルックリンのベッドフォード・スタイベサント（ベッドスタイ）とクラウンハイツ地区で活発な運動をしている。煉瓦造りの連棟型住宅が整然と並ぶ住宅地にある。界隈を「マルコムＸ通り」が走っており、以前は黒人居住区だった。最近はジェントリフィケーションが急である。近くのカフェでは、アップルのパソコンを叩く客の全員が白人の、30代、スタートアップ風だった。ＢＭＣの専務理事はニューヨーク市立大学で教鞭歴があり、スタッフも大卒。電子新聞の「Brooklyn Deep」を発行している。活動の財源は、会費、財団からの支援、市住宅局からの助成である。それにクラウドファンディングを活用している。

アマゾン阻止の運動では、借家人組合が積極的に関与した。近隣住区／借家人組合のＡＮＨＤ（Association for Neighborhood Housing Development）は、アマゾンがニューヨーク進出を決めた際、それに計画撤回を決めた時、そのいずれの場合にも声明を発表した(30)。ＡＮＨＤは「ハイテク企業内でも白人と有色人種の間で賃金格差がある」という調査報告をまとめたことがある。この調査をもとに声明では、アマゾンの進出がマイノリティ系の創造階級に利益をもたらすとは限らない、と示唆していた。

ＣＨＴＵ（The Crown Heights Tenant Union）は、ＡＮＨＤの主力メンバーである。理不尽な家賃の値上げや立ち退きを脅迫する家主に対し、借家人が連帯の輪をつくって対決する運動である(31)。オキュパイ・ウォール街運動（「ウォール街を占拠しよう」と呼びかけ、大手金融機関の救済／富裕層の優遇に反対する運動、２０１１年）出身の指導者が２０１３年に活動を始めた。勉強会の開催、諸要求づくり、実力行使を重ねて運動に勝利している。労働組合運動の組織論に学び、重層的な自治組織を構築している。借家人が自治協議会をつくる。同じ家主の集合住宅が寄り集まって自治協議会連合を組織する。自治協議会連合はＣＨＴＵに参加し、ＣＨＴＵが戦略と行動計画を打ち出す。ＣＨＴＵはニューヨーク市全体を網羅する上部団体のANHDに参加している。この階層化された組織構造は、反対運動の示威活動や選挙が絡む運動で動員力／機動力を発揮する。家主や行政に対する要求を取りまとめ、家主の本社ビル前でデモ行進やピケを張る。借家人を対象に、「借家人の権利」を学ぶ勉強会を開く。訴訟も躊躇しない。これまでに家主の借家人虐めを排除し、「家賃の5年間凍結」を勝ち取るなどの成果を上げてきた。

草の根運動を調べ歩いて気が付いたことがある。2010年前後以降に始まった運動が多い。両地区で家賃が急騰――ジェントリフィケーションが始まった時期と重なっている。その前後に、マンハッタンから追い出された中間所得階層が両地区に転入するようになった。マンハッタンでは、GAFAなどの情報通信ハイテク企業が拡張投資を本格化させた時期である。そこから叩き出された人々も、ブルックリンの草の根運動に参加している。そのためか、アマゾンのニューヨーク進出ニュースに対し、反応が迅速だった。リーダーやスタッフに高学歴が多い。コミュニティの抱える矛盾が増幅すれば運動は広がりを得る。組織、及び財政基盤も強くなる。有為な人材を雇用することが可能になる。

また、ジェントリフィケーションは高学歴者を含めて、多様な人々をそれまでの暮らしから排除する段階に達している。排除された高学歴者が運動に加わる。BMCの専務理事は、祖母の代からクラウンハイツ暮らしである。立ち退きを経験したことはないが、家賃の引き上げに苦しめられてきた。インターネット時代に、闘争の戦術も多様化している。寄付と会員制度、イベントでの物品販売にとどまらない。クラウドファンディングを使って活動資金を集めている。広報キャンペーンでは、電子新聞やSNSを積極的に活用している。

都市社会運動が地元選出の政治家（連邦議会、州議会、市議会議員）を巻き込む動きを示している。コミュニティの課題が政治闘争の対象に格上げされている。現ニューヨーク市長のデブラシオは、ブルックリンの草の根運動と縁が深い(32)。家賃／店賃の高騰や居住区の人種／所得階層の急な変質に対する不満がただちに具体的な示威行動や反対運動としては表出しない場合でも、コミュニティには苛立ちや反感が募る。その鬱積が沸騰点に達すると、今度は前線の抗議活動や示威運動と共鳴する。都市社会運動が勢いづくと、都市政府の姿勢も変化する。これまでは成長主義の資本に寄り添い、資本を支援するニューリベラリズムの起業主義的都市経営に徹してきた。そういう都市政府が、今度は元気な都市社会運動に押されて成長を規制する側に転向し、開発の副作用を批判して都市開発資本と角を突き合わせるということが起きる。その意味では昨今の都市社会運動は、20世紀半ばにJ・ジェイコブズが闘い、E・カステルが描いた頃の都市社会運動とは、舞台、役者、そしてシナリオが違っている。

ここに紹介した「アマゾン騒動」(「ニューヨーク／シアトルの陣」)は、特異な都市社会運動の事例ではない。アメリカ各地に広がる都市社会運動との間に「同時代性」がある。

我々の手で都市計画をつくる　M・ブルームバーグ市政(2002〜13年)が展開した創造都市政策の結果、ジェントリフィケーションはマンハッタンからブルックリン、クイーンズに広く伝播した。2010年頃以降は、ブルックリンが最前線になった。その時機に、「ビッグビジネスや行政がコミュニティの「かたち」を一方的に決めるのは受け入れがたい」と地区住民が決起し、住民参加型都市計画を要求する市民運動が始まった。ブルックリンのブッシュウィック地区は、ヒスパニックの多い労働者居住区である。最近はウイリアムズバーグ、グリーンポイントからジェントリフィケーションが浸透し、影響が深刻である(33)(85頁の地図も参照)。高騰する家賃と店賃が低所得者、零細ビジネスの立ち退きにつながっている。それを危惧する住民が立ち上がり、ダウンゾーニング(建物の高さや容積率などの規制強化）を含む都市計画の変更を要求する運動になった。住民、NPO、都市計画局、地元選出市議が運営委員会を組織し、4年間の紆余曲折があったが、2018年秋、改正案をまとめた[34]。現行のゾーニング（土地利用規制・R6）では、①生活道路（細い道）沿いでも、6階建てのビルを建てることができる、②住宅の開発では、アフォーダブル住宅の敷設義務はない。

それに対して改正案は、（1）生活道路沿いでは、新築ビルは周囲の建物の高さに規制する。大通り沿いでは高密度の住宅ビルの開発を認める、（2）新築住宅ビルには一定の割合でアフォーダブル住宅の敷設を義務付ける、（3）現行の工場地区を維持する、（4）歴史保全地区を追加する、（5）市有地に公営のアフォーダブル住宅を建設する、（6）市は公園、公共交通へのアクセスを改善する、（7）市は住民の健康対策、雇用機会（既存の工場、商店の維持、強化）の増強に努める、という内容にまとまった。改正案は地区の自治組織ブッシュウィック・コミュニティ協議会の投票で承認された。市都市計画局はこれに拘束されず、改正案を参考にして都市計画局案を策定する。そして市議会に諮る。

改正案に、左派色の強い草の根運動が反対運動を展開した[35]。同じリベラル派NPOの間にも違いがあった。市当局と連携し、運営委員会に参加したエスタブリッシュメントの（歴史の古い、組織の大きな）NPO、地区の変化に伴走してラジカル化するNPO――その間で対立が表面化した。

ハイテク企業の「会社バス」に投石

サンフランシスコ湾岸には、情報通信ハイテク企業が拠点を構え、圧倒的な存在感を示している。ところが、その無頓着な立ち振る舞いに反発し、都市社会運動が起きている。湾岸に本社や大規模オフィスを構える情報通信系のハイテク企業は、社員が集住する住宅街とオフィスの間を結ぶ通勤シャトルバス（会社バス）を走らせている。会社バスを利用する社員は、渋滞を避けてスムーズに通勤できる。冷暖房を完備し、Wi-Fiが設定されている。通勤は快適である。通勤の間に仕事をこなすこともできる。その会社バスが市民の羨望と不満、苛立ちの標的になった。[36]ハイテク企業が引き起こす住宅危機と闘う草の根グループ(Heart of the City)が、2013年、グーグルの会社バスを路上停止させ、異議申し立てをする活動を始めた。[37]プラカードを掲げ、「あなたがたは反コミュニティ主義である。家賃を高騰させ、我々を立ち退きの危機に追いやっている」と抗議した。そして「これは「都市への権利」運動である」とアピールした。

同じ時期に今度は、ゲリラ的に会社バスに投石し、窓ガラスを割る事件が続発した。会社バスにツバを吐く狼藉も起きた。デモの参加者は、会社バスがすりガラス窓で目隠しし、ロゴも書かれていない正体隠しの真っ白なボディーだったことに苛立ちを示した。市民の間には、会社バスは「ハイテクエリートが暮らすゲーテッド・コミュニティ、及び隔離された「租界」にある本社——その閉鎖性と分断主義を象徴している」「公共交通機関を使わず、横柄なエリート主義」という反感が広がった。そうした反感が突出し、「事件」になった。国内の新聞にとどまらず、海外メディアも「格差社会を糾弾する都市社会運動」として報道し、反響があった。地元紙も運動に理解を示す社説を書いた。

ハイテク企業側も対応を迫られた。フェイスブックは、サンフランシスコ市交通局に対し、低所得階層向けの公共交通対策支援を約束した。交通局は、会社バスが市営バス停を利用することに対して課金するなどの懐柔策に出た。それでも路上の抗議活動は沈静化しない。ハイテク企業が走らせる会社バスを取り囲む実力行使に参加する運動は、領域を超えて7団体に増えた。投石などの抗議活動は、最近も起きている。[38]

創造都市政策を裁判で叩く　以前のワシントンは、「刺激の少ない、退屈な政治都市」のレッテルを貼られて語られた。それがR・レーガン時代に「生命科学」と「死(軍需関連)の科学」の振興策が展開され、いまやハイテク都市の雄である。高学歴の人材が集積している。アマゾンが第2本社の立地先としてワシントン近郊を選択したことには、そうした事情があった。

ワシントンが創造都市づくりに傾注している。21世紀を迎えて間もなく、フロリダは創造階級論の教祖兼宣教師として全国行脚の布教に忙しかった。フロリダに教化され、「創造都市教」を都市再生の要に据える都市政府が連鎖して増えた。ワシントンはその優等生。ジェントリフィケーションも激しい。一方、そのもめごとを裁判に持ち込む専門弁護士が育っている。専門弁護士は、とかく泣き寝入りしがちな住民を覚醒させ、訴訟につなげる。「都市政府の打ち出した創造都市政策は、公民権法に違反する」と主張している(39)。ワシントンの黒人居住区にあるコミュニティ団体（CARE）と専門弁護士が、「市政の創造的行動政策（The Creative Action Agenda）と創造経済戦略（The Creative Economy Strategy）は公民権法に違反する」と指弾し、市を訴えた。訴状でCAREは、「ある特定の人々（若年の、白人の創造階級）をターゲットにしてゾーニングが変更され、高級コンドミニアムやワンベッドルーム・アパートが建つ。そこでは入居者が選別され、人種差別的である。一方、地区から追い出されるのは、もっぱら貧しい黒人である」と主張した(40)。連邦地裁は訴えを却下したが、有力メディアが裁判を記事にした。結果、創造都市政策の再考を迫る訴訟になった。

都市の成長よりは調和を求める

サンフランシスコには、7500人のホームレスがいる。1976年に9万6000人の黒人が暮らしていたが、昨今は4万6000人前後に減少している（貧しい黒人が市外に排除されている）。黒人の人口比率は5％に落下した（1970年13・3％）。GAFAなどのハイテク企業で働く高給取りの急増、それに伴うジェントリフィケーション。ホームレスの増加と黒人人口の減少には、その影響がある。「それならハイテク企業にその社会的費用を負担させよう」という税制改革のプロポジションC（「ホームレス税」と呼ばれた）が成立した。[41] 2018年11月の中間選挙で「プロポジションC」は、60％の高い支持を得て成立した。草の根運動のホームレス連合が弁護士や大学教授などの知識階層と連携して「我々の街、我々の家」のキャンペーンを展開し、運動に勝利した。総収入が5億ドルを超える大企業（情報通信ハイテクか、ファイナンスなど）に対し、追加の総収入課税を課す。それをシェルター建設などホームレス対策に充当する、という提案だった。

サンフランシスコ商工会議所は、「企業の新規立地を妨げる。企業が逃げ出す」と主張して反対したが、興味深いのは、市内に本社を置く情報通信ハイテク企業の対応が二分したことである。セールスフォース・コム（クラウドコンピューティングの提供会社）の最高経営責任者M・ベニオフは、「Yes on C（プロポジションCに賛成）」キャンペーンに多額の献金をして支持に回った。一方、ツイッターとスクエアの創業者／CEOのJ・ドーシーは熱心な反対論者だった。ツイッターが企業減税を享受していることを指摘し、市民の間に「身勝手である」と非難する声が上がった。

また、アフォーダブル住宅建設とバランスを取るために、オフィスの新規建設を規制する「プロポジションE」が提案された。住宅運動を主導する非営利組織の提案だった。市全体でアフォーダブル住宅の建設目標が達成されなかった場合は、それに相当する規模のオフィスの新規建設を差し止める、という内容だった。アフォーダブル住宅とオフィスの新築をトレードオフの関係に置き、「住環境の改善のためには、都市の成長を制約することも致し方ない」という考え方である。サンフランシスコでは、アフォーダブル住宅の建設目標が久しく達成されてこなかった、という歴史がある。

R・フロリダの「転向」

創造階級／創造都市論のおさらい　昨今、都市研究者の間で衝撃的なニュースになったのは、R・フロリダ（トロント大学教授、都市社会学）の「転向」である。2017年春、新著『新しい都市危機』を出版し、創造階級論の欠陥を列挙し、自説を大胆に修正した[42]。フロリダは、2002年、「創造階級が都市の革新と成長を牽引する」という創造階級論を唱導する本を出版した[43]。そして時代の寵児になった。当時、カーネギーメロン大学（ピッツバーグ）教授だったが、高給でトロント大学に招聘された。そして国内にとどまらず、大洋を越えて創造階級論を布教する伝道者になった。経済団体や都市政府に講師として呼ばれ、時に1度の講演料が3万5000ドルといわれた[44]。スーパースター学者である。創造階級論はグローバルな都市間競争の時代に、「都市政府が目指す都市モデル」と崇められるようになった。日本でも著書が翻訳出版された[45]。そして信奉者が類書を競って執筆した。

創造階級論はどのような学説かを整理しておく（創造階級＝科学者、エンジニア、アーティスト、管理職、技術者など）。従来の都市政府は、都市の活性化を目指して大規模工場の誘致に奔走した。補助金を出し、税金を減額し、立地先のインフラを整備するなど破格の優遇策を提示した。誘致のねらいは新規雇用の創出と固定資産税の増収である。しかし、都市間競争が喧伝され、グローバル競争の時代を迎え、企業は誘致先に定着しなくなった。恵まれた立地条件（労賃や地代が安い、環境規制が緩いなど）を求めて右往左往し、釣り針に誘き寄せられる魚のように立地替えをするようになった[46]。

一方、創造階級論は、知識とイノベーションの集約が問われる時代には、都市経済の成長、発展を牽引する起爆剤はほかにある、という議論を展開した。都市経済の革新、成長を牽引するのは、イノベーションを起こす高学歴の、高給を稼ぐ創造階級である、と説く。革新的な企業は、創造階級が集積する都市に引き付けられる。スタートアップもその周辺で多発する。したがって都市政府は、創造階級を魅了するエコシステム（大学や研究所などの知的環境、魅力的な商店街や質の高い公共教育、文化・スポーツ施設、緑地など高い「生活の質（QOL）」）の構築に投資しなければならない、と主張したのである。[47]

その意図は、本の副題「創造階級はどのように仕事、娯楽、コミュニティ、そして日々の暮らしを転換させるか」によく表れている。情報通信ハイテク系のクラスターは、創造階級の典型である。創造階級論／創造都市論は、供給サイドの都市経済論である。規制緩和論とトリクルダウン理論を絡め、創造階級の集積が高まれば、都市全体が「万々歳になる」と説いていた。

フロリダは、「グローバル・クリエイティブ・インデックス（GCI）」を開発し、都市の創造性を定量的に計測することを試みた。その際、3つの特性――寛容性（Tolerance）、才能（Talent）、技術（Technology）に注目し、その頭文字を取って「「3Ts」を高度に兼備した都市は創造階級を引き付ける」と論じた。それを尺度に各都市の創造性を評価し、創造都市ランキングを提示した。また、寛容性に恵まれ、社会的、文化的に開放的な都市は、ボヘミアンやゲイの集住が多いと指摘し、ボヘミアン指数（芸術関連人口比率）／ゲイ指数（同性愛人口比率）を開発し、指数の高い都市とその創造性の相関について語った。そうした問題提示の斬新さゆえに、創造階級論は一躍脚光を浴びることになった。

創造階級論をもう少し具体的、シンボリックに、以下のようなイメージの階級論と捉えることができる。都市評論家のJ・コトキンの見立てである。フロリダがボヘミアン指数を提起したことからコトキンは、「フロリダの考える創造階級は、ヒップ・アンド・クール族（流行に敏感でカッコよさにこだわる若者）のエリートである」と言い当てている。[48]郊外の製造業で働き、郊外の戸建て住宅に暮らす伝統的なエリートに比べ、暮らしの優先順位が違う。ポップな都会性に強いこだわりがある。カラーシャツにノーネクタイ、ジーンズにスニーカー姿で勤務し、ハイエンド（高級で流行に敏感）な都会に暮らす。ダークスーツにネクタイ、黒革靴を履き、折り目正しい身繕いのファイナンシャルエリートとも価値規範が違う。

ポスト工業化時代には、「都市の「かたち」」が変わった。以前は、大規模大量生産を基盤にしたフォーディズムの産業都市型だった。そこでは、鉄道や街道沿い、港湾地区に近接して工場と労働者住宅が開発された。それが軽薄短小の、あるいは情報の生産を主導するポストモダニズム都市に変化し、都市開発は創造階級を魅了するポップな都市整備を重視する方向に転換した。フロリダの創造階級論は、そうした時代の変化を機敏に捉えた都市論として注目されたのである。

ソーホーやビレッジ界隈にはお洒落なカフェが軒を並べ，IT 系企業で働く創造階級で賑わう．

ところがフロリダは、新著でこれまでの議論を大幅に修正した。副題は「我々の都市は不平等を拡大し、社会の分断を深刻にし、中間階層を解体する」である。ここで「我々の都市」は、創造都市である。その議論の核心は、21世紀を迎え、アメリカの都市構造は「独り勝ちの都市化」を露呈するようになった、というところにある。そして創造都市には、潜在的、本質的に社会格差を拡大し、「新しい都市危機」を育む側面があるという。副題では、「(この危機に対し)我々は何ができるのか」を問いかけ、都市研究の方向を転換する必要性を訴えている。

フロリダは、「独り勝ちの都市化」に関して、2事例を論じている。

新しい都市危機（1） スーパースター都市の「独り勝ち」

フロリダは、新著でスーパースター都市の成立とその矛盾を論じている。スーパースター都市は成長のパイ、新規雇用の増加、イノベーションのエンジン、及びその果実を圧倒的に支配し、専横する。大陸の東海岸と西海岸にある、限られた都市がスーパースター都市の栄誉を勝ち得た。東海岸では、ワシントン、ニューヨーク、ボストン。西海岸では、シアトル、サンフランシスコとその湾岸、それにロサンゼルスである。これらの都市にはハイテク系ベンチャーキャピタル投資の過半が集中し、イノベーションの温床が培われている。

スーパースター都市には、「独り勝ちの都市化」を拡大再生産するシステムが埋め込まれている。ファイナンス、エンジニアリング、バイオサイエンス、メディアの分野で高学歴の創造階級が集住し始めると、①彼らを商機にトレンディなレストラン、カフェ、ファッションショップが集積する、②都市政府は創造階級が負担する豊かな税金を得、都市環境を整備し、学校の予算を増額し、総合病院を強化できる、③地元大学では、研究・教育の充実が進む——など「生活の質（QOL）」「仕事環境の質（QOW）」が向上する。それらが次の創造階級を呼び寄せるエコシステムになる。その後は、雪だるま式に創造階級の集積が高度化する。そして圧倒的な競争力を誇るクリエイティブクラスターが形成される一方、スーパースター都市以外の中小都市は、成長、イノベーションから取り残される。中小都市は衰退し、疲弊し、都市間格差が拡大する。以前は、中小都市にも優秀な人材がいた。しかし、昨今、彼らもスーパースター都市に引き付けられ、そこに集積するようになった。

以上がスーパースター都市の独り勝ち論である。それを論証する研究が幾つもある。ブルッキングス研究所の調べでは、２００８年の経済危機以降に創出された全雇用のうち、72％が人口100万人超の、ハイテク型スーパースター都市とその都市圏に集中していた[49]。一方、中小規模都市とその都市圏では、新規雇用の創出率は6％未満にとどまっていた。新規雇用は成長の果実である。それを限られたスーパースター都市が寡占している。東京に一極集中する日本の都市構造とは対照的に、アメリカは、「フォーチュン500（トップ企業）」の本社が大陸に広く散在し、多極分散型都市構造をなしている、と考えられていた。最近はそうした風景が変容している。本社移転が進み、過半がトップ10位のスーパースター都市圏に本社を置くようになった[50]。いずれの話も、企業行動がスーパースター都市化の進展と伴走していることを示している。

新しい都市危機（2）　スーパースター都市内の「独り勝ち」　フロリダは、スーパースター都市それ自体でも、「不平等の拡大、コミュニティの分断、中間階層の解体」が深刻であるという。ジェントリフィケーションである。ジェントリフィケーションには、副作用が付いて回る。家賃／店賃の高騰を引き起こす。それに耐えられない住民や零細商店、町工場が立ち退きを迫られる。家主の目を盗み、夜逃げする。ホームレスに転落する人々もいる。高給を稼ぐハイテク／ビジネスエリートが増え、労働者階級の中間所得階層が追い出される。中間所得階層の解体である。

こうした立ち退きの顕在化は、2008年以降である。フロリダによると、ニューヨークの場合、「ある土地は1950〜93年に値上がり率が年率0・5％だったが、1993〜2014年には16・3％高騰した」。ファイナンスが20世紀末にニューヨークを「世界都市」に押し上げた。追随して情報通信ハイテク企業が急成長し、クリエイティブクラスターを形成した。フロリダの指摘する地価の変動史は、その時期と重なっている。住宅価格の高騰は、地区の可視的、建築的、さらには人々のつながり方を含む社会的、文化的な「かたち」に影響を与える。地区の陣取り合戦が起き、創造階級が圧勝し、先住民は排除される。創造階級が公共交通機関へのアクセスに恵まれた地区を占拠する。フロリダは、それを「地区が「植民化」される」と捉えている。そして創造都市は、不平等社会アメリカの震源になった、と言い切ったのである。

「転向」論争　フロリダは、「新著は転向ではない」と言い張っている。ある会議で講演し、転向説に反駁して「私は謝罪しない。(前著について)悔いることはない」と語ったという[51]。「創造都市論はジェントリフィケーションを撒き散らした」と非難されたが、件の会議でフロリダは、「私はジェントリフィケーションの設計者ではない。それほどのパワーを兼ね備えた人間ではない」と弁明したという。確かにフロリダは、前著の出版直後から自説の微調整を始めていた。そのことを新著の序章で認めている。フロリダは２０１３年1月30日付CityLab(電子雑誌)に、論文「勝者より敗者が目立つアメリカの新しい経済地理」を寄稿し、大方、以下の議論をしていた[52]。

アメリカは「二国物語」になった。大卒以上が市民全体の50%以上に達する都市群(ワシントン、ボストン、サンノゼ、サンフランシスコ、ノースカロライナのリサーチトライアングル地域など)がある。逆に15%未満の都市群がある。１９８０年代に高学歴の、専門的知識を持った人口の多かった都市(創造都市)は、その後も技術革新に恵まれ、生産性を向上させ、高給を稼ぐ専門職クラスターを形成することに成功した。しかし、このクラスターは、もっぱら小さな集団(知識、技術、専門職従事者)にその利益を還流させている。高騰する家賃を割り引けば、実質的にサービス業労働者や工場労働者にトリクルダウン効果を起こしていない。こうした格差の再生産は、悪循環する以上に、(都市の)経済的、政治的、道徳的なサステイナビリティを危うくする。

この論文をめぐって論争が起きた。噛みついたのは、先述の都市評論家のＪ・コトキンである。２０１３年3月20日付 Daily Beast（電子雑誌）に、「Ｒ・フロリダ、創造階級論の限界を渋々認める」を掲載した(53)。そのフロリダ批判は、以下の2点に集約されていた。

フロリダの考える創造階級は、大半が独身の若者で、都会暮らしを満喫している。しかし、トリクルダウン効果をつくり出してはいない。中西部の旧煤煙型の縮小都市を含めて多くの都市がフロリダ学説に踊らされ、「ヒップ・アンド・クール族」を引き寄せる投資を重ねてきた。しかし、それが都市活性化につながっているかは疑問である。創造都市のモデル都市は、シアトルやサンフランシスコである。そこでは成長の配分が不均衡で、格差が急速に広がっている。

子ども連れの中間所得階層以上の間では、相変わらず郊外志向が強い。雇用の成長率が高い都市（石油産業のヒューストン、製造業都市のダラス、農産物集散地のオクラホマシティやオマハ）、人口の増加率の高い都市（シャーロット、ヒューストン、アトランタ、ナッシュビル）は、非創造都市である。いずれもフロリダの挙げる創造都市を凌いで伸び率が高い。結局、これからのアメリカは、フロリダの主張（高密度な都市）とは対極の、密度のもっと薄い、「ヒップ・アンド・クール族」と距離を置く、それでいて多様な経済活動に恵まれた「都市の「かたち」」が優勢になる。

コトキンの批判を受けてフロリダは、翌日の3月21日付 CityLab に反論「私が創造階級論を放棄した？　いや、それは早とちりですよ、Ｊ・コトキン」を投稿した(54)。その反応の迅速さに驚かされる。

都市派のフロリダと郊外派のコトキンは、常々、華々しい論争を展開する「論敵」である。それでいて共有する問題意識をめぐって共著論文を書いている[55]。時々、アメリカの、こうした柔軟で豊かな寛容性に遭遇することがある。そうしたアメリカ人気質を羨ましいと思う。フロリダのコトキンに対する反論は、以下の通りである。

郊外スプロール(車依存の、低密度の土地利用型開発)のチアリーダー(コトキン)は、「都市の死」「明るい郊外」を語るのが大好きである。スプロールの激しいサンベルトや山岳州の支援者である。創造階級論の肝心要は、伝統的な都市論批判にある。従来の都市政策は、コンベンションセンターやスタジアム、カジノ、文化施設の開発に熱心だったが、創造階級論は、それは違うというところに立脚し、ジェイコブズが語った「偉大な都市はあらゆるタイプの人間で構成される近隣住区の連邦体である」という都市論に立ち返る。大規模施設投資ではなく、都市の開放性に注目する都市の成長理論である。技術、知識、創造性が都市成長の原動力である(ジェイコブズ、ノーベル賞経済学者R・ルーカスなどの説[56])。技術がクラスターを形成すれば、成長力はさらにアップする。その考え方も、都市研究では共有されている。

創造的知識経済には副作用があることは、私も以前から認めている。有力な研究が、①技能、知識、創造性の高い都市ではあらゆる階級の賃金が上昇する、②高密度の大都市では、他都市に比べて賃金が高い、③しかし、高密度都市では住宅価格が高く、格差が問題になる――ことを明らかにしている。創造階級には高い住宅費を負担する余力がある半面、労働者やサービス産業従事者は四苦八苦である。そこでは格差が深刻な問題になる。いずれにしても都市は再生する。郊外都市も歩いて暮らせるように、都市的環境を整備するようになる（郊外の都市化が進む）。

R・フロリダの「釈明」　フロリダは、新著で繰り返し「釈明」している。「（前著では）都市、そして創造階級にはもっと優れた、もっと包摂的な都市化を引き起こす」可能性がある、と考えていた。しかし、その評価をめぐって「私は楽観的過ぎた」と自省している。実際、フロリダは、自身が２０１１年のオキュパイ・ウォール街運動やピケティ『21世紀の資本』（２０１３年）以前に、アメリカの先導的な創造都市が経済的不平等の震源になっていると警告する論文（２００３年の Washington Monthly への投稿）を書いていた、と主張する。したがって「新しい分断」については以前から理解していたが、分断がこれほど速くはびこる、あるいは都市の分極化がこれほど深刻になることについては「考えが及ばなかった」と告白している。そして「中間階級が解体される現場を目の当たりにし、激しいショックを受けた」という。

この告白は（フロリダはそうは記述していないが）、「ＧＡＦＡの成長と拡大スピードを読み違えた。「都市の「かたち」」を変容させる巨獣になるとは考えていなかった」と言外に述べているのに等しい。フロリダは、「都市は資本主義と同様に矛盾した存在である」「悲観論（格差の拡大、家賃の高騰、住民の排除）、楽観論（経済の再生、地区の治安・美観の改善）の両方から都市の現実を観察することが必要である」という。前著では、「観察が楽観論にぶれていた」と考えている。そのことを反省してもなお、「才能、技術、創造性が都市の活力や競争力の源泉である」という認識は変わらないという。

フロリダによれば、創造階級論、それを踏まえた創造都市論は、①Ｋ・マルクスの階級論、②Ｊ・ジェイコブズの都市経済論、③Ｊ・シュンペーターの創造的破壊のイノベーション論——が「３本の矢」になっている。マルクスは2階級対立を論じたが、フロリダは、「左派都市地理学の影響を受けながら創造階級、サービス産業労働者、従来からのブルーカラー(工場労働者)の3階級に着目し、階級と都市空間の再生産を論じた」。そこに創造階級論／創造都市論の優位性がある、と説いている。クリエイティブクラスターでは、A・マーシャルが、ある特定分野の企業や産業の集積を論じたのに対し、ジェイコブズは多様な人材と才能の集積に注目した。そのジェイコブズに学び、創造階級論では、「そうしたクラスターが都市経済を牽引することを強調した」と述べている。クラスターの革新性に関しては、シュンペーターを師として仰ぐ、という。

この「3本の矢」説は意味深長である。一般的に創造階級論／創造都市論への思想的な評価は、ニューリベラリズムである。都市社会学や都市地理学の間では、「フロリダはニューリベラリズムの旗手」と見なされている。しかし、「3本の矢」説、特にマルクスに対する親和性を強調して「私はリベラリストである」と自認し、世間に対して自分の立ち位置の評価替えを求めている。

しかし、新著を通読すれば明瞭である。クリエイティブクラスターがいかに大きく深刻な都市問題を起こすか、新著ではそれを鮮烈に描くことに腐心している。章立ても、「都市の矛盾」「独り勝ちの都市化」「エリート都市」「ジェントリフィケーションと不服」「不平等都市」「都市が社会グループごとに分断される」「継ぎはぎ化する郊外」「郊外の危機」「グローバルレベルの都市化の危機」と続く。この目次から浮き彫りになる文脈は、「これまでの創造階級論を発展的に拡充した」という弁明に反し、新著が自説の書き直しであることを明白に物語っている。

左派系メディアの、新著評論は手厳しい。「ダウンタウン再生の王さま、そして都市再生の予言者フロリダは、その過ちを認めたが、「悔いるところなし」と述べている」と、皮肉たっぷりの記事を載せた[57]。ジェントリフィケーションを推奨し、積極的に評価したオピニオンリーダーが、今度はそのマイナス効果を本格的に論じたのだから、「明らかに転向である」と指摘する。クリエイティブクラスターが21世紀の都市経済を牽引する――フロリダの都市論は、そのことを予測した。情報通信ハイテククラスターが台頭し、フロリダの予測は的中し、まさしく現実になった。一方、創造階級論では、「3Ts」を備えた開放的な都市は、多様性に寛容なクリエイティブクラスを魅了して呼び寄せ、ワンバージョンアップの、人間性豊かな創造都市をつくるはずだった。しかし、実際に起きていることは、それとは真逆である。

「私は労働者階級の生まれです」

フロリダは、新著の序章を自伝風に書き始めている。ニュージャージーのニューアークで、イタリア移民の家庭に生まれた。父親は中等教育を受けた後、工場労働者になった。勤勉な仕事ぶりが評価されて職長、工場マネジャーまで出世し、恵まれたブルーカラーの中間所得階層になった。その間、家族はニューアークの郊外に住宅を購入し、「アメリカの夢」を実現した。少年時代を過ごしたニューアークでも、「古い都市危機」が進行し、少年フロリダが都市の変容を実体験したことが語られている。郊外化と脱工業化である。父親の働く工場も閉鎖され、失業した。そして1967年の都市騒乱である。空き店舗、空きオフィス、そして人種対立、急速な衰退。少年期には、「古い都市危機」の原因を深く理解することはできなかったが、「その経験は子ども心に深く刻み込まれた」。

高学歴の創造階級を経済成長の推進力と捉えて称賛する創造階級論は、「エリート主義」で金メッキされている、と左派の論客に批判された（書評「R・フロリダの新しい都市危機――ひび入りのエリート主義論」など[58]）。それに対してこの書き始めは、私は真正の労働者階級の生まれで金持ち階級出身の人間ではない、したがって創造階級論は「エリートが書いたエリート主義の都市論ではない」という反論の断り書きになっている。

ここで「新しい都市危機」の「新しい」の意味を再考する。フロリダは2000年以降(特に2008年の経済危機以降)の都市危機――スーパースター都市に成り上がった創造都市内に増殖する矛盾を「新しい都市危機」と呼び、伝統的に語られてきた衰退と空洞化した都市の「古い都市危機」と峻別した。しかし、ジェントリフィケーションをめぐる学術論争は、1980年代に遡る(2章参照)。フロリダが「新しい」と語る都市危機は、長いこと多くの都市研究者の間で共有されてきた往年の都市危機である。その意味では、「新しい」危機ではない(59)。ニューリベラリズム都市論を担いできた最右翼の論者が、リベラルに舵取りを変え、ジェントリフィケーションを無批判的に喝采することをやめた、ということにほかならない。都市学史的な意味はそこにある。

フロリダは「新しい都市危機」を直視し、「新たな都市モデルを考えなければならない」と指摘している。そして7項目の取り組みを列挙している。

(1)クリエイティブ・ハイテク・クラスターが我々に敵対するのではなく、我々のために機能させる、(2)都市密度を高め、成長を達成するインフラに投資する、(3)アフォーダブルな賃貸住宅を建てる、(4)低賃金サービス労働を中間階級の仕事に育てる、(5)人々と場所に投資し、貧困と闘う、(6)繁栄する都市を建設するために、グローバルレベルで努力する、(7)都市とコミュニティの地力を育む。「誰にでも成長と繁栄を約束できる包摂的な都市モデルを考え出すことが、21世紀の都市理論/都市政策の喫緊の課題になっている」。この指摘には、異論を挟む余地はない。

アマゾン騒動(「ニューヨーク/シアトルの陣」)、及びGAFAに対峙する都市社会運動の頻発と広がりは、都市論としての創造階級論／創造都市論、さらにはそれを具現した創造都市政策がその矛盾を露呈するニュースになった。フロリダは、アマゾンのニューヨーク進出騒動をめぐって電子雑誌にエッセー風のコメント記事を寄せていた[60]。記事の表題は、「この進出騒動をめぐっては、ニューヨーク以上にアマゾンの方に害が大きかった」である。アマゾンは進出計画を撤回したが、その横柄な、自己中心的な対応に「巨漢企業の正体を垣間見た」というタッチで記事は綴られていた。「ビッグビジネスは、都市を侮り搾取するのではなく、都市と真のパートナーシップを育てる義務がある」という。また、ニューヨーク州議会がほかの州議会に対し、「徒労に終わる企業の誘致合戦はやめよう。州政府間で停戦の契約（コンパクト）をしよう」と呼びかけたことを評価していた。

「ヒップ・アンド・クール」な創造階級が台頭する一方で、立ち退きを迫られ、排除されるのは、絶滅危惧産業になった都市型製造業のブルーカラー労働者である。そして急増する低賃金サービス業労働者である。排除される側に不満が鬱積し、GAFAの会社バスを標的に投石する「事件」が起きた。新著では、フロリダも投石事件に触れている。しかし、この不満の爆発を単に「事件」として紹介するのにとどまっている。確かに投石事件それ自体は、稚拙である。しかし、そこに潜む社会的、文化的な意味を考え、それを都市社会運動に関連付けて再考することには意義はある。フロリダには、そうした関心はない。アマゾンがニューヨーク進出を断念した直後に書いた論文でも、これを潰した都市社会運動についての分析や評価は一切していない[61]。

フロリダは「私はマルクスを理論的な主柱にしている」と述べているが、都市社会運動がリベラリズム左派政治と連携し、反ジェントリフィケーションに取り組むようになったことには関心が薄い。社会を変革し「新しい都市危機」を解決する糸口は、都市社会運動ではなく、あくまでも経済成長を牽引するクリエイティブクラスターにある、と考えている。しかし、「アマゾン騒動」は、フロリダの立論に対して現場発の「NO!」を突き付ける衝撃的な「事件」になった。そして都市史に、「アマゾン騒動「ニューヨークの陣」」を一項目書き加えるに違いない。

(1) Forbs, Nov. 16, 2018. 第2本社計画の断念後もアマゾンは、ハドソンヤードでオフィスビルの賃貸契約をし、ニューヨークでの拠点強化に邁進している。また、五番街にあった老舗百貨店ロード・アンド・テイラーが入店していたビルを買収した(2020年夏)。

(2) Financial Times, Feb. 12, 2019. アマゾンは「進出先でコミュニティに溶け込む」意識が薄い。コミュニティ担当の社員が少なく、ニューヨーク騒動でも具体的なコミュニティ貢献策を持たずに進出を発表した。反対運動に直面し、コミュニティ対策のコンサルタントを雇い、個別訪問し、説得活動を始めた。

フィナンシャル・タイムズの記者が興味深い記事を書いていた(March 9-10, 2019)。記者はニューヨークに転勤し、クイーンズにワンベッドルームを購入した。「アマゾンがクイーンズに第2本社」のニュースに、最初、「我が家の資産価値が上がる」と喝采したが、しばらくして「心変わりした」。散策をし始め、界隈に、①エスニック(バングラディシュ、アフガニスタン、ネパール、インド、チベットなど)レストランやショップ、食料品店がいっぱいある、②現代アートのギャラリーが散在している、③賃貸住宅暮らしをしている多くの友人が家賃の高騰を心配している――ことなどに気付いた。アマゾンの立地は「そうしたコミュニティの魅力を一掃する可能性がある」と考え、「アマゾンが計画撤回」のニュースに、今度は「アマゾンに大いに感謝」の記事を書くことになった、という。

(3) クイーンズ、ブルックリン界隈の古い下水管は1900年代、ほかは1920年代に敷設された(New York Times, Dec. 10, 2018)。2万5000人のアマゾン社員が働くようになると、1日250万ガロン(約950万リットル)の下水が追加される。

（4）「アマゾンのニューヨーク進出」ニュースと前後してアマゾンCEOのJ・ベゾスの離婚がニュースになった。前妻のマッケンジーはアマゾンのビジネスモデルを共創したといわれ、ニュースは経営への影響を含めて離婚騒動を報じていた。マッケンジーはノーベル賞受賞作家のT・モリスンに創作を学び、売れっ子の作家である。ニューヨーク・タイムズは「街の書店に彼女の本を書棚に並べるのを拒否するところがある」と書いていた。

（5）進出計画撤回後、ベゾスはマンハッタンの5番街に近いコンドミニアムのペントハウスを8000万ドルで購入した(Daily Telegraph, June 7, 2019)。ベゾスのニューヨークに対するこだわりを示すニュースとして伝えられた。

（6）New York Times, Feb. 16, 2019.

（7）Guardian, Feb. 17, 2019.

（8）New York Times, Feb. 14, 2019.

（9）E・ウォーレンは「GAFAは余りにも大きな力を備え、経済、社会、民主主義を圧倒するようになった」と述べ、「企業分割する時に来ている」というメッセージをネットに流した(VERGE, March 8, 2019)。連邦議会下院の司法委員会は、2020年7月29日、GAFAのCEOを呼び、公聴会を開催した。圧倒的な競争力を持ったGAFAに対して反トラスト法(独占禁止法)をめぐる質疑が行われ、メディアが会社解体の可能性などについて報じた。

GAFAもこうした政治動向、都市社会運動を受け止める動きを示している。ベゾスなど大手企業の最高幹部27人がニューヨーク・ジョブズCEO評議会を立ち上げ、「2030年までに、貧困層、マイノリティを中心に市内で10万人の雇用を創出する」と発表した(2020年8月11日)。

（10）ナッシュビルでは、都市政府がアマゾンに1億ドルの補助金を供与する約束をしたが、政府の介入を非難するリバタリアンが反対運動で労働組合やリベラリズム左派と「珍しい連携」をしている(Guardian, April 15, 2019)。アマゾンが存在感を示すようになると、①「カントリー音楽のナッシュビル」の都市イメージが損なわれる、②アマゾンが来ると家賃／店賃の高騰に拍車がかかる——などが危惧されている。

(11) City Journal, August 2018, Seattle Times, June 12, 2018, Newgeography, Feb. 15, 2019.

(12) New York Times, May 2, 2018, May 14, 2018. シアトルで「人頭税」は敗北したが、サンフランシスコ湾岸、及びシリコンバレーの都市(マウンテンビュー、イースト・パロ・アルト、クパチーノ)が情報通信ハイテク企業などのビッグビジネスを対象に人頭税の導入を検討(Seattle Times, June 13, 2018)。

(13) New York Times, May 14, 2018, Atlantic, June 13, 2018.

(14) New York Times, May 14, 2018.

(15) New York Times, May 2, 2018, KUOW, Jan. 29, 2020. ワシントン州議会に人頭税法案が提案された(シアトル選挙区の民主党上院議員が提出)。中規模以上の都市にある企業を対象に、そこで働く年収15万ドル以上を稼ぐ従業員の給与支払い総額に0・1～0・2％課税し、ホームレス、アフォーダブル住宅対策に充当する。

(16) Seattle Times, Oct. 22, 2019, Ars Technica, Nov. 12, 2019. 市議会議員選挙でアマゾンは、民主党左派議員候補を狙い撃ちしてその対立候補に多額の支援金を提供したが、敗れた。件の対立候補は「シアトルではアマゾンなどの大企業が雇用機会を創出している」と訴えたが、「ハイテク企業が住宅危機の原因になっている」と考える市民が多く、ホームレス対策の強化とアマゾン税の復活を目指す民主党左派議員に追い風になった。右派の論客は、選挙前の予想をひっくり返して左派が勝利したことを受け、「アマゾンはシアトルでの投資を控えるかもしれない」と論じていた(City Journal, Nov. 21, 2019)。

(17) Seattle Times, Jan. 16, 2019. マイクロソフトの本社はシアトルの東郊外、レドモンドにある。情報通信ハイテククラスターの先進地である。レドモンドはインフラ予算などを確保するためにビッグビジネスに「人頭税」を課している。

(18) New York Times, Jan. 24, 2019.

(19) 7億5000万ドルを投資して自社所有地に住宅を建設し、2億5000万ドルを住宅ディベロッパーの支援のために使う(Mercury News, June 18, 2019)。

(20) I don't want to diminish the magnitude of what they're doing. I think it's important, and it will help. But it won't solve Seattle's problem, New York Times, Jan. 19, 2019. ここでの〈they〉はマイクロソフトなど住宅支援に動き始めたハイテク企業。ミネソタ大学教授(住宅政策史専攻)のE・ゲッツの談話である。連邦政府の住宅政策は、アフォーダブル住宅の建設支援から賃貸住宅を探す借家人支援に変わってきた。市場価格以下の新住宅建設は、税額控除を使って住宅建設を担う非営利組織(CDCs＝Community Development Cooperations)に委ねられている。CDCsは1967年に誕生し、連邦政府の住宅支援が縮小するのを補完して活動を広げてきたが、最近は事業の運営に苦しむ。「ホームレスはまったく昨今の現象。1970年代にはいなかった。当時は低所得家庭を含めて大方、誰でも家暮らしができた」と教授はコメントしている。

(21) Business Insider, Dec. 14, 2018.

(22) Atlantic, Nov. 14, 2018.

(23) 矢作弘『大型店とまちづくり——規制進むアメリカ、模索する日本』岩波新書、2005年。大規模チェーン店が出店する際、①中心市街地商店街への影響や、交通混雑の予測などの調査をチェーン店に義務付ける条例を制定し、②チェーン店はスクラップ・アンド・ビルドを基本とし不採算店をすぐに閉めるので、新規開店に閉店対策を約束させる——などの対策を打ち出す地方政府が現れた。

(24) Guardian, Nov. 9, 2018.

(25) Guardian, Nov. 30, 2018.

(26) 記事の見出しに「戦争」「協議なし」「妥協なし」などの言葉が並び、都市社会運動を示唆している。The war against Amazon was a war for cities — and cities won, Fast Company, Feb. 15, 2019, Residents, activists demand CB(community board) 2 reject Amazon with 'No Negotiations, No Concessions', Sunnyside Post, Dec. 7, 2018. Financial Times, April 14, 2019は「住宅と家庭」欄に、「世界都市で

住民が報復に立ち上がっている」という記事を掲載した。ベルリンやロンドンの「反大家主（Rent Sharks＝サメのように貪欲な家主）運動」と共にニューヨークの反アマゾン運動を紹介している。「アメリカ人はコミュニティのためにオルグし、闘うパワーを持っている」と書き、住民の蜂起とリベラル左派に属する政治家の連携に注目していた。

（27）Guardian, Nov. 9, 2018.

（28）BAN（The Brooklyn Anti-Gentrification Network）：https://bangentrification.org, E4F（Equality for Flatbush）：http://www.equalityforflatbush.org, Brooklyn Deep：http://brooklyndeep.org.

（29）A・トクヴィルは、アメリカ人はアソシエーションをつくることでは天才的な才がある、と書いている（松本礼二訳『アメリカのデモクラシー』岩波文庫全4冊、２００５〜08年）。出入り自由で拘束の緩いコミュニティクラブのようなものを含め、臨機応変に新しいアソシエーションをつくる、と驚き、このアソシエーションがローカルデモクラシーの基礎になっている、と考えていた。

（30）ANHD, Statement on Amazon HQ2, Nov. 13, 2018, ANHD, Statement on Amazon Exit, Feb. 14, 2019：ANHD, https://anhd.org. ハイテク企業の人種間給与格差の調査は Pay gap tells tale of two techs, ANHD, April, 2016。

（31）The Crown Heights Tenant Union, CHTU: https://www.crownheightstenantunion.org.

（32）デブラシオは２０２０年の大統領選挙予備選に立候補を宣言した（後日、断念）。草の根運動に縁深い人物が大統領選に打って出ることはこれまでなかった。草の根運動があるレベルの分水嶺を越えたことを示唆する話題になった。もっとも筆者が聴き取りで会った黒人団体の幹部は、「向こう見ずな立候補」と笑っていた。

（33）ニューヨーク市都市計画局の調べでは、ブッシュウィックでは２０００〜16年に家賃が60％アップした（市平均32％、ブルックリン平均36％）。過半の家庭が所得の30％以上を家賃の支払いに当てている。

（34）Brooklyn Daily Eagle, Feb. 25, 2019. 運営委員会に参加したのは、ブルックリンの老舗ＮＰＯの Rise-

Boro（１９７３年設立）、移民や貧困層の雇用対策に強いＮＰＯのMake the Road New York（予算１５００万ドル、保有資産650万ドル）、法律相談のBrooklyn Legal Services Corporation A、教会の住宅対策の連携体Churches United for Fair Housing。

（35）「ジェントリフィケーションは新しい植民地主義」と呼びかける照明を建物のファサード（正面）に掲げて運動を繰り広げるヒスパニック系の草の根グループMi Casa No Es Su Casa、それにゲバラの肖像をロゴマークに使っている運動グループG-REBLSは、「変更案はジェントリフィケーションを促し、立ち退きを加速する」と批判している（Bushwick Daily, Sept. 24, 2018）。ジェントリフィケーションは住居の立ち退きにとどまらず、コミュニティ文化の抹殺につながるため、文化活動を通じた反対運動もある。反ジェントリフィケーションをテーマにしたギャラリー（Hyperallergic, June 7, 2018）、劇団活動（Post: 'Bamboo in Bushwick.' I actually live in Bushwick, May 3, 2017）などがある。

（36）「都市への権利」を訴えるグループの記事（Heart of the City, May 8, 2014）、運動を支持する地元紙の社説（San Francisco Chronicle, April 26, 2013）、グーグルのシャトルバスに投石の記事（Guardian, Jan. 25, 2014）。抗議活動は止まっていない（Guardian, Jan. 19, 2018, April 3, 2019）。

（37）会社バスに抗議する運動が起きたミッション地区は、１９６０～70年代に大規模都市再開発計画を発端とした住民運動が活発だった。Ｅ・カステルが当時の代表的な都市社会運動として『都市とグラスルーツ』で紹介している。カステルが取り上げた住民運動は、その後、衰退し、会社バス排斥運動との継続性は薄い。ミッション地区には貧しい、多様なマイノリティが集住しており、都市社会運動を育む遺伝子がある。

（38）７団体はHeart of the City Collective、Senior Disability Action、Housing Rights Committee of SF、SF Tenants Union、Causa Justa Just Cause、Eviction Free SF、Anti-Eviction Mapping Project。立ち退き問題、ホームレス対策、雇用と高齢障害者福祉を扱う草の根グループで、会社バスの阻止運動が多様な分野に広がっていることを示している。運動は「社会の二層化（持つ者と持たざる者）に反対」「立ち退

きの阻止」と書かれたプラカードを掲げて会社バスの前にピケを張る。

サンフランシスコ湾岸では、ハイテク企業の社員食堂が非難の標的になった。情報通信ハイテク企業を中心に高層ビルの新築ラッシュが起きたが、幾つかの都市は、新築ビルに社員食堂をつくることを都市計画で禁止した。社員は豪華な朝食、ランチ、夕食を、会社の補助を得て安く、または無料で食べ放題である。市内のレストラン組合がそうした社員食堂を禁止する条例の制定運動を起こした。レストラン経営者の間に、「多くの人たちが働くビルが建っても、ビルの外に食事に出ない」という不満が募り、「社員食堂はハイテク企業の閉鎖主義、エリート主義のシンボルである」という批判につながった。

サンフランシスコは、ダウンタウンの優遇税制地区にハイテク企業を誘致した。ハイテク企業の間には、コミュニティの反発を心配して社員食堂を閉鎖し、外食を勧めるところがある。フェイスブックのあるシリコンバレーのマウンテンビューも、新築ビルに会社の100％の補助付き食事を提供する社員食堂を禁止する条例をつくった。湾岸のほかの都市にも広がる気配である(San Francisco Examiner, July 24, 2018. Business Insider, July 28, 2018など)。

(39) Washington Post, May 25, 2018, Forbs, June 28, Governing, July 2, 2018. 同じ弁護士が市住宅局と民間ディベロッパーを相手取って居住権をめぐる訴訟を起こした(dcist, August 29, 2017)。

(40) CAREは「ワシントンでは2000〜10年に3万9000人の黒人人口減(社会減)、5万人の白人人口増(社会増)があった。この人口動態の変化の背後には「地区の「改善」」と「地区からの「排除」」がある」と主張していた。

(41) Guardian, Nov. 8, 2018, San Francisco Chronicle, Nov. 7, 2018, CityLab, Jan. 12, 2020. ハイテク企業を標的にした住民投票では、プロポジションL(2000年)が早かった。サンフランシスコでは1980年代に都市開発ブームが起き、1986年にオフィスビルの開発を総量規制(新規に供給されるオフィス床面積の総量を制限)する成長管理政策プロポジションMが成立した。20世紀末(1997〜2000年)にドットコム・バブルが起き、デジタル系ビジネスの新規立地ブームになったが、プロポジションLは、プロポジションMを継承し、ダウンタウンに新築されるオフィスビルの場合、1棟当たりの床面積上限を制限する、という内容だった。住民投票で逆転されない限り廃止されない、という厳しい条件付きだったが、成立しなかった。

(42) R. Florida, *The New Urban Crisis: How our cities are increasing inequality, deepening segregation, and failing the middle class — And what we can do about It*, Basic Books, 2017.

(43) R. Florida, *The rise of the creative class: and How it's transforming work, leisure, community and everyday life*, Basic Books, 2002.

(44) Guardian, Oct. 26, 2017.

(45) フロリダの創造階級論に奉じて踊った日本の創造階級論／創造都市論者がフロリダの転向について言及した論文を書いた、ということを寡聞にして知らない。フロリダの転向を知らないのか（無知）、知っていながら触れないのか（無視）、いずれにしても創造都市研究者の責任が果たされていない。

(46) J・ジェイコブズ、中村達也訳『発展する地域　衰退する地域――地域が自立するための経済学』ちくま学芸文庫、2012年。

(47) CityLab, Nov. 1, 2019. フロリダは、都市の物理的環境とイノベーションの関係性を論じたM.P. Roche, Taking innovation to the streets: Microgeography, physical structure and innovation, The Review of Economics and Statistics, August 21, 2019に言及し、都市のアメニティ、知的制度資本が濃密に存在し、多様性に恵まれた近隣地区でイノベーションが起きると再論し、ジェイコブズの都市経済論を再評価している。

(48) J. Kotkin, Daily Beast, March 20, 2013.

(49) C. Hendrickson, M. Muro, and W. Galston, Countering the geography of discontent: Strategies for left-behind places, Brookings Report, Nov., 2018, The case for growth centers: How to spread tech innovation across America, Brookings Institution, Dec. 9, 2019. 2005～17年に独り勝ち現象が起きたと指

摘し、連邦政府が介入してイノベーションを広く拡散させなければならない、と主張している。

(50) PBS News, Nov. 13, 2018.
(51) Guardian, Oct. 26, 2017.
(52) R. Florida, More losers than winners in American's new economic geography, CityLab, Jan. 30, 2013.
(53) J. Kotkin, 2013.
(54) CityLab, March 21 2013.
(55) Daily Beast, April 11, 2107. アメリカの論壇では、論敵が共通の課題をめぐっては矛を収め、共闘する場面に遭遇する。マンフォードとジェイコブズは都市更新をめぐって激しい論争を繰り広げたが、モーゼスが進めたマンハッタンに高規格道路を貫通させるアーバンリニューアル計画では連携し、計画批判の論文を投稿するなどした(矢作弘「偶像的な偶像破壊者」『別冊「環」』22号、２０１６年)。
(56) 塩沢由典「『経済の本質』になにを読み取るか」『別冊「環」』22号、２０１６年。
(57) Guardian, Oct. 26, 2017.
(58) Guardian, Sep. 26, 2017 など。
(59) R. Florida, 2017.
(60) CityLab, Feb. 14, 2019.
(61) CityLab, Feb. 14, 2019.

【追記】 ニューヨーク・タイムズが「コロナ禍によりスーパースター都市の光輝に陰り」(2020年7月21日)という記事を載せていた。そこでは識者の意見を紹介していたが、「在宅勤務」が普及する可能性をどう判断するかで、スーパースター都市の将来についての評価が分かれていた。シカゴ大学のJ・ディンゲルとB・ニーマンは「40%の仕事(雇用)が在宅勤務に移行できる。その場合、ハイテク産業の地理的再配置を促す可能性がある」と語っている。そうなればスーパースター都市は税収減＝財政難に直面し、レストラン、小売業などが打撃を受け、高い「生活の質」も失われる。

一方、カリフォルニア大学の経済学者E・モレッティは、「週の1日か2日は在宅勤務で仕事をこなせても、結局、対面コミュニケーションなしではやっていけない」と考えている。その言に従えば、スーパースター都市は、ワクチン接種の始まるポストコロナには間違いなく復活する。いずれにせよ、スーパースター都市のレジリエンスをめぐる論争が続く。

2章　21世紀都市の「物の怪」、その正体を探る

――ジェントリフィケーションの現場を歩く――

「ジェントリフィケーション」と呼ばれる「物の怪」が世界の都市を闊歩し、「都市の「かたち」」を激しく変容させている。コミュニティが受け継いできた「暮らしの総体」を排除する都市現象である。情報通信ハイテククラスターが台頭する都市では、ジェントリフィケーションは新たな段階に達する。し、排除が「都市の抹消」と呼ぶのにふさわしい状況にある。土地／住宅／家賃の高騰を引き起こし、都市を不動産資本が荒稼ぎする現場に零落させている。

ジェントリフィケーションが世界の都市を闊歩する

「都市の「かたち」」は、時代の創造物である。勃興する産業、衰退する産業、社会のニーズに応えようとする都市政府の対応、さらには人々のライフスタイル、ライフスタイルを規定する時代の価値基準――それらが相乗効果を起こし、「都市の「かたち」」を変容させる。

20世紀後半、特に1990年代以降、ジェントリフィケーションが世界の都市を闊歩し、爆発的なエネルギーを発散している。S・スタイン『キャピタルシティ――ジェントリフィケーションと不動産国家』は、資本主義が不動産資本主義に変質する過程で、ジェントリフィケーションが果たす役割

に関する研究である。[1] カネが経済の拡大再生産（雇用を生む工場建設，技術革新投資）に向かわない。賃金の引き上げに使われない。ジェントリフィケーションに動くカネは，もっぱら不動産ディベロッパー／不動産所有者の懐を肥やしている。「そういう資本主義は不健全で，都市を構造的な危機におとしめる」という論旨である。[2] ジェントリフィケーションの正体――誰が，なぜ，ジェントリフィケーションを引き起こすのか。アカデミズム，及びジャーナリズムの世界で激しい論争がある。論争はさらに広がって大規模民間賃貸住宅の国営化，戸建て住宅専用地区の禁止などに飛散している。[3]

ガーディアンは，「ジェントリフィケーションは21世紀の世界を悩ます都市問題になった」と書き，その実態を探る記事の連載を2016年9月から始めた。[4] アムステルダム，シドニー，リバプール，ニューヨークのブルックリン――。報告者が大陸と大洋を越えてジェントリフィケーションを追いかける。そこで遭遇する，ジェントリフィケーションと「都市の「かたち」」の変容を観察し，浮かび上がる「同時代性」を考える。そういう連載企画である。連載には，「ジェントリフィケーションを通して21世紀の都市文明／資本主義を考える」という骨太の編集方針が貫かれている。

ジェントリフィケーションは広義の都市更新である。しかし，本章では，民間主導の都市更新に絞って考え，[5] 1960年代の都市政府が展開したスラムクリアランス型の都市更新――ケインズ主義的都市経営とは区別する。同じ理由で途上国政府が取り組むスラムクリアランス型の大規模都市再開発も，ここでは取り上げない。都市政府は20世紀が終わりに近づいた頃から，行政スタイルを起業主義的都市経営に転換した。都市改造の主戦場を，民間資本の手に譲った。規制緩和し，資本が文字通り自由奔放に動き回れるように，諸条件を整備することに専念するようになった。都市政府の，この立ち位置の転換には，ニューリベラリズムの影響がある。ガーディアンのお膝元イングランドでは，労働党のT・ブレア政権が都市更新に熱心だった。副首相のJ・プレスコットを旗振り役、建築家のR・ロジャースを知恵袋にして「アーバンルネサンス」を展開した。そこでも政府がジェントリフィケーションを構想し、ジェントリフィケーションを促進したが、やはり民間資本が大きな役割を担った(6)。

ジェントリフィケーションは世界化している。先進諸国都市に限らない。イスタンブール、ムンバイ、クアラルンプール、バンコク、深圳《しんせん》、台北、釜山、メキシコシティなど中進諸国都市・地域でも常態化している(7)。変容する都市の風景は、大規模ディベロッパーが先導する急進的な大規模都市更新にとどまらない。小さな呑み屋、パパママ・ストア、老舗喫茶店が街から引き剝がされ、消えて行く。その後にしゃれたブティックやチェーンカフェが貼り付く――そういうタイプのコミュニティの変容までさまざまである(8)。しかし、急激か、漸進的か、の別なく、ジェントリフィケーションは都市コミュニティがそれまでに培ってきた経済的、社会的、さらには文化的、政治的な諸関係を断ち切る。そこに暮らす人々の日々の暮らしをひっくり返す。

2人の都市思想家とジェントリフィケーション

ジェントリフィケーションという言葉が最初に使われたのは、20世紀半ばである。ロンドンの都市現象をめぐって使われた。その後、20世紀後半に世界化するようになった。そしていよいよ、ジェントリフィケーションを考えることは、現代の「都市文明」を思索することになった。20世紀のアメリカ都市を論じた都市思想家は、ジェントリフィケーションについて何を語っていただろうか。L・マンフォード、それにマンフォードと田園都市論のE・ハワード、モダニズム建築のL・コルビュジエらの偶像を批判し、彼女自身がアイコンになったJ・ジェイコブズ――その2人がアメリカ都市を語った思想家として秀逸である。しかし、寡聞にして2人がジェントリフィケーションについて論じた文献については知らない。

マンフォードは、『都市の文化』で壮大な都市史を描いた。都市は成長、発展、成熟し、やがて「ネクロポリス（死の都市）」に至る、と述べている。[9]しかし、衰退し、荒廃し、朽ち果てたネクロポリスも絶望の淵ではない、という。きっとそこには「小さな命」が芽吹いている、と書いている。『都市の文化』の出版は1938年。当時の都市はジェントリフィケーションを議論する状況ではなかった。しかし、荒廃した都市に芽吹く「小さな命」は、明らかにジェントリフィケーションの胎動である。「小さな命」は貧者に立ち退きを迫ることがない。悪さに至る前段階の「地区の改善」である。マンフォードは1990年にニューヨークで亡くなった。都市回帰（Back to cities）がアカデミズム、ジャーナリズムの世界で話題になるのは、1980年代後半以降である。ジェントリフィケーションという用語を使って学術論争が活発化したのも、1980年代以降である。マンフォードがジェントリフィケーションを語る機会がなかったことには、そうした時代の制約があった。

ジェイコブズの場合は、ジェントリフィケーションと因縁が深い。20世紀半ばにニューヨーク市の開発担当局長だったR・モーゼスがスラムクリアランス型の都市更新で辣腕を振るった。その際、彼女は都市更新の反対運動で勇敢なアジテーターになった。同じ時期にジェイコブズは、マンハッタンのグリニッチビレッジやボストンのノースエンドを事例に、「アメリカ大都市の死と生」を考えていた。そして表題の本を出版し、一躍、表舞台に呼び出され、都市研究の輝かしい新星になった。[10]『アメリカ大都市の死と生』の執筆当時は、グリニッチビレッジ（労働者の多い居住区だった）に暮らしていた。そこで街を観察し、歴史的な街並みやコミュニティの多様性（所得階層、人種、職業）に心惹かれ、それを守ることに奮戦した。

市場は冷徹である。グリニッチビレッジとノースエンドが激しいジェントリフィケーションに見舞われたことはよく知られている。ジェイコブズが必死に守ったコミュニティの「歴史性」「多様性」が、今度は街区の魅力になった。そこでは市場メカニズムが躍動し、魅力が中間所得階層、特にヤッピー(young professional：若い専門職)を引き寄せる、という皮肉なブーメラン効果を引き起こした[11]。家賃や店賃が高騰し、労働者や零細商店は排除された。グリニッチビレッジは、ヒップ・アンド・クール族が闊歩し、しゃれたカフェと高級ブティックが並ぶ街に変質してしまった。この変質を捉えて、「資本はゆっくりと時間をかけて野望を達成し、結局、ジェイコブズはジェントリフィケーションとの戦いに敗れたのではないか」と揶揄するメディアもあった。

『死と生』以降のジェイコブズは、もっぱら都市経済を調べることに傾注し、ジェントリフィケーションについて論じることはなかった。しかし、グリニッチビレッジの変容については、苦々しく思っていた、と伝えられている。『壊れゆくアメリカ』を2004年に出版し、2006年に没した[12]。『壊れゆくアメリカ』では、家族の衰退、コミュニティの変質、文明の危機まで幅広く語っていた。そしてエリート主義、不道徳な税制を糾弾している。しかし、ジェントリフィケーション——都市を舞台にした排除／格差／エリート主義を本格的に語ることはなかった。

R・モンゴメリーは、現在も『死と生』がもてはやされているが、「彼女の説諭はいまも有効か」と疑問を投げかけている[13]。特にジェイコブズは、①不動産、金融、建設資本について語らなかった、②人種の社会的分断、階級対立について関心が薄く、問題に対し目を覆っていた、と指摘している。いずれの指摘も、ジェントリフィケーションをめぐる中核的な話題である。なぜならば、激しいジェントリフィケーションの「元凶」は、不動産、金融、建設資本の結託にある。昨今のジェントリフィケーションは、「地区の改善」などというレベルを超え、コミュニティの分断を引き起こしている。

そのためモンゴメリーは、「ジェイコブズはいまも有効か」と問いかけたのである。

ジェイコブズは大規模都市開発をめぐって都市政府と都市計画家を激しく糾弾した。近代都市計画／近代建築も批判した。しかし、資本（大企業）批判を本格的に展開することはなかった。大きなものの支配に対し本能的な反発を示した彼女が、「なぜ？」という疑問が残る。ロックフェラー財団の支援を得て『死と生』を発刊し、表舞台に躍り出た成功譚が、執筆姿勢（大企業批判を躊躇する姿勢）に影響したのではないか、と疑う声がある。(14) また、ジェイコブズは社会に多様性があることを重視していた。しかし、多様性の間に必ず生じる差別、格差、衝突についても、多くを語ることはなかった。

アメリカの都市文明と都市経済を縦横に語った2人の卓越した都市思想家が、都市文明の新しい危機を引き起こすジェントリフィケーションを語る機会がなかったことは残念である。ジェントリフィケーションは、20世紀半ばに「発見」された都市の動態である。それが「都市の「かたち」」を激変させるほど激しく、パワフルな暴れ者になったのは、20世紀末以降である。GAFAなどの情報通信ハイテク企業が産声を上げた2000年前後以降、ジェントリフィケーションは激しさを増し、新たな段階に達した。マンフォードとジェイコブズの生きた時代が30年遅く、昨今の論壇で活躍していたとすれば、①情報通信ハイテク企業が跋扈《ばっこ》し、不動産資本主義に零落したアメリカ都市、②ジェントリフィケーションという「物の怪」と「都市文明の新しい危機」について何を語っただろうか。

用語・ジェントリフィケーション

用語に潜む差別意識　ジェントリフィケーションを、現代の都市文明を問う欺瞞的な現象として捉え、真正面からジェントリフィケーションを批判した研究者にN・スミスがいる。マルクス主義都市地理学のD・ハーベイの愛弟子である。早逝したが、その生涯をジェントリフィケーション研究に捧げた。そして著書『ジェントリフィケーションと報復都市——新たなる都市のフロンティア』を残した。[15] スミスはこの本を、「フロンティアの消滅」を論じたF・ターナーの有名な論文(「アメリカ史における辺境の重要性」)に言及することから書き始めている。ターナーは、パイオニアが荒野を開拓し征服すること(荒野の不動産開発)が、アメリカ(アメリカ人)がアメリカという「国民的精神」を形成する上で決定的に重要な役割を果たした、と考えていた。スミスはターナーの議論と西部開拓史を重ね合わせ、都市改造につながる「アーバンルネサンス」「ジェントリフィケーション」について、大方、以下のように語っている。

戦後のアメリカの郊外化は、都市を退廃、無秩序、犯罪の巣窟に転落させた。都市は、「(未開拓の西部のような)野蛮な荒野」と見なされるようになった。それがやがて(20世紀半ば以降)「再開拓され、教化されるべきフロンティア」に転換した。朽ちて雨漏れする建物をdo-it-yourselfで修復し、そこに移り住む人々が現れた。都市の危険と犯罪に真正面から立ち向かう彼らは、「アーバンパイオニア」と呼ばれた。アーバンパイオニアは荒野の開拓に熱狂したかつての西部開拓のパイオニアと比肩して語られた。彼らは、「衰退し切った都市を奮起させよう」とする熱烈な願望と使命感を持ち、勇敢な「都市の再開拓者」と崇められた。衰退したウォーターフロントの再開発——ボルチモアの内湾地区、ニューヨークのサウス・ストリート・シーポートなど——の再開発で名声を得たディベロッパーのJ・ラウスなどは、おおむね「ジェントリフィケーション業界のジョン・ウェイン」である。

スミスは「(アーバン)フロンティア」「(アーバン)パイオニア」という表現に込められた思想——そこに共通して潜む傲慢さを読み解いている。「パイオニア」という呼称には，先住者を立ち退かせることを正当化する思い上がりの精神構造がある，と指摘する。西部開拓ではネイティブアメリカン，ジェントリフィケーションでは中間所得階層以下のマイノリティや労働者階層の排除である。西部開拓は，アメリカ民主主義と物量主義を体現した東部の「文明都市」が，「未開の大地」に「文明の灯」を送り届ける運動と見なされた。それになぞらえ，ジェントリフィケーションは，豊饒でハイエンドな郊外の暮らしに浸るエリートが，貧困と腐食が蔓延する都市のインナーシティを，今度は「癒し」「浄化する」運動と見なされた，というのである。しかし，排除される側の先住者には，昔もいまも，それはお節介で迷惑な「善意」でしかない。

安普請の賃貸アパートを解体し，豪勢なタワーアパートを建てる。「地区の「改善」」である。しかし，スミスは言う。ジェントリフィケーションと「地区の「改善」」の反語は，野蛮，衰退，乱雑，荒廃等の2文字熟語で表現されるマイナスの社会現象ではない。「地区の「改善」」の反語は，ジェントリフィケーションが起こす家賃の高騰に対峙し，「アフォーダブル住宅を大量供給することである」という。

都市を「植民地化」する!?　アマゾンがニューヨークに第2本社をつくる計画を発表した時，草の根グループ，地区労組，地元選出の州議会議員や市議会議員が反対運動を起こし，3カ月後に計画は頓挫した。アマゾンのニューヨーク進出騒動は，国内メディアにとどまらず海外でもニュースになった。ガーディアンは，「ニューヨークっ子はアマゾンがニューヨークを植民地化するのを阻止する」という評論記事を載せた[16]。

ここで「植民地化」という表現は、アマゾンの進出が起こす都市の変容の本質を突いていた。計画では、クイーンズのウォーターフロントにハイテクエリートが働くオフィス街を開発することになっていた。将来は5万人が働く計画だった。計画通りに界隈の都市再開発が進めば、クイーンズのイーストリバー沿い、そして運河を越えて対岸のブルックリンの建築的景観が激変したはずである。社会的、文化的景観も変質する。界隈では、先住の中間所得階層以下の暮らしが排除される。モノづくりに励む町工場が消える。その跡に星付きレストランや高級ホテル、パリやミラノ発のブティックが並ぶ。地区はアマゾン色に塗りつぶされる。そして企業城下町「アマゾンタウン」になる。

社会的、文化的な活動、おそらくコミュニティの政治力学も変質する。(政治的、社会的な)公共空間の管理がアマゾンの影響下に置かれる。アマゾンはシアトルに「本国政府」を置き、ニューヨークの第2本社を遠隔統治して「植民地政府」にする。「アマゾンタウン」の一部、それもかなり広い敷地やビルは、常時、警備員が巡回して部外者を排除するようになる。アマゾンの「ゲーテッドコミュニティ」――「租界」になる[17]。まさに都市空間の「植民地化」である。そうしたコミュニティの変容に反対して反逆の狼煙を挙げた都市社会運動は、都市版の「反植民地運動」になった[18]。

半面、ジェントリフィケーション一般を「植民地化」と呼ぶことには、少々違和感がある。創造階級論のR・フロリダは、新著『新しい都市危機』でジェントリフィケーションの功罪を論じ、特にコミュニティに及ぼすマイナスの影響について熱く語っている。そこではフロリダも、「ジェントリフィケーションによる「植民地化」」という表現を使っている。貧しいマイノリティや中間所得階層以下の居住区、あるいは町工場が並ぶ街区が裕福な白人層、高学歴で高所得を稼ぐクリエイティブエリートに取って代わられる。街の景観や性格が変容する。やがてコミュニティの支配関係が転換する。フロリダは，それを「コミュニティの「植民地化」」と表現したのである。草の根運動グループの間でも，「ジェントリフィケーションは新しい植民地主義である」というキャッチコピーが使われている。ジェントリフィケーションの現場では，経済的な強者が外来し，弱者の暮らしやコミュニティの歴史を排斥する。そしてコミュニティの現在，将来を牛耳るようになる。

しかし，外来する「強者」は，海外からの不在投資家を除けば，ほかに居住地や働く本拠地を持っていない。件のコミュニティが暮らしの基地になる。彼らには，「植民地」ではなく，新しい暮らしの拠りどころになる。そうだとすれば，ジェントリフィケーション一般を「植民地化」と呼ぶことには無理がある。

都市を抹消する　広範囲に拡散し，「コミュニティの「かたち」」を根こそぎ変え，その連鎖が「都市の「かたち」」を変容させるに至る，昨今の激しいジェントリフィケーションは，どのようなキーワードで捉えるべきだろうか。アメリカの初期のジェントリフィケーションは，1960年代に本格化した歴史的街並み保存運動と相性がよかった。互いに伴走する仲だった。20世紀が中間点を折り返した頃に，脱工業化と郊外化が本格化した。都市のうち，インナーシティ（都心と郊外の間にある住工混在地域）で空洞化が顕在化した。コロニアルやビクトリア様式の木造住宅が，まだ十分に居住できるのに破棄された。空き家／空き店舗が急増した。そうしたところは，麻薬の売買や売春が行われる「悪の現場」になった。街路ではゴミが風に吹かれて空を舞った。界隈の景観は荒《すさ》び，野蛮が広がった。ところが荒廃した地区に残された様式住宅に価値を見出し，do-it-yourselfで改修して移り住む人々が現れた。「アーバンパイオニア」である[19]。この時代に使われた「地区の改善」は，コミュニティの甦りを意味し、一義的に「よい取り組み」を指して使われていた。当時は立ち退きや排除を念頭に「地区の改善」が語られることはなく、歓迎すべき現象として受けとめられていた。「浄化(cleansing)」である。

西部開拓には、「未開の土地を開化する」という正当化の論理――「明白な使命(Manifest Destiny)」があった。「都市のフロンティア」でも同じことが起きた。「地区の改善」を目指す場面では、初期の歴史的街並み保存運動家の胸中にも、「都市を再開化する」という「明白な使命」があった[20]。雑草が繁茂し、半壊住宅が並び、娼婦や麻薬の売人が佇む野蛮な土地に零落したコミュニティを、清潔(cleaning)、安全に浄化(cleansing)する。アーバンパイオニアには、健全な都市文明を取り戻す、という揺るぎなき「真の誠心」があった。当時の歴史的街並み保存運動は、その誠心に発する使命感に満ちていた[21]。

「フロンティアの消滅」が宣言された19世紀末には、初期の西部開拓に宿っていた精神――「明白な使命」は影を潜めてしまった。鉄道資本、新興産業資本が荒稼ぎする成金主義の金メッキ時代になった。歴史は繰り返される。１９８０年代に本格化した都市回帰では、当初のアーバンパイオニアの使命感は希薄になった。郊外暮らしをしていた中間所得階層以上が経済的、社会的な利益を稼ぐために、再び都市に不動産投資(住宅の購入)をするようになった。そのための移動に変わった。この流れに不動産資本と金融資本が便乗した。再生の始まったインナーシティを、「稼げるニューフロンティア(不動産市場)」として投資対象地区に格上げし、そこを舞台に躍動するようになった。そして高級アパート、豪奢なコンドミニアムを建てた。さらにリッチな住民を稼ぎの対象にしてしゃれたカフェや高級ブティックなど新たな消費空間を開発した。荒廃した都市の現場は、不動産資本の、稼ぎの最前線に返り咲いた。

21世紀を迎え、ジェントリフィケーションは猛威を発揮するようになった。情報通信ハイテク企業が急成長し、ボヤ規模だった山火事（ジェントリフィケーション）に、油を大量散布する役割を発揮するようになった。スーパージェントリフィケーションである。既存の都市コミュニティを解体、抹殺し、「都市の「かたち」」を激しく変えるようになった。ここでは、「cleansing」は「浄化」「洗浄」から「抹消」「抹殺」に言い換えて語るのが適当になった。ジェントリフィケーションは、「地区の改善」などという、のどかな、ほのぼのしたイメージとは懸け離れたものになった。変容した舞台で踊るジェントリファイアーは、歴史的建築の保存運動を担った半世紀前の街並み保存運動家とは別の人格である。昨今のジェントリファイアーに、初期の街並み保存運動家に通じる「明白な使命」——コミュニティへの帰属意識を共有する市民性を見出すことはできない。一度郊外に飛び出たもの（ホワイトフライト）が自分の利益と満足のために都市回帰し、都市に残っていたもの（低所得階層、特にマイノリティ）を邪魔者扱いして追い出す（N・スミスはそれを「（白人の）報復」と呼ぶ）。そういうタイプの「場の移動」になった。[22]

ジェントリフィケーション論争

定義、及びその過程　20世紀半ばに「ジェントリフィケーション」を「発見」し、その動態を「ジェントリフィケーション」と呼称したのは、イギリスの都市社会学者R・グラスである。ロンドン東部にある労働者住区に中間所得階層が流入し、「地区の「改善」」が始まった。家賃が高騰して先住の、低所得の労働者が追い出された。この動態をグラスは、「ジェントリフィケーション」と名付けたのである。以下はジェントリフィケーションを活写したグラスの説明である。[23]

ロンドンにある労働者階級が暮らす近隣住区が、中の上から中の下に属する中間階級によって浸食されている。賃貸契約が切れるタイミングに2寝室付きかそこらの、粗末な、あるいは質素な連棟型住宅や小住宅が撤去され、家賃の高いしゃれた住宅に取って代わられる。このプロセス――ジェントリフィケーションが一度起きると、先住者のすべてか大半が追い出され、地区の社会的性格がまったく変容してしまうまで止まることがなく、しかも急速に進行する。

都市研究の分野で「ジェントリフィケーション」がキーワードとして頻繁に使われるようになるのは、1980年代を迎えてからである。[24] それ以前は、「改善」につながる「都市の「かたち」」の変容は、urban renewal（都市再生）／urban regeneration（都市更新）／urban redevelopment（都市再開発）などのキーワードで語られていた。そして衰退地区（スラム）を撤去し、狭くて質の悪い高層のアフォーダブル住宅が大規模開発された。しかし、間もなくそうしたスラムクリアランス型の都市更新は影を潜めるようになった。そして都市政府は、都市再開発の表舞台から半歩後退した。その後を埋めたのは、民間の不動産ディベロッパーである。「ジェントリフィケーション」がキーワードとして頻繁に使われるようになった時期は、都市更新の主役と脇役が交代した時期と合致している。不動産ディベロッパーがターゲットにしたのは、もっぱら中間所得階層以上の住宅需要、それに高い店賃を負担できるブティックやカフェ、ナショナル・チェーン店が入店するビル開発需要だった。その結果、新旧の居住者／ビジネスの入れ替りにつながる「地区の「改善」」が頻発するようになった。

ジェントリフィケーションは、5段階のプロセスを経てコミュニティを改変する[25]。最初はリスクを取るパイオニア、あるいはアーティストのタマゴが荒廃した地区に移住する[26]。この段階では、地区に空き家が多く、立ち退きは顕在化しない。ヤッピーなど流行に敏感な中間所得階層がこの流れに便乗する。「地区の「改善」」が可視的になる。第2段階である。次に不動産の値上がりを期待する中間所得階層が加わり、「地区の「改善」」が本格化する。そして金融・不動産資本が注目して豪華なアパート／コンドミニアムを開発するようになる。そこにアッパーミドルクラス／金持ち階層が移住し、先行のジェントリファイアーを排除する。第4段階のスーパージェントリフィケーションである。さらに情報通信ハイテク企業、及びそこで働き、都会暮らしを選好する創造階級が台頭し、やがてジェントリフィケーションは最終段階に至る。

グラスは、ジェントリフィケーションを「個々の中間階級が流入し、労働者住区を「改善」する居住空間の再編」と捉えていた。しかし、1980年代以降の議論では、「政策に組み込まれた意図的、制度的な、そしてはるかに広範囲の都市総体の再編」という理解が広がった[27]。都市の路地裏や袋小路に残る歴史的空間を再生するなどの、ホッとする話題に矮小化できない、もっと大規模な、都市文明の危機に関わる「都市の「かたち」」の変容を意味するようになったのである。

論争──原因、及び担い手をめぐって

ジェントリフィケーションの原因、及び担い手をめぐっては、消費サイド説と生産サイド説の間で論争がある。

●**消費(需要)サイド説**　新古典派経済学／ニューリベラリズムの影響を受けている。消費者選好説＝個々人の合理的な判断説を基に、ジェントリフィケーションを論じる[28]。郊外暮らしは怠惰で孤独である[29]。持ち家は住宅の修復や庭の世話に手間がかかる。移動は車である。通勤のために渋滞する高速道

路を1時間余も走る。長時間労働が常態化し、通勤時間を節約したい。夫婦に車が必要である。維持費が嵩む。

それに対して中心都市の都心暮らしでは、状況が反転する。歩いて暮らせる。美術館、音楽ホール、劇場、大学などの文化インフラに恵まれている。スポーツクラブがある。高度医療を提供する病院がある。エスニックカフェ、有名シェフが腕を振るうレストランがある。「それなら郊外に暮らす意味が乏しい」とＤＩＮＫｓ（Double Income No Kids：子どものいない共稼ぎ世帯）、Empty-nesters（子育てが終わった世代）、それにミレニアルに属するヤッピーが都心居住を選び、ジェントリファイアーになった。消費サイド説は、郊外化も消費者選好説から説明してきた。①庭付きの広い住宅暮らしには魅力がある、②車社会が移動の制約を縮減し、郊外暮らしの利便性をアップした——それが郊外居住を促した、と説く。ジェントリフィケーションでは、その条件が真逆に反転し、移動が逆流しはじめた、という説明である。

●生産（供給）サイド説　マルクス主義都市地理学を踏まえて資本の動態から説明する[30]。不均衡発展説を踏まえた家賃（地代）格差論である。脱工業化と郊外化が引き起こす都市の衰退は、建造環境から資本の引き上げを起こす（修復や営繕をせず、荒れるに任せる）。それが都市内で不均等に深化し、地区の間に（荒廃の程度に応じて）差額家賃が生じる。やがてある地区の建造環境の劣化がある水準を超え、投資に見合うレベルまで家賃が下落する。資本はその差額家賃に投資機会を嗅ぎ付ける。そして衰退の激しい中心都市のインナーシティに資本が回帰し（再投資が起き）、ジェントリフィケーションが始まる。

いずれにも理屈があり、軍配を上げるのは難しい。また、いずれにも批判がある。消費サイド説には、家賃格差、不動産の値上がりを狙って移動（投資）し、利益を稼ぐジェントリファイアーの動機があやふやになる、という指摘がある。都市開発に巨額な資金をつぎ込み、「安く買い、高く売って」荒稼ぎする金融／不動産資本の行動を看過することになる、と批判されている[31]。資本の動態に目をつむり、不動産資本主義の横行を見過ごすことになる、と論難されている。生産サイド説には、ジェントリフィケーションがどこで始まるか説明できない、という批判がある[32]。衰退が激しい地区は、家賃格差が最も大きくなる。差額家賃論に倣えば、そこに最も魅力的な投資機会が生まれるはずである。しかし、実際はそこで最初の、最も激しいジェントリフィケーションが起きるとは限らない。その矛盾を説明できない、という指摘である。

一方、時代は消費サイド説に幸いしてきた。世紀末に向かって新古典派経済学／ニューリベラリズムが勢いを得、マルクス経済学は劣勢になった。その影響がある。生産サイド説を全面展開したスミスが没し、それ以降（2012年）、その学説を継承する論客が少なくなったことも、生産サイド説を劣勢にしている[33]。

論争―「善い」vs.「悪い」　「地区の「改善」」と「」書きするように、ジェントリフィケーションには、プラスとマイナス、光と影、効果と副作用がある。

●「善い」ジェントリフィケーション説　ニューリベラリズムが旗振り役である。その議論は、urban renaissance（都市復興）／urban revitalization（都市更新）／urban rejuvenation（都市再生）などのキーワードを冠して語られる。荒廃して治安が悪化し、経済活動、社会活動が衰退した地区が資力と活力のある参入者を得て活性化する。治安が改善する。朽ちた建物や壊れた街路の修復が進む。街景観がきれいになる。不動産価値が上がる。参入者は中間所得階層以上に属し、経済力がある。地区にトリクルダウン効果を起こす（ニュービジネスを生む、新規雇用をつくる、賃金水準を引き上げる）。「地区の「改善」」は、都市政府には税収の増加である。こうした利益が好循環を起こす。

●「悪い」ジェントリフィケーション説　リベラル左派が陣頭にいる。social inequality（社会的不平等）／social exclusion（社会的排除）／social segregation（社会的分断）／colonizing a district（地区の植民地化）／urban cleansing（都市の抹消）などのキーワードと併用して説明される。中間所得階層以上の流入、あるいは開発投資が起きる。家賃や店賃が高騰する。それまでの住民が暮らし続け、零細商店が商売を継続するのが難しくなる。借家から追い出される。ホームレスに転落する人が出る。多くの場合、そこに暮らしているのは、黒人やそのほかのマイノリティである。

高給を稼ぐ白人が流入し、コミュニティが継承してきたエスニシティが抹消される[34]。黒人音楽やソウルフード（南部にルーツがある黒人の料理）に魅力を感じて白人裕福層が黒人街区に流入して来ることもある。街が「洗練され」「高級化される」。すなわち、アフロ・アメリカン・カルチャーが商品化され、「金ピカゲットー」に変容する。いずれの場合にも、それまでの文化的、社会的環境が失われる。そこに長いこと暮らしてきた人々には、街がよそよそしくなる。疎外感が生まれる。そして地区は、従前のアイデンティティを喪失する。

ジェントリフィケーションを「する側」と「される側」。その立ち位置の違いで評価は真逆になる。「される側」の眼には、ジェントリフィケーションは「汚い言葉」に映る。逆に「する側」——不動産所有者、不動産投資家には、不動産価格が上昇するので「嬉しい言葉」である。

21世紀以降の論争では、「善い」ジェントリフィケーション説が優勢になった[35]。ニューリベラリズムが蔓延し、都市論に影響した。「都市空間の再配分は市場に委ねるべし」「移動と居住の自由、投資の促進、規制緩和を歓迎すべし」「都市政府は都市間競争を促し、勝利すべし」のリバタリアン的な風潮が強くなった。個人の、企業の、自由にして合理的な選択が起こす結果には、「正義がある」と考える傾向がある。そうした都市思想が「善い」ジェントリフィケーション説に追い風になった。

学史的にも、「善い」ジェントリフィケーション説に後押しがあった。コロンビア大学とニューヨーク大学の研究者が、ニューヨークの実態調査を通じて「ジェントリフィケーションは立ち退きを起こさない」という実証研究を発表した。当該研究は、「ジェントリフィケーションの進展する地区では、それ以外の地区に比べて貧困世帯の地区外移動が少ない」というデータを開示していた。白人ではなく、とかく排除される側のマイノリティに属する研究者の研究だったことも、説得力になった。以来、「悪い」ジェントリフィケーション説は、実態調査を踏まえておらず、「空論ではないか」という議論が幅を利かせるようになった[36]。

都市社会学が「ジェントリフィケーションは社会的混住／包摂を促進する」と語るようになった。ジョージタウン大学教授の論文がしばしば引用される[37]。件の教授は、ワシントンの「地区の「改善」」が進むマイノリティ居住区に家族で移住し、蚤の市に通うなどしてエスニックコミュニティでの混住を楽しむ暮らしを始めた。その暮らしを報告し、「混住が進むとエスニックの間で交流が始まる。ジェントリフィケーションは必ずしも悪くはない」と論じたのである。教授はトリクルダウン効果の信奉者でもある。

1980年代に出現し、都市計画／まちづくり／建築計画の分野で大きな潮流をつくったニューアーバニズム運動も、「善い」ジェントリフィケーション論に加担している。ニューアーバニズムの提唱者A・デュアーニの議論は激しい[38]。「ジェントリフィケーションは不動産所有者を益する。不動産を売却すれば利益が出る。売らなくても周辺環境が改善する。そして税収の増加につながる。都市政府はハッピーである。税の増収で行政サービスを向上できる」と主張している。ジェントリフィケーションは「誰にでも上げ潮である」という。そしてジェントリフィケーションの唯一の敗者は、「地区のコミュニティリーダーなど貧者にコバンザメ状態の人々である」とあげつらう。なぜならば、「地区が改善すると彼らは活動の基盤を失い、失業するからである」と草の根運動を批判し、「最大の都市問題は貧困の集積にある。貧困地区に中間所得層が混住すれば、調整が起き、貧困問題は緩和される」と主張している。ニューアーバニズムは、アッパーミドルクラスのイデオロギーを代弁する都市運動である。その先導者であるデュアーニの主張には、貧困層、借家人、衰退地区に対する「上から目線」が露骨である。

論争のゆくえ　しかし、論争の流れに、もう一度、揺れ戻しが起きる。それを予感させる「事件」や「論争」を散見する。第一に、21世紀初頭に創造階級論を掲げて颯爽と登場したR・フロリダが「転向」したことである(1章参照)。創造階級論の教祖フロリダは、ニューリベラリズム都市論を担ぐ代表的なイデオローグと見なされた。フロリダが「都市にイノベーションを起こす原動力になる」と賞賛した創造階級とは、まさに有力なジェントリファイアーのことである。そして創造階級論は、ジェントリフィケーションをめぐる議論に大きな影響を与えた。

たとえば、卓越した都市社会学者のS・ズーキンの「亡命」がある。ズーキンはニューヨークのソーホー研究で資本と文化が結託する姿を暴き、それがジェントリフィケーションを起動し、住民や工場を排除する投資につながる実態を批判的に論じた[39]。次著でもこの議論を深化、発展させた[40]。こうした彼女の研究は、斬新な文化資本論としてリベラル派から喝采を浴びた[41]。ところがその後の仕事では、ハイエンドの街に変転したイーストビレッジを取り上げて「地区の「改善」」を賞賛したのである[42]。「そこが都市経済にイノベーションを起こす空間になっている」と論じ，ジェントリフィケーションを合理化する議論を展開した。この「地区の「改善」」の賞賛は，フロリダの創造階級／創造都市論に通底していた。以来，ズーキンは，「ジェントリフィケーションの最良の批判者だったが，フロリダ陣営に「亡命」してしまった」とリベラル派に酷評されるようになった[43]。しかし，当のフロリダが「転向」し，ジェントリフィケーションをめぐる都市研究を，コペルニクス的に転換することを求めている。そのため「善い」ジェントリフィケーション説をめぐる雲行きがあやしくなっている。

第二に，「善い」ジェントリフィケーション説は，「衰退地区が中間所得階層化すれば，トリクルダウン効果が起きる」と説く。しかし，昨今，「トリクルダウン効果は相殺され，ジェントリフィケーションはマイナスが大きい」という研究が発表されるようになった[44]。それによると，ハイテク雇用1人の増加は，サービス産業を中心に低賃金雇用を2人増やす効果がある[45]。そこでの賃金アップも期待できる。しかし，プラスの効果に比べてハイテククラスターが排出する「外部不経済」がはるかに大きい。住宅市場が規制的な都市では住宅供給が制限されて家賃が高騰し，賃金アップを帳消しにする，と説く。したがって労働者の暮らしは逆に苦しくなる。

第三に，「善い」ジェントリフィケーション説は，「ジェントリフィケーションが社会的混住を促進する」と考えている。伝統的な都市社会学は，「多様性の増加」「共生と包摂」「社会的分断の克服」を論じて社会的混住を高く評価する。しかし，最近はこの説をめぐっても批判がある。黒人の多い住区に白人の中間所得階層が移り住む混住を，混住批判派は「ブラックコーヒーシティが「カプチーノ現象」を起こす」と呼ぶ[46]。カプチーノは「うわべは白く」，コーヒーに比べて「値段が高い」。すなわち、コミュニティの表舞台で白人の姿が目立ち始め、住宅価格が高騰することを意味する。カプチーノ化批判は、「ジェントリフィケーションで社会的混住が進む」という説は幻想である、と見抜く。黒人と白人、あるいは裕福層と貧困層は混じって暮らしてはいない。人種／階層の違う人々が物理的、可視的には隣り合わせに暮らしているが、その間に交流はない。所属するコミュニティ組織は別々。使う公園、レストラン、教会も別々。そこには肌の色を超えるソーシャルキャピタル（社会的関係資本）は育たない、と主張している。

ジェントリフィケーション「される側」には、「社会的混在」が進行すれば、「我々は社会的、文化的に抹消される」「我々は見下されて暮らすことになる」という疎外感や危機感がある。「白人の中間所得階層は、多様性と差異を求めているように振る舞う。しかし、彼らには、自己隔離に流れる性癖がある。寛容ではない[47]」。そして「される側」は、「創造都市には他者に対する寛容性がある、というのはウソ」と見抜いている。

真の混住など起きない。それならば、「我々（黒人やヒスパニック）の街区に流入して来ないでよ」「社会的分断、それも結構じゃない。別々に暮らしましょうよ」という考え方が、差別され、見下されるマイノリティ側に広がってくる。実際、「物理的、建設的に白人の流入を阻止しよう」という提案がなされ、それを支持する運動がある[48]。黒人運動の指導者（R・ダニエル、ボルチモアの公民権運動「21世紀の黒人の世界研究所」代表）が「我々のコミュニティに白人が入り込むのを妨げるために壁をつくれ！」と訴えている。ロサンゼルスでは、交通が便利になると白人が黒人住区に侵入して来る、そしてジェントリフィケーションが始まる。それを阻止するために、「黒人住区につながる地下鉄延伸計画を拒否しよう」と呼びかける反対運動が起きている。

ジェントリフィケーションを過激化させた都市改造

ニューヨークの産業構造の転換小史

ニューヨークには、製造業都市だった歴史がある。デザイン系大学のファッション工科大学（FIT）がある。縫製産業が栄えた証左である。ミッドタウンのウエストサイドには、ガーメント（衣服）地区が広がっている。衣料や装飾品のショールーム、デザインオフィス、衣料卸問屋が集積している。印刷、金属加工、プラスチック成型、食品加工、鋳造の都市型製造業の集積があった。ブルックリンやクイーンズを散策すれば、いまでも稼働する町工場に出合う。壁越しに機械音が伝わってくる。潤滑油で紅茶色に染まったつなぎの作業衣を着た労働者に出合う。

ニューヨークの製造業は、1950年代以降衰退した。「I ♡ New York」運動が始まったのは、1970年代末である。1980年代を迎え、今度は国際金融センターとして復活し、「FIRE（金融、保険、不動産の頭文字）」と呼ばれる市況産業クラスターを形成した。大規模都市開発が不動産業をリーディング産業に押し上げた[49]。しかし、市況産業で構成された「寄り合い構造体」は、景気循環に対して弱い。2008年の経済危機では、その脆弱性を露呈した。一方、2010年以降、急速に台頭したのが情報通信ハイテククラスターである。ニューヨーク・タイムズによると[50]、最近のニューヨークでは、ファイナンス分野の雇用は47万人である。2009年に比べて12％増にとどまっている。それに対して広告／情報通信ハイテク分野は36万人。伸び率は31％増である。情報通信ハイテクがファイナンスを上回るピッチで拡大している。フィナンシャル・タイムズは、「ニューヨークが第2のシリコンバレーになる」と予見している[51]。情報通信ハイテクがファイナンスと並び、ニューヨーク経済を支える両輪になる。

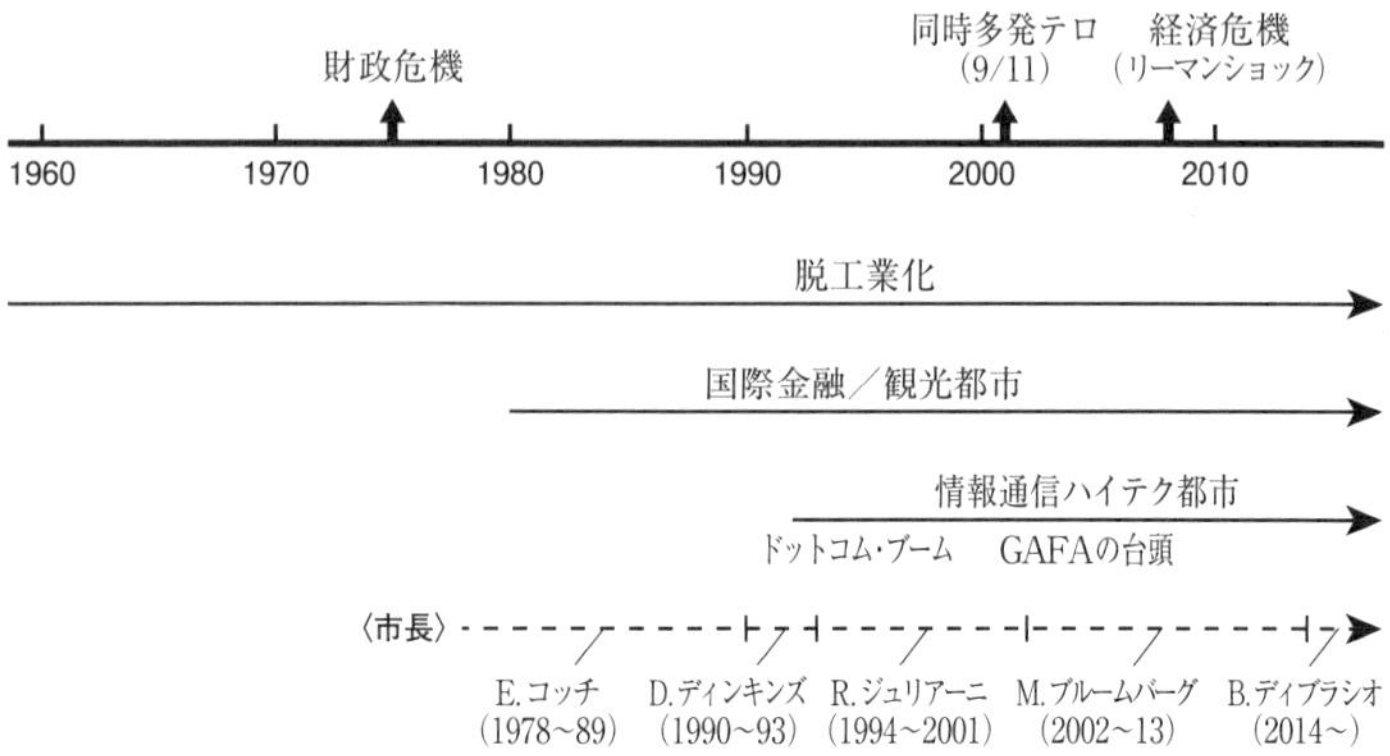

ニューヨーク小史

資本は「都市の「かたち」」を、その生産活動に最も相応しい形態に変容させる。ニューヨークの産業構造の転換、それに伴走して「ニューヨークの「かたち」」も激しく変容した。その歴史をマンハッタンのウエストサイドが具現してきた。20世紀前半までの産業都市では、鉄道が都市を二分して走った。製造業資本は生産と物流、それに労働者の通勤に至便な沿線に工場や倉庫、労働者住宅、買い物市場を配置した[52]。ニューヨークも例外ではなかった。貨車を引っ張る気動車がマンハッタンの街路を走る風景を撮ったスナップ写真を見たことがある。気動車の前に馬が2頭並び、警察官が騎乗している。旗を手に警察官が「危ないぞ。そこ退け、そこ退け！」と通行人を追い払っている。20世紀前半の、ウエストサイドのチェルシー界隈の風景である。そこでは、人間より工場に搬送する物資が優先されていた。

水運が活躍した時代には、ハドソン川から陸揚げされた物資は、高架軌道貨車でウエストサイドの工場や倉庫に運ばれた。それに伴走して「都市の「かたち」」が造られ、街もまた、それにふさわしい仕様で使われた。しかし、脱工業化の打撃を受けてウエストサイドは衰退し、件の高架軌道も1980年に廃止された。路上では麻薬が売買され、窃盗や脅しが頻発した。当時ニューヨークに出張した際、現地駐在員に「夜は8番街から西に行かないように」と注意されたことを覚えている。チェルシー界隈には、現在も自動車修理工場がある。食肉解体施設がある。公営賃貸住宅団地がある。そういう性格の、多様性の残る街区である。1990年頃までは、基本的に労働者の街だった。

ところが20世紀末に状況が激変した。画廊やアートスタジオが、ソーホー界隈から高い家賃を逃れて流入し始めた。ナビスコ工場がマーケットとして動態保存された。国内外からツーリストが大挙して押し寄せてきた。界隈では、煉瓦造りの低層連棟型住宅の改修が進行した。油に薄汚れた町工場の隣に、オートクチュールの高級衣装店が開店した。ドレスを着飾った金持ちがベンツやアルファロメオで乗り付けるようになった。流行誌が「チェルシーはファッションピープルの街」として特集記事を掲載した[53]。ウォール街やミッドタウンのファイナンスで働く裕福層が移住するようになった。小じゃれたカフェやレストランが開店した。

マンハッタン

そうした折に高架軌道の撤去話が持ち上がった。しかし、市民運動が計画を覆し、廃線を緑のプロムナードに転換して保存することになった。それが「ハイライン（高層ビルの間を縫うようにつながる高架のプロムナード。植栽され、四季の花が咲く）」として甦った（2009年）。緑化整備されたハイラインは散策道に生まれ変わり、沿道に高級アパートの建設を誘発するようになった。その多くは空き工場や倉庫からの用途転換である。朝夕、富裕層がジョギングし、汗を流す風景が日常になった。2015年には、ハイラインの始点にホイットニー美術館が新装開業した。モダンアートとコンテンポラリーアートの収蔵で知られている。そしてチェルシーは、「ファッション街区」にプラスして「アート街区」になった。

経済危機以降のチェルシーでは、地区の主役は情報通信ハイテク企業に勤めるエリートである。この業界では、「身繕いしてオフィスにこもっていては、創造的な仕事はできない」という働き方が要求されている。ここでも資本は、「都市の「かたち」」をその生産活動に都合よくつくり変えた。街の風味を、製造業の時代とは違ったものに転換した。すなわち、ハイテクエリート好みの、その働き方に似合う、軽快でカジュアルな、ナイトライフ重視の24時間街区になった。そしてジェントリフィケーションは、「スーパー」を冠する段階にある。(54) 最近、投資銀行に勤める知人が「ウエストサイド（チェルシー、トライベッカ）は家賃が高過ぎて暮らせない」と顔をしかめ、「ブルックリンでアパート探しを始めた」と話していた。

グーグルのニューヨーク進出　情報通信ハイテククラスターの急成長については、グーグルの事例を紹介する。(55) グーグルがニューヨークに初めて駐在員を置いたのは、2000年である。ドットコム・ビジネス（スタートアップ型のニューメディア）が1990年代に登場し、ニューヨークがファイナンスに過度に依存する経済構造から脱却する──その役割を担う新産業として期待された。当時、世界の都市（ロンドンから北京まで）にドットコム・クラスターが形成されたが、ニューヨーク（23丁目界隈以南の「シリコンアレー」）とサンフランシスコ（マーケット通りの南街区）が先頭を走り、そのモデル街区になった。しかし、2000年にドットコム・バブルが弾けた。その影響もあり、創業期のグーグルの、ニューヨーク進出は控えめだった。しかし、その後の業容の拡大は速かった。現在、チェルシーを中心に7000人（営業、デザインなどの技術者）が働く。50以上の言語が飛び交うグローバルオフィスである。20年弱の間の、急成長である。

グーグルは2018年春、チェルシーマーケット（「地区の「改善」」のシンボル的な歴史的建物）を24億ドルで買収。さらにハドソン川沿いにある57埠頭のオフィスをリースアップした。チェルシーの北の、ハドソンヤードで進行する大規模都市再開発では、情報通信／映像系のハイテク企業のオフィス、そこで働くクリエイティブエリートのためのアパートが建設される。界隈では、10年間でオフィス面積が7倍になる。グーグルは、その一角にある超高層ビルにもオフィスを確保する。グーグルの本社は、カリフォルニアのシリコンバレー、マウンテンビューにあり、関連施設を集積して「グーグルビレッジ」をつくってきた。今後は、ウエストサイドが「第2のマウンテンビュー」になる。そこに1万4000人が働くようになる。

M・ブルームバーグの都市改造・贅沢都市づくり

ジェントリフィケーションは経済活動（市場）がつくり出す都市現象だが、それに終始するものではない。そこでは政府の役割も大きい。政府は介入を通してジェントリフィケーションが起きやすい、加速する条件を整備する。(56)「民間資本と政府の結託」こそが、ジェントリフィケーションが起きる前提になる。ニューヨークでは、21世紀を迎えてジェントリフィケーションが広域に波及するようになった。ある地区では、先着のジェントリファイアーが後発の金持ちジェントリファイアーに排除される、スーパージェントリフィケーションの段階に達している。その場面では、都市政府の演じた役割が大きい。3期続いたM・ブルームバーグ市政である。(57)施策の中核になったのは、「贅沢都市づくり」である。(58)供給サイド理論、規制緩和論、そしてトリクルダウン理論が織りなす都市づくりである。フロリダの創造階級／創造都市論の影響を受けたといわれる。

2001年の9・11テロの煽りを受け、ニューヨークのグローバルツーリズムは暗雲に覆われた。同じ時期にドットコム・バブルが弾けた。そして2008年の経済危機である。ブルームバーグが市長に在任(2002〜13年)したのは、そうした時期だった。ブルームバーグ市政は、コンサルタント企業のマッキンゼーに相談し、同時にニューヨークの「強さ／弱さ」分析を通して「贅沢都市づくり」戦略を編み出した。FIRE依存の経済体質からの脱皮を目指し(「ゲームチェンジ」を宣言)、都市経営の舵取りをハイテククラスターの形成(ハイテク企業、ハイテクエリートの誘致と育成)に転換した。

そこでは、①治安がよく、安心して暮らし／働けるコミュニティづくりをする、②高給を稼ぐ高学歴エリートのために住環境を整備する、③自前のハイテクエリートを育てる——ことが政策の要になった。具体的には、①警察力の強化、②都市計画を変更し、タワービルの高級アパート／オフィスの開発を容認する、③エリート工科大学の創設である。「贅沢都市づくり」では、①②③の間に相乗効果を生み出すことを担ったが、結果的に、ジェントリフィケーションをまき散らすことになった。その後のニューヨークは、激しく「二都物語」化した。

「割れ窓理論」の実行

民主党系市長のD・ディンキンズの後、共和党系市長に選ばれたR・ジュリアーニ(2期。その後、トランプの顧問弁護士になった)は、警察力の強化に熱心だった。特に、「割れ窓理論」を信奉していたことで知られている。「1枚ガラス窓が割れているのを見ると、ほかのガラス窓を壊したくなる衝動に駆られる」という犯罪心理学である。ジュリアーニはその理論を、「軽犯罪を抑え込めば重犯罪を減らせる」と読み替え、警察官を増員した。警察は「不審者」に対する職務質問を頻繁に実施し、所轄署に連行した。それが「ニューヨークの治安回復に貢献した」という評価を得た[59]。その類の話でしばしば例示されるのが、タイムズスクエアとその周辺である。界隈では、1980年代には、セックスショップや怪しげな劇場が並び、旅行者は近寄り難かった。それがその後、ディズニーショップなどが出店し、街から娼婦や薬売人の姿が消えた。そしていよいよグローバルツーリズムの拠点になった。

しかし、ジュリアーニの警察行政は、リベラル派から厳しく糾弾された。「治安の「改善」」と「」書きされたのは、「割れ窓理論」の適用が明白な人種差別政策として取り組まれたことに関係していた。マイノリティ、特に黒人が狙い撃ちして職務質問され、連行された。しかし、その多くは犯罪に関与しておらず、釈放された。無抵抗の黒人青年A・ディアロを警察官4人が取り囲み、41発の銃弾を発して銃殺する事件が起きた（1999年2月4日）。市長のジュリアーニは警察官を擁護し、裁判では件の警察官は無罪評決になった。こうした人権無視の警察行政に対してリベラル派は、「ジュリアーニはマンハッタンのムッソリーニ（ジュリアーニはイタリア系）になった」と非難した。

ジュリアーニの後のブルームバーグ市政も「割れ窓理論」を継承し、路上で手当たり次第に職務質問と身体検査を繰り返す警察行政を実施した（殺傷凶器を持っていないか、引き留めて身体検査する＝Stop-and-frisk）。ブルームバーグが市長に就任する前は、1年間に10万回の職務質問／身体検査が行われていた。ところが退任した年の1年間には、70万回に達していた[60]。殺人事件がこの半世紀で最少件数になったのは、その成果である、とブルームバーグ市政は喧伝していた（同じ時期にほかの都市でも殺人事件は減少した）。しかし、職務質問が検挙に至る事例は少なかった。黒人若年層が狙い撃ちして職務質問され、「公民権法に違反する」という批判が出た。「人権違反！」と訴訟が起き、連邦地方裁判所は「憲法違反」の判決を出した（2020年の民主党大統領予備選に出たブルームバーグは、対立候補から Stop-and-frisk に潜む人種差別を攻撃され、「行き過ぎがあった」と反省の弁を述べていた）。

創造階級を呼び込む　初期のアーバンパイオニアは、チンピラが闊歩し、娼婦が街角に立っている地区に移住して「コミュニティおこし」に汗を流した。次の、あるいはその次のステージでジェントリフィケーションを引き起こしたアーバンエリートは、治安が悪いところを忌み嫌った。そのため「治安の「改善」」は、彼らをターゲットにした「贅沢都市づくり」ではきわめて重要な課題になった。黒人と眼が合えば有無を言わせず引き留めて身体検査をする——そうした警察官の立ち振る舞いを推奨した警察行政は、衰退し、落ち目になったところを解体し、跡に高級アパートを建てる都市再開発と軌を一にしていたのである。ブルックリンで反ジェントリフィケーション運動をする黒人の草の根グループが、「高級コンドミニアム／アパートの建設に反対する」「警察の人種差別的で横暴な権力行使と闘う」と宣言し、運動の2大目標に掲げていたが(61)、いずれもブルームバーグ市政に真っ正面から対決して掲げた運動目標だった。

「贅沢都市づくり」でニューヨークは治安が「改善」した。街にはしゃれたカフェが並び、街路も綺麗になった。しかし、一皮むけば真逆の実相が浮かび上がる。中間所得階層以下の労働者の暮らしは、都市型工業に賑いのあった1970年代以前に比べて苦しくなった。ブルームバーグ市政の「贅沢都市づくり」は、「高コストに適した企業とクリエイティブクラス」を念頭に置いた都市づくりだった。逆に高いコストを負担できない企業や中低所得者層は、政策の網の目から零れ落ちることが多かった。ニューヨークの「強さ／弱さ」分析では、「ニューヨークは高コスト体質が「弱さ」になっている」と評価された。それなら弱点を逆手に取り、「働きや暮らしの場面で高コストを受容できる、グローバル競争に打ち勝てる企業や高額所得階層をターゲットに都市づくりをする」という施策に徹することになった。それが「贅沢都市づくり」である。

企業や高額所得階層が積極的に高コストを負担するように、市政は負担に見合う「価値」を創造し、提供する。すなわち、「ニューヨーク」をブランディングし、「ニューヨーク」という「商品」をマーケティングする。ニューパブリック・マネジメントが説く行政経営論に学ぶ都市経営である。ブルームバーグはメディアビジネスで成功した富豪である。そのため都市行政を企業経営になぞらえた。そして市政は、ニューヨークをビジネス、市民を消費者にたとえた。市長をCEO（最高経営責任者）、行政をビジネス、市民を消費者にたとえた。市政は、ニューヨークを最高の「商品」にマーチャンダイジング（製品開発から商品化、売り込みまでを一貫した戦略で取り組むこと）することに傾注すべきである、と喧伝したのである。「贅沢都市づくり」思想が凝縮されたブルームバーグ語録がある。

- ニューヨークにふさわしいビジネスは、安売り量販のウォルマート風ではない。高付加価値／嗜好品商売である。(62)「安さ」を誇っての都市間競争はしない。
- 創造階級を呼び込むためには、アイデアと革新を育む「苗床」に肥料を与えなければならない。(63)「苗床」は高い「生活の質（QOL）」を育む環境である。そうした高質の環境をつくり、創造階級を引き付ける（この考え方は、行政学の「足による投票」（引っ越し）理論を参考にしている）。

・不動産価格が高い都市ほど経済、社会は健康である。市民の暮らしもよくなる。住宅不足は空き家がないことを指し、住宅投資が始まるよい徴候である。(64)

・経済的に恵まれない人々を支援する最良の方法は、富裕層を呼び込むことである。(65)ロシアの億万長者が大挙して移住して来れば、素晴らしい話になる。

「贅沢都市づくり」では、具体的には何が行われたのか。ジェントリフィケーションを加速するために、40%強の市域でゾーニング(土地の用途規制)を変更した。工場/港湾地区のゾーニングを緩和し、高層オフィスや高級住宅の建設を可能にした。この変更は、残っていた都市型工業のさらなる排除につながった。工場が減り、中間所得階層の暮らしを約束していた製造業の仕事は絶滅寸前の労働になった。ウォーターフロントとアベニュー(太い街路)沿いで建物の高さ規制を緩和し、超高層ビルの建設を促した。ゾーニングの緩和は、広大な敷地に大規模都市再開発を可能にした。

マンハッタン西側のハドソンヤード、マンハッタン・ウエストサイド、東側のミッドタウン・イースト、ノースブルックリンのウォーターフロント、フラットブッシュアベニュー、ケントアベニュー、アトランティックヤード、クイーンズのダウンタウン……。タワーアパート、日差しを照り返して眩しいガラス張りの超高層オフィスビル、ポストモダニズム建築の複合ビル(商業施設、ホテル、オフィスが入居)(66)が林立するようになった。ブルームバーグ時代に、ニューヨークのスカイラインは大きく変化した。高さランキングで上位20棟の超高層ビルのうち、7棟がこの時代に建てられた。超高層ビルの高さの順位が激しく入れ替わる、ということが起きた。

ハドソンヤードの大規模再開発は、都市計画局と都市圏交通局が関与するニューヨーク史上最大規模の民間都市再開発である。(67) ニューヨークがオリンピック開催に立候補した時には、スタジアムの建設候補地になった。ロンドンに敗れ、今般の都市開発プロジェクトにつながった。11・3ヘクタールの土地に超高層ビルを含む16棟のビル（床面積118万㎡、オフィス、住宅、商業施設）を建設する。投資額2500億ドル。5万5000人が働く街になる。公立学校、住宅5000戸を建てる。住民は超高層オフィスビルの情報通信／映像系ハイテク企業で働く高給取りである。高級百貨店のニーマンマーカスや有名レストランを誘致した。地下鉄が延伸され、便利さとおしゃれを兼ねた空間づくりが進む。

美容・化粧のL'Oréal USA、映像系のWarnerMedia（傘下にケーブルニュースのCNNを抱える）などがミッドタウンからハドソンヤードに移転する。「贅沢都市づくり」では、伝統的なCBDs（Central Business Districts、ニューヨークではダウンタウンとミッドタウン）の周縁に新しいCBDsを開発する。CBDsを空間的に拡張し、その間をネットワーク化する。新旧CBDs同士の競争を促進する。それをニューヨーク全体の活性化につなげる。そういう考え方である。新しい大規模再開発地区とミッドタウン、ダウンタウンの間で、オフィス、アパートの入居者をめぐって地区間競争が熾烈になる。

ルーズベルトアイランドには、コーネル大学がイスラエルの工科大学と連携してテクノキャンパスを開発している。(68)「ハイテクエリート／起業家の輩出」を宣言して開学した。院生の過半は、市内の情報通信ハイテク企業に就職してクリエイティブクラスになる。ハイテク企業と連携し、学生は現場に出向いて実践的な勉学をする。授業料は高く、年間5万5000ドル弱、ビジネススクールは10万ドル超。典型的なクリエイティブエリートの養成校である。コーネル大学に対抗して市内にあるコロンビア大学、ニューヨーク大学、ニューヨーク市立大学がハイテク系の課程を強化し、新しいビル建設に着手している。

急拡大した格差と不平等

ニューヨークのより高くなったスカイラインは、より高い収入の仕事、より高い生活費の暮らしの拡大と符合する。「贅沢都市づくり」の結果、40万人以上が100万ドル以上の資産を持つ富裕層都市になった。FIRE依存から抜け出し、情報通信ハイテククラスターの形成が加速し、ニューヨークの経済基盤が強化された、と評価する声がある。その結果、市の財政が黒字転換した。いずれの話題も、「ジェントリフィケーションに感謝」である。

しかし、批判グループは、ジェントリフィケーションの別の側面をクローズアップし、ブルームバーグ市政の3期を非難する。実際のところ、その非難は市民感覚から遊離したものではない。大方、ニューヨークっ子の、その日の暮らしの実感に近いものだった。ブルームバーグの次の市長にB・デブラシオが選ばれたことが、その事情をよく物語っている。ブルームバーグが「ダウンタウン(ウォール街がある)市長」と呼ばれたのに対し、デブラシオには「近隣住区市長(neighborhood major)」の呼び名が贈られた(69)。「ウォール街の金持ちの利益を代表する市長vs.草の根市民の厚生を重視する市長」という意味である。市長候補を選ぶ民主党の予備選挙では、近隣住区を支持地盤にしたデブラシオが、ブルームバーグの後継を任じて戦ったC・クインを撃破した。クインは当時、市会議長だった。デブラシオは泡沫候補扱いだった。しかし、デブラシオは本戦でも大量の票を獲得し、圧勝した。デブラシオは選挙戦で、「ブルームバーグ時代にニューヨークは「二都物語」になった。貧富の格差が拡大し、富の配分をめぐる不平等が深刻である。格差と不平等が都市危機を生む。この流れを逆転させる」と訴えた(70)。

ニューヨークの「二都物語」を語る幾つものデータ、及び話題がある(71)。

・マンハッタンの16商店街で店賃が89・1％（2004〜14年）も高騰し、売り上げの伸び（31・9％）を大幅に上回った。高額店賃の負担に耐えかねて閉店に追い込まれる零細商店が急増し、シャッター通り化する商店街が増えた[72]。

・貧しい人々は、家賃／店賃の支払いに困窮して追い出された。ブルームバーグ時代にホームレスが83％増加した。市政府はホームレスを市外に排除するのに地下鉄の片道チケットを配布することもあった。

・2005〜10年に、ニューヨークの中位所得は16％アップした。しかし、中位家賃は25％以上高騰。所得増が家賃アップに追い付かなかった。50％以上の家庭が所得の30％以上を家賃と公益費の支払いに充てていた（「家賃過剰負担家庭」）。食事と教育費を切り詰めてもやり繰りが厳しかった。

・最上位の所得階層が市全体の所得の39％を占めるようになった（2012年）。1980年は12％だった。所得格差の拡大、所得分配の不平等が進行した。

・ニューヨーク・タイムズの世論調査（2013年）では、回答者の55％が「ブルームバーグ市政は金持ち優遇だった」、85％が「（自分のような人には）生活費が高く暮らしづらくなった」と答えていた。別の同紙の記事によると（2012年）、①マンハッタンでの貧富の格差はアメリカでトップ、②市人口の170万人が連邦の定義する貧困ライン以下、貧困率は過去10年間で最も高い、③市民全体の中位所得（4万9461ドル）、労働者階級の中位所得（3万2210ドル）のいずれもアメリカの中位所得を下回っていた。

・ウォールストリート・ジャーナルは、「ニューヨークの黒人人口動態は1860年以来、初めてマイナスになった」と報じた（2011年）。家賃過剰負担家庭に転落して市外に追い出された。

ブルームバーグは中間所得階層以下にも目配りした、と主張する。そして任期中に16万5000戸のアフォーダブル住宅を建築し、修復したという。(73) しかし、その多くは、周辺地区の中位所得では入居が難しい高額家賃が設定されていた。規制家賃の下にあったアパートが規制から逃れる、ということも起きた。アフォーダブル住宅の実際の供給量は、それらを割り引いて考える必要があった。

ブルックリンを歩く――「物の怪」の本性

急進するジェントリフィケーション　マンハッタンのソーホーやチェルシー発のジェントリフィケーションは、南下してトライベッカを呑み込み、北上してマンハッタンウエスト、さらにハーレムに達している。情報通信／映像系のハイテククラスターがウエストサイドを「第2のシリコンバレー」に塗り変えている。駆け出しの芸術家や中間所得階層以下の労働者は家賃の高騰に耐えられず、また、不動産売買に目敏いアッパーミドルクラスや恵まれたヤッピーは次の投資先を探して――家賃が相対的に安いニュージャージーやブルックリンに流出している。

手元に日本航空が発行した「JALニューヨーク案内2007年版」がある。掲載されている市内の拡大地図は、マンハッタンだけである。ほかの4区（ブルックリン、クイーンズ、ブロンクス、スタテン島）の拡大地図は載っていない。当時のブルックリンは、チンピラがたむろする危ないところだった。JALの地図は、その頃のブルックリンは、日本人観光客が足を踏み入れる地区ではなかったことを示している。ところが『地球の歩き方　ニューヨーク2019～2020年』は、15ページもブルックリンに割いている。「ブルックリンはクール。先端を行くトレンドセッター」「ぜひ、訪ねるべきところ」という筆致である。

マンハッタンとブルックリンをつなぐブルックリン大橋とマンハッタン大橋、そのブルックリン側の橋の付け根にダンボ地区がある。(74) そこにあるＢＩＤ(Business Improvement District)を訪ねたことがある。ドットコム・バブルが弾けて間もない２００５年頃である。ＢＩＤは、衰退し、荒廃した街区の活性化に取り組む非営利組織である。界隈の不動産所有者が負担金(疑似不動産税)を払い、それを原資に舗道を整備し、警備員を雇うなどして「地区の「改善」」を自助する地区組織である(最近は、繁盛する商業地区にもＢＩＤがある)。ダンボには、工場／倉庫街だった歴史がある。訪ねた当時は、脱工業化の影響で工場が撤退し、煉瓦ビルには空きスペースが多かった。街区の外れには、稼働する倉庫もあった。それでもチョコレート工場兼ショップなどを訪ねる旅行者の姿もあった。地下鉄駅が近く、通勤に恵まれている。２００５年頃までは、中の上の中間所得階層ならば、工場や倉庫を転換した住宅を背伸びすれば購入できる水準だった(石鹸工場を転換したコンドミニアム＝３ＤＫタイプが93万ドル、２００５年)。

ブルックリン

その後、街は激変した。パリやミラノ発の専門店が軒を並べるようになった。レストランやカフェが豪華なメニューを競うファッション／エンターテインメント街区に変容した。英才教育塾や、高級アスレチッククラブがある。最近は、界隈のジェントリフィケーションを先導してきたアーティスト、さらには若い独身の専門職（ヤッピー）も応札するのを躊躇する住宅価格である。購入しているのは、「スーパーリッチ族」と呼ばれる富裕層か、海外からの不動産投資家である。

ブルックリンのジェントリフィケーションは燎原の火の如し。隣接地区に飛び火している。ダンボに近いグリーンポイントは、ポーランド移民のエスニックタウンだった。それがポーランド系の老舗が店仕舞いし、全国系チェーン店が軒を並べる変哲もない街に変わってきた。ジェントリフィケーションは隣接する、ユダヤ人街区を抱えるウイリアムズバーグ、ヒスパニック系が多いブッシュウィック、黒人居住区のベッドフォード－スタイベサント（ベッドスタイ）に達している。

ブルックリンが急変し、ジェントリフィケーション研究の最前線になったのは、それほど古い話ではない。都市研究者のS・ズーキンは、カフェやストリートアート、市民のファッション嗜好まで含む広義の文化をジェントリフィケーションに関連付けて論じている。著書（2010年）の第1章（「ブルックリンはいかにしてかっこよくなったか」）は、ブルックリン研究、正確にはブルックリンのウイリアムズバーグ研究である。(75) 家賃の高騰に耐え切れず、マンハッタンを逃げ出して来る画家や作家、ミュージシャンを、ウイリアムズバーグがどのように引き付けたか、そしてヒップスターの聖地になったか。それを論じている。ところがズーキンの95年の著書には、ブルックリンの章立てがない。ダウンタウン・ブルックリンについて簡単に触れているに過ぎない。95年著書当時には、ブルックリンではジェントリフィケーションが起きていなかったのである。

同じくジェントリフィケーションを論じたT・アンゴティの著書（2008年）に掲載されているブ

ルックリン地図からも，地区の急変を知ることができる[76]。地図では，ベッドスタイとクラウンハイツは真っ黒に塗られている（黒人住区を意味している。当時，非ヒスパニック系黒人比率が74％超だった）。地図は執筆された当時の両地区が，「ジェントリフィケーションの幕開け前」だったことを示している。しかし，その後，白人の移住者が急増した。最近の人種構成地図を描けば，「真っ黒」ではなく，「灰色」である（実態は混住しておらず「カプチーノ」状態である）。

これらの著書からは，ブルックリンのジェントリフィケーションが２００５～10年以降，急進した様子を読み取れる。ズーキンによると，２００５年前後のウイリアムズバーグ，パークスロープ，ダンボ，ブルックリンハイツでは，創造階級が地区住民の20％（市平均は４％）に達していた[77]。当時，界隈は工場／倉庫地区だったが，脱工業化の時代風潮や，市当局が製造業に冷淡だったことが影響し，工場は縮退し，空きビル街区になっていた。そこにアーティストが入居した。家賃が安く，建物の軀体がしっかりし，壁も厚い。重厚なオブジェを製作し，大音響の演奏を録音するのに都合がよかったのである。ところが，昨今，アーティストや，起業を目指すスタートアップの影が薄い。彼らの多くが高騰する家賃を負担できずに悲鳴を上げている。そして引っ越しの荷造りに忙しい。逃げ出す先は，ウイリアムズバーグに接するブッシュウィック，ベッドスタイである[78]。両地区は，ジェントリフィケーションの最前線に昇格した。

しかし，ここでも売り出し前の無名のアーティストは，住居兼スタジオを購入したり，賃借したりするのが難しい。そのため彼ら，及び中の下の中間所得階層は，さらに南に離れたヒスパニック系住区のサンセットパークに移動している。ところがまた，この界隈も安住の地ではなくなっている。チャイナタウンが伸張して街区の魅力がアップし，ジェントリフィケーションが飛び火している。いよ

ニューヨーク・ブルックリンの家賃例

	ウイリアムズバーグ，ダンボ地区	ベッドスタイ地区
売り値	2ベッド住宅 180万～240万ドル	2ベッド住宅 120万～160万ドル
家賃	2ベッド住宅 5000～6000ドル	2ベッド住宅 2000～3500ドル

注：地区の住宅価格は2019年6月調べ．街の不動産店の貼り紙広告を調べる．床面積と地下鉄駅までの距離が売り値／家賃に影響するが，住宅雑誌では上記価格を超える物件を散見する．逆に，以下の物件はごく少ない．

いよアーティストのタマゴに残された移住先は、当面、地下鉄路線が伸び切った先のクイーンズの奥地になってきた。

社会的関係資本が脆弱化する

ブルックリンの街角には、ボデガ(食料雑貨店)がある。[79] ブルックリンの街風景には欠かせない。ヒスパニック系か、中東系の家族経営が多い。24時間営業である。ボデガはコミュニティ・ネットワークの要として大切な役割を果たしている。通勤前に立ち寄り、サンドイッチを頬張りながらコーヒーを飲む客が店の主《あるじ》と世間話をする風景に出合う。イタリアなどの、朝のバール風景を思い出させる。驚いたことに、ボデガが客の家の鍵や、オフィスの鍵を預かっている。共稼ぎ夫婦の場合、子どもが鍵を持ち歩かなくても済むように、あるいは事前に不在がわかっている時には、来訪する客や親戚に鍵を受け渡すために、ボデガが近隣住区に暮らすか、界隈で働く客の鍵を預かっている。手間賃などは取らない。こうした鍵の預かりには、信頼のコミュニティ精神が生きている。ブルックリンの古いコミュニティでは、そうした伝統的な社会的関係資本が成立している。

ところが最近は、チェーン系のコンビニエンスストアやドラッグストアがボデガを駆逐している。しかし、ボデガに代わってチェーン店が客の鍵を預かる日は来ない。店長も店員もよそで暮らしている。店員と客の間には、会話も挨拶もない。ドラム缶式の洗濯機が並ぶ、24時間営業のセルフドライクリーニング店が街角にある。そこでも店が客の鍵を預かっている。最近はこうしたドライクリーニング店も駆逐されている。洗濯機付きの高級アパートやコンドミニアムが増えたためである。

ブッシュウィックやベッドスタイの治安は必ずしも良くない。『地球の歩き方　ニューヨーク　2019~2020年』には、「主要道路を外れての散策は要注意」と書かれている。黄昏時以降の独り歩きは物騒である。しかし、数ブロックに1、2店、必ずしゃれたサードウエイブ系（脱シアトル系のコーヒーを提供する）のカフェがある。[80] 古い建物を用途転換したポストモダン風の店構えが多い。中古家具店か、蚤の市で買い揃えたのか、店の設《しつら》えは籐椅子、スチール製椅子など不揃いである。テーブルも雑多、客は若い起業家やアーティスト。初期のジェントリファイアーである。客が叩くパソコンは、ほぼ100％がアップル（アップル族）。カフェを仕事場にし、2時間以上座っている。

ここでも驚いたのは、客がパソコンや貴重品の入った鞄を置きっぱなしにしてトイレに行く。30代後半の女性が財布の入ったバッグをテーブルに残し、携帯電話を耳に当て「ハロー、ハロー」と店を飛び出して行った。そして30分以上戻って来なかった。こちらが心配になるほどの不用心である。店員と客は馴染みである。客同士が会釈したり、眼が合うと微笑を返したりする。時々、おしゃべりが始まる。それが新しいビジネスチャンスにつながることもある。店外は危ないが、店内は安心。そうしたカフェ風景を観察しながら、初期のジェントリフィケーションが「ほのぼのとした信頼の寄り合い空間（新しい社会的関係資本）」をつくり出す、という事実は面白いと思った。

しかし、スーパージェントリフィケーション段階にあるダンボやウイリアムズバーグのカフェでは、様子が違う。以前は、これらの地区でも「ほのぼのとした信頼の寄り合い空間」があったに違いない。しかし、いまはパソコンと睨めっこするアップル族には出会わない。家賃が高騰し、どこか家賃の安いところに引っ越してしまった後である。ここでは貴重品をテーブルに置いてトイレに行く気分にはなれない。客は圧倒的に州外か、海外からのツーリストである。客に対する店員の態度もよそよそしい。店員はこの界隈に暮らしていないし、家賃が高くて暮らせない。

2018年に、「ブッシュウィックは終わった」という論文が社会文化学会誌に掲載された。[81] ジェントリフィケーション旋風に襲われ、旧来の「ブッシュウィックの「かたち」」は変わってしまった、という嘆きである。ブッシュウィックが、今後、スーパージェントリフィケーション段階に達すれば、大手チェーン系のカフェやドラッグストアが地区を席巻し、ボデガ、そしてサードウエイブ系のカフェは駆逐される。パリやミラノ発のファッション店、資本力のある外食チェーンに代替わりが進む。この流れは、ウイリアムズバーグやダンボが経験した街の変容の再現である。ジェントリフィケーションは、そこに至るまで終わらない。

「物の怪」の本性

ブッシュウィックでは、ジェントリフィケーション対策を目指したコミュニティ計画の策定が、住民参加を得て2018年夏に終わった。アベニュー沿いとウォーターフロントでは、超高層ビルの開発を認める一方、街区にある細い街路では、建物の高さを中低層階に抑える。超高層ビル街に変容すれば、人間関係は希薄になる。一方、計画には、細い街路では、エスニックの、多様性豊かな古い建築環境を保存し、そこに宿るオーセンティック(真正)な「オリジン(伝統や歴史に育まれたもの)」を持続させよう、という狙いがある。[82] しかし、「オリジナリティ」の保存は、街の魅力を発露させ、ジェントリフィケーションのブーメランを起こす。そして結局、「オリジナリティ」を解体する。それはジェイコブズが守ったグリニッチビレッジ、そのハドソン通りが辿った道である。ジェントリフィケーションが起こす「オリジナリティ」の解体は、究極の格差と不平等を生むスーパージェントリフィケーションに至る。そしてそれまでの「都市の「かたち」」を抹消するまで続く。人々の、コミュニティへの帰属意識とか、ご近所気質とかを抹殺し、異次元のコミュニティに変容するまで止まらない(83)。それがこの「物の怪」の本性である。

(1) S. Stein, *Capital City: Gentrification and the real estate state*, Verso, 2019. 同書によると世界の不動産価値は217兆ドル。有史以来、人類が掘り起こした金の総価値の36倍に相当し、地球上の総資産の60％は不動産である。不動産国家における都市計画の役割、ジェントリフィケーションの構造を明らかにしている。

(2) *Capital City* の書評(Next City, May 4, 2019).

(3) ベルリンでは、不動産会社が所有する賃貸住宅の国有化を求める運動がある(Guardian, April 4, 2019)。市議会は今後5年間、家賃を凍結する条例を採択、150万戸以上が対象に(CityLab, June 19, 2019, New York Times, Jan. 31, 2020)。ベルリンのMietskaserne(賃貸中層階長屋)には、ベルリンのカルチャー／カウンターカルチャーが凝縮している。市民の間に「住宅は戦って勝ち取る権利」という意識がある。それはスクウォッティング(放棄された建物や工地をしばしば不法に占拠すること)を合法的な不法占拠として認めたことなどに表れている。19世紀のドイツ統一から第一次世界大戦の期間にベルリンにはMietskaserneが建設され、労働者住宅になった。第二次大戦後は荒れ果て、西ベルリンではトルコ移民が暮らすか、アーティストのタマゴ、社会運動家、アナーキストの寝ぐらになり、東ベルリンでは反政府運動の隠れ家になった。ベルリン統一後はスクウォッティングが立ち退きに反対する社会運動を起こし、住み続ける権利(不法占拠の権利)を法的、社会的に容認させた。最近はネオクラシック、あるいはアール・ヌーボーの建築に魅せられて移住する人々もいる(CityLab, Jan. 13, 2020)。

オレゴン州は住宅不足に対応して高密度な住宅供給を目指している。人口2万5000人以上の都市では、戸建て住宅専用地区を禁止(CityLab, July 2, 2019)。ミネアポリスも条例で戸建て住宅専用地区を廃止。ニューヨーク・タイムズは社説でこの考え方を支持(June 17, 2019)。M. Manville, P. Monkkonen, and M. Lens, It's time to end single family zoning, Journal of the American Planning association, Dec. 6, 2019は、戸建て住宅専用地区は不平等を拡大し、土地利用効率を悪化させる、と論じている。

(4) Guardian, Sep. 29, 2016.

(5) ジェントリフィケーションと政府の関係についてJ. Hackworth and N. Smith, The changing state of gentrification, The Royal Dutch Geographical Society, Nov., 2001は、都市政府は民間都市再開発への介入を強化し、ジェントリフィケーションの推進者になっている、と説く。その理由は、①連邦政府の都市支援が縮小し、都市政府は税収確保に迫られている、②ジェントリフィケーションが都市中心から遠方に拡散し、地理的条件が悪くなり、政府の介入がないと個別資本が新規開発から利益を確保するのが難しくなっている、③政府はポスト・ケインズ主義に大きくふれ、社会的再生産の課題から解放されて財源を都市開発支援に当てる余裕が生まれている――などが挙げられる。T・スラターもこのスミス説を整理しながらジェントリフィケーションをめぐる政府の役割を重視している(T. Slater, The eviction of critical perspectives in gentrification research, International Journal of Urban and Regional Research 30(4), Dec., 2006)。

しかし、GAFAが台頭して以降は、状況が変化している。ジェントリフィケーションが都市の持続可能性を危うくする段階に達する一方、都市社会運動が政治を巻き込み、高揚している。都市政府が従前のように、ジェントリフィケーションを喝采していられない政治環境が生まれている。最近の都市政府の対応は、アンビバレンス(相反する態度)である。ジェントリフィケーションに伴走するマイナス(外部不経済)がさらに大きくなれば、都市政府は反ジェントリフィケーションに転じる。

(6) R・ロジャース、A・パワー、太田浩史他訳『都市　この小さな国の』(鹿島出版社、2004年)は、英国政府が繰り広げたアーバンルネサンス政策の概要と成果を報告している。2000年前後にニューヨークで始まった「ハーレムルネサンス」でも、民間投資が連邦政府のエンタープライズゾーン(経済振興の特区）政策の支援を得、活性化を牽引した。

（7） N. Aveline and others (edited), *Globalization and new intra-urban dynamics in Asian cities*, National Taiwan University Publishing Center, August, 2014.

（8） クアラルンプールを街歩きして出合うコーヒーショップ（kopitiam）は、イタリアのバールに似てコミュニティに深く根付いている。英植民地時代に由来する朝食メニュー（トースト、ココナツジャム、半熟卵、それにコーヒー）を提供し、人々が気軽に集い、日々の暮らしから政治まで語らう場である。多民族社会マレーシアでは、異文化の人々が相互理解を促進する場になる。しかし２０００年に家賃管理制度が廃止されて都市再開発が加速し、コーヒーショップの店賃が高騰、さらにスターバックスなどのチェーンカフェの競争に晒され、消滅の危機に瀕している。「クアラルンプールらしさ」を醸しだす重要な「都市の「かたち」」、そこを基盤に育まれるライフスタイルの喪失である（CityLab, April 23, 2019）。CityLab, June 20, 2017, Jan. 23, 2017は、「コーヒー店と都市のカフェ文化」、そしてジェントリフィケーションについて語っている。上記3本の記事は、コーヒーショップという小さな宇宙から都市全体を眺め、変容するアーバニティ（都会性）の意味解釈を試みている。

（9） L・マンフォード、生田勉訳『都市の文化』鹿島出版会、１９７４年。

（10） J. Jacobs, *The death and life of great America cities*, Random House, 1961（山形浩生訳『［新版］アメリカ大都市の死と生』鹿島出版会、２０１０年）。J・ジェイコブズはコミュニティに活力（多様性に満ち、24時間活動がある）を呼ぶ「善い」ジェントリフィケーションと、多様性を排除し同質化する「悪い」ジェントリフィケーションに区別して考えていた（Atlantic, April 2, 2010）。しかし、「善い」ジェントリフィケーションも、「コミュニティが中間所得階層化するプロセスである。それが「悪い」ジェントリフィケーションに転じるのは不可避である」（B. Darling, Bushwick is over: The contradictions of gentrification for the creative middle class, Journal of Social and Cultural Analysis, August 16, 2018）との指摘もある。

(11) 矢作弘「偶像的な偶像破壊者――J・ジェイコブズの都市思想と幾つかの争点」『別冊「環」』22号、藤原書店、2016年。

(12) J・ジェイコブズ、中谷和男訳『壊れゆくアメリカ』(日経BP社、2008年)は、時代が直面する困難について語る一方、「中間階層の没落、及び格差の拡大については論じない」と書き、その理由は説明していない。巻末の注釈で簡単にジェントリフィケーションに触れ、「コミュニティを疲弊させる」と非難し、政府とコミュニティはなにか対応できるはずである、と述べるにとどまっている。

(13) R. Montgomery, Is there still life in The Death and Life?, Journal of the American Planning Association, Summer, 1998.

(14) たとえばS. Zukin, *Naked City: The death and life of authentic urban places*, Oxford University Presse, 2010(内田奈芳美・真野洋介訳『都市はなぜ魂を失ったか――ジェイコブズ後のニューヨーク論』講談社、2013年)は、ジェイコブズが人々を立ち退きに追いやることで利益を得ているディベロッパー批判をしなかったのは、ロックフェラー財団から支援を得たことか、メディア帝国の「タイムズ」と付き合いがあったためか、マッカーシズムの余波が残っていたためか、と疑問を投げかけている。

ジェイコブズの、ジェントリフィケーション批判の少ない事例の一つに、ブルックリンで反ジェントリフィケーション運動に取り組むコミュニティ電子新聞に投稿した「ニューヨーク市長宛の手紙」がある(Brooklyn Rail, May, 2005)。手紙は、「私はジェーン・ジェイコブズです。都市の教え子です」と書き始めている。「ジェントリフィケーション」という言葉を使ってはいないが、ブルームバーグが推進していた、コミュニティ規模をはるかに超える大規模ウォーターフロント開発を例示して、「製造業雇用を破壊する。そこに暮らし働くアーティストや職人が育む自生的な都市更新を妨げる。高層タワービルの開発は、不動産／金融資本を儲けさせることに終わる」と非難し、「コミュニティから発露する自発的な計画を大切にすべきです」と述べていた。しかし、ジェントリフィケーションを引き起こして稼ぐ不動産／金融資本を真正面から批判する内容ではなかった。亡くなる1年前の手紙である。

(15) N. Smith, *The new urban frontier: Gentrification and the revanchist city*, Routledge, 1996 (原口剛訳『ジェントリフィケーションと報復都市――新たなる都市のフロンティア』ミネルヴァ書房、２０１４年)。「報復」は白人の復讐、やり返しの意味。白人は、ホワイトフライト（白人の郊外化）は、「白人中間所得階層が都市から「追い出された」社会動態である」と考えている。彼らは今回の都市回帰を、失った土地（都市）を奪還する動きと捉えており、白人には「ジェントリフィケーションは失地回復の現場（報復都市）になっている」という意味を込めている。

(16) Guardian, Nov. 30, 2018.

(17) トロントではグーグルの関連会社が大規模なウォーターフロント開発を計画し（その後、断念）、都市空間の「植民地化」が話題になった（Financial Times, March 24, 2019）。

(18) ブルックリンではブッシュウィック地区が住民発意のコミュニティ計画を立案したが、左派の都市社会運動 G-REBLS はこれに反対し、「反植民地主義」のデモ行進を実施した。

(19) 矢作弘『町並み保存運動 in U.S.A.』学芸出版社、１９８９年。

(20) 矢作弘、１９８９年。

(21) Ｎ・スミスは、この使命感それ自体を傲慢、上から目線の優越主義、征服者の被征服者に対する一方的な正義の押しつけである、と糾弾した。

(22) 斎藤眞『アメリカ史の文脈』（岩波書店、１９８１年）は、アメリカ人は「場の移動」を通して「アメリカの夢」を希求してきた、という。「場の移動」を切り口に西部開拓史とアメリカの精神を語っている。

(23) R. Glass, London: Aspects of change, Center for Urban Studies Report No. 3, MacGibbon & Kee, 1964.

(24) Smith (1996) の巻末文献リストは27ページある。掲載された文献のうち、１９７０年代以前の文献で表題に gentrification が使われているものは5本（１９７３、77年各1本、79年3本）。文献が急に増えるのは１９８０年代半ば以降である。

(25) T. Pattison, The process of neighborhood upgrading of gentrification: An examination of two neighborhoods in the Boston metropolitan area, M.A. Massachusetts Institute of Technology (cited by R. Bevan), 1977. 初期のジェントリフィケーション研究で近隣の「改善」と表現している。

(26) 工場や倉庫は天井が高く、壁が厚く、床は頑丈。大きなオブジェの創作、大音響の演奏録音などの製作に適している。売れる前のアーティストには、安い家賃で賃借できるので都合がよい。

(27) B. Darling, 2018.

(28) D. Ley, *The new middle class and the remaking of the central city*, Oxford University Press, 1996 など。

(29) 桐島洋子『淋しいアメリカ人』文春文庫、１９７５年、Ｄ・リースマン、加藤秀俊訳『何のための豊かさ』みすず書房、１９６８年。

(30) N. Smith, Gentrification and capital: Practice and ideology in Society Hill, A Rogical Journal of Geography, Sept. 1985, N. Smith, Toward a theory of gentrification: A back to the city movement by capital, not people, Journal of the American Planning Association, 1979. 個人の合理的な判断によってではなく、利益を稼ぐ資本の動態としてジェントリフィケーションは説明されるべきである、という都市の形態学。

(31) B. Darling, 2018.

(32) Planetizen, Nov. 1, 2019. ①ブルックリンでは、最も貧しい黒人住区で最も激しいジェントリフィケーションが始まらず、グリーンポイント、ノースウイリアムズバーグなど白人住区で激しい、②通勤に至便な地区でジェントリフィケーションが始まる、と主張している。

　Harvard Gazette, August, 2014. シカゴの地区比較を通して貧困とジェントリフィケーションの関係を論じている。

(33) 注(1)のStein(2019)は建設投資の縮退とジェントリフィケーションを論じ、差額家賃説を説いている。

(34) D. Hyra, *Race, class and politics in the cappuccino city*, University of Chicago Press, 2017. 著者はワシントンのショウ／U丁目の変容をエスノグラフィックな手法で調査した。ニューヨークのハーレム、シカゴのサウスサイドと並ぶ3大ゲットーである。最近は白人金持ちが移住し、金ピカゲットーに変わっている。黒人人口が激減し、昨今のワシントンの縮図的な界隈である。

(35) T・スラターは、ジェントリフィケーションを批判的に論じる傾向が弱くなっていることを学史的に論じている(T. Slater, Clarifying Neil Smith's rent gap theory of gentrification, TU Tracce Urbane, Italian Journal of Urban Studies, 2017)。①脱工業化で資本の稼ぐ場が不動産市場に転換している、②ポストコロニアルの途上国都市でも、民間主導の不動産開発がジェントリフィケーションを深化させている、と指摘し、家賃格差論を武器にジェントリフィケーションを考察する重要性を訴えている。②の事例研究には、M. Wright, Gentrification, assassination and forgetting in Mexico: a feminist Marxist tale. Gender, Place & Culture, A Journal of Feminist Geography 21(1), 2014がある。

(36) L. Freeman and F. Braconi, Gentrification and displacement New York City in the 1990s, Journal of the American Planning Association, March, 2004. この論文には方法論を含めて批判がある(K. Newman and E. Wyly, Gentrification and displacement revisited: A fresh look at the New York City experience, Research Bulletin 31, Center for Urban Center and Community Studies, University of Toronto, July, 2006)。非営利団体のChurches United for Fair Housingは、２０００〜15年にブルックリンのウイリアムズバーグとグリーンポイントでは、人口が2万人増えたが、ヒスパニック系は1万５０００人減った、と報告をしている(New York Times, Jan. 11, 2020)。ジェントリフィケーションが立ち退きを起こす、という調査である。America's Rental Housing 2020 (Joint Research for Housing Studies of Harvard University)によると、２０００〜18年は、①年収7万５０００ドル以上の世帯で賃貸住宅居住者が増加し、②それ以下の低中所得層向けの賃貸住宅が不足して家賃が高騰している一方、③年収3万〜7万５０００ドル層で年収の30%以上を家賃支払いに当てる「家賃過剰負担家庭」が急増し、特に、④低所得階層では、

家賃負担率が50%を超えてホームレス化する傾向が強まっている、と報告している。

（37） J. P. Byrne, Two cheers for gentrification, Scholarship @ GEORGETOWNLAW 46(3), 2003.

（38） A. Duany, Three cheers for gentrification: It helps revive cities and don't hart the poor, The American Enterprise, April, 2001. ニューアーバニズムは１９８０年代に発起された都市計画／建築運動である。駅中心のまちづくりを提唱し、車にできる限り依存しない計画づくりを進めてきた。デュアーニは、ニューアーバニズムを提唱したアワニー原則（１９９１年）の創案グループに属している。運動は緩い連携でつながっており、提唱者のイデオロギーにも幅がある。それぞれの信奉者がジェントリフィケーションについて同じ考え方をしているわけではない。

（39） S. Zukin, *Loft living: Culture and capital in urban change*, 2nd ed, New Brunswick, Nj: Rutgers University Press, 1989(1982).

（40） S. Zukin, *The Cultures of Cities*, Blackwell Publishers, 1995.

（41） T. Slater, 2006.

（42） S. Zukin, 2010, S. Zukin and E. Kosta, Bourdieu Off-Broadway: Managing distinction on a shopping block in the East Village, City & Community, May, 2004. イーストビレッジの9丁目通りはデザイナーショップが集積し、都市経済のイノベーションが起き、新たな消費活動が起きている、それはほかのジェントリフィケーション地区とは違っている、と論じている。

（43） Slater(2006)はZukin／Kosta(2004)を批判して「ズーキンはフロリダに「亡命」した」と批判した。

（44） T. Kemeny and T. Osman, The wider impacts of high-technology employment: Evidence from U.S. cities, LSE International Inequalities Institute, Sept., 2017(working paper), Atlantic, Nov. 13, 2018は、ＬＳＥ（ロンドン・スクール・オブ・エコノミクス）の研究に触れながら情報通信系ハイテククラスターが形成されているシアトル、サンフランシスコ、ニューヨークでは家賃の高騰が２０１０年前後以降激しく、低賃金労働者の賃金アップは家賃に追随できていない状況を報告している。ニューヨーク大学Furman

Center の調査報告(２０１６年)も、１９９０年以来、ニューヨークの給与水準は停滞し、家賃と住宅価格はうなぎのぼりである、と述べている。

(45) 金持ちの暮らしは自立していない。常々、その暮らしを支える社会的インフラ労働を必要とする。ホテルのベッドメイキング、レストランの皿洗い／サービス労働、ゴルフ場の整理整頓……。したがって高額所得雇用者1の増加は、彼らの暮らしを支える低賃金労働者2、3の増加につながる、という報告がある。Why the housing crisis is a problem for everybody, even wealth houseowners, MAMU, Jan. 9, 2020は、都市地理学が説く空間のミスマッチ説を踏まえ、「住宅価格が高騰すると職住が乖離し通勤距離が長くなる、低賃金サービス労働の確保が難しくなるなどの問題が発生し、住宅危機はいずれ富裕層にもマイナスの影響を及ぼす」という。

(46) D. Hyra, 2017, D. Hyra, Gentrification commentary: Causes and consequences of gentrification and the future of equitable development policy, Federal Reserve Bank of Philadelphia, July 9, 2016.

(47) L. Lees, Gentrification and social mixing: Towards an inclusive urban renaissance?, Urban Studies, Nov., 2008. 社会的混住論は白人が黒人の多く住むインナーシティを奪還するための報復イデオロギーに使われるという。

(48) CityLab, April 5, 2019. R. Daniels(the Institute of the Black World 21st Century 代表)は、「誰にでも公民権として居住地選択の自由がある。エスニックグループがそれぞれのエスニシティとナショナリティに囲まれ、ほかから別れて暮らす権利もある」と述べ、独自の居住区を構えることの正当性を主張している(Gentrification: The new "negro removal" program, IBW 21. ORG, Nov. 26, 2018)。

(49) S. Fainstein, *The city builders: Property development in New York and London, 1980–2000*, University Press of Kansas, 2001.

(50) New York Times, Dec. 17, 2018.

(51) Financial Times, Dec. 18, 2018. ニューヨークの業種別オフィス面積シェアは２０１９年にテクノロジー系20%(2007~08年は3%)、金融・不動産18%(同40%)と逆転した。
(52) マンフォード、1974年。
(53) 矢作弘「ニューヨーク その繁栄の裏には」『世界』2001年3月号。ミッドタウンの繊維縫製地区にあるロフトには、過去5年間に70社以上のハイテク企業が入居した。都市工場のオーセンティック(真正)な風情にシリコンバレーの感性を加味した職場が歓迎されている。市内にはおよそ5000のロフトがあるが、情報通信ハイテク企業からスタートアップまでがロフトの借り上げに邁進している。家賃が跳ね上がり、先住のアーティストが追い出されている。
(54) It started with a jolt: How New York became a tech town. New York Times. Feb. 22, 2019 はグーグルに勤めるエリートの暮らしぶりを描いている。ベル研究所から転籍し、ウエストビレッジ暮らしの2児の母は、リンカーンセンターで観劇し、グリニッチビレッジやソーホーで美食を楽しむ。
(55) New York Times. Feb. 22, 2019. グーグルのニューヨーク進出は、2000年に広告部員、2003年にエンジニアと研究員を置いて始動。情報通信系ハイテク企業の急拡大は、グーグル以外にも共通する。フェイスブックは2011年にスタッフ3人でニューヨークに進出。現在、陣容は2000人を超える。入居する超高層オフィスビルは建築界の鬼才F・ゲリーのデザイン。日本経済新聞(2019年12月7日)によると、マンハッタンのチェルシーに6万5000㎡のフロアを新たに賃借した。大規模再開発地ハドソンヤードでもビルの賃借契約を終え、ニューヨークのオフィス総面積は27万9000㎡になる。ビジネス系SNSのリンクトインも2011年に進出し、エンパイヤーステートビルにオフィスを構える。
(56) 英国労働党ブレア政権が英国都市で展開したアーバンルネサンスはその好事例。
(57) ニューヨーク・タイムズがM・ブルームバーグ市政を評定する社説を掲載した(Dec. 23, 2013)。「チャンスと繁栄が不平等に配分された」と評価。すなわち、観光客の増加、街の清掃、治安の改善、財政の健全化が進展した一方、家賃が高騰してホームレスが増加し、マイノリティに対する警察官の嫌がらせが増えるなどマイナスも多かったという。その上で「全体としてはよい「かたち」になった」と評している。

「健康な都市づくり」政策評価は、党派を超えてよい(禁煙の強化、肥満対策に高糖質ソフトドリンクの販売の規制、自転車専用ラインの設定)。

(58) ResearchGate, Jan. 2011, J. Brash, The luxury city, Brooklyn Rail, March 4, 2011, New Yorker, August 19, 2013, Guardian, Dec. 31, 2013, eurozing.com, July 3, 2018. ブルームバーグは2020年の大統領選民主党予備選出馬が話題になったが、撤退した。情報系ビジネスの富豪だが、財産を残すことには関心が薄いといわれ、ポリオ撲滅、家族計画、反拳銃運動、環境団体のシエラクラブに多額の献金を続けている。

(59) 1990年代のアメリカ経済は好景気が続き失業率が改善した。そのためニューヨーク以外のほかの多くの都市でも、治安が大きく改善していた。

(60) Guardian, Dec. 31, 2013.

(61) BAN(The Brooklyn Anti-Gentrification Network), https://bangentrification.org. ホームレスや社会の隅に追いやられた人々を犯罪者扱いしたジュリアーニ／ブルームバーグ時代の「不寛容警察行政」は、ジェントリフィケーション政策の重要な一部になっていた(N. Smith obituary, Guardian, Oct. 23, 2012)。

(62) D. Katch, Mayor Michael Bloomberg: A depreciation, International Socialist Review 90. ブルームバーグ市政で都市開発、経済開発の3人衆になったのは、市長、副市長のD・ドクトロフ、経済開発公社社長のA・アルペルだった。

(63) Financial Times, March 27, 2012.

(64) Guardian, Oct. 21, 2013.

(65) New York Times, Sept. 6, 2013.

(66) New York Times, June 5, 2019. クライスラービル、エンパイヤーステートビルが建った1930年代以来の超高層ビルラッシュになった。高さ1000フィート(約300ｍ)以上ある超高層ビル10棟中7棟は

２００７年以降の竣工。16棟が建設中か、計画されている。住宅を含む複合用途ビル開発（以前の超高層ビルはオフィスか、ホテル）になっていることに特徴がある。

（67）New York Times, March 14, 2019. フェイスブックはハドソンヤードに東京ドーム３個分のスペースを確保し、２０２０年には入居する（日本経済新聞２０１９年11月15日）。Hudson Yard: No wall, but a great wealth divide, New York Times, Jan. 17, 2020 は、ニューヨーク・タイムズの建築担当解説委員のインタビュー記事。解説委員はハドソンヤードの超高層ビル群がニューヨーカーに与える心理的な影響について「日々、超高層ビル群を眺めながら、「あぁ、ニューヨークは富裕層に降伏したのだ」と嘆息する」「ニューヨーカーには「other（よそよそしい他者）」になる」という。そしてブルームバーグは、貴重で大規模な空間をオーナー（市、あるいは市民）の手からディベロッパーに手渡してしまった、と書いている。

（68）New York Times, Dec. 17, 2018.

（69）Governing, Feb. 24, 2014.

（70）New Yorker, August 12, 2013. 選挙戦でクインはレズビアンであることを公表し、「ニューヨークで最初の女性市長を目指す」と訴えた。デブラシオは黒人女性と結婚している。

（71）City & State, Nov. 7, 2018, New York Times, August 16, 2013, Sept. 20, 2012, Wall Street Journal, March 25, 2011.

（72）New York Times, Sept. 6, 2018, CityLab, August 1, 2019. 市内の空き店舗率は8・9％、マンハッタンでは20％に達し（市小規模ビジネス局調べ）、「金持ちゴーストタウン」になる。Atlantic, Jan. 9, 2020. サンフランシスコでもダウンタウン商店街で空き店舗が増えている。ビル１階にある古くからの店が賃貸契約の更新で大幅な店賃アップを突き付けられて閉店に追い込まれている。

（73）Guardian, Dec. 31, 2013.

（74）Dumbo は Down under the Manhattan Bridge Overpass（マンハッタン大橋の下）の頭文字。橋の下の工場地区だった。21世紀に高級ロフト街、ハイエンド商業地になった。案内掲示板によるとギャラリー13

店、飲食店115店、ショップ42店がある。高級チョコレート、それにローカルブランドのアイスクリーム工場が開設され、高級品を製造直販し、観光客を引き付けている。地区のFree Wi-Fiは7カ国語で観光案内し、グローバルツーリズムの真っただ中にいる。

(75) ブルックリンには造船、製糖、ガス、製靴業などが集積していた。20世紀末にアーティストの集住が始まり、1990年代半ばには2000人以上が住居兼スタジオ暮らしをしていた。2005年にゾーニングが変更され、大規模複合用途(住宅、商業、ビジネスなど)開発が始まった。

(76) T. Angotti, *New York for Sale: Community Planning confronts Global Estate*, The MIT Press, 2008.

(77) パークスロープはプロスペクトパーク(セントラルパークと同じくF・オルムステッドの設計)につながる中の中／中の上以上の中間所得階層が暮らす住区で、ブラウンストン(褐色砂岩)の連棟型低層住宅が並ぶ。市内で最も暮らしやすいランキングで1位になったことがある。最近は家賃の値上がりが急である。ブルックリンハイツは高級住宅地。ブラウンストーン造りの低層型連棟住宅の街並みが美しい。歴史的街並み保存地区に指定され、イーストリバー越しにマンハッタンの夜景を満喫できる。

(78) ブッシュウィックはドイツ系コミュニティだった。ビール醸造で賑わった。20世紀半ばに衰退し、犯罪、放火、麻薬が日常茶飯になった。その後、プエルトリコ系、及び黒人の混住地区になり、1977年に起きた都市暴動で中心街のニッカーボッカー商店街が壊滅的な打撃を受けた。最近はウイリアムズバーグから流入する人々が急増している。ベッドスタイは、正式名はBedford-Stuyvesant。Bed-Stuyと略されることが多い。ブラウンストーン造りの連棟型低層住宅地が広がる。圧倒的な黒人居住区だったが、2000～10年に白人居住者が633％も増加し、黒人居住者比率は82％から65％に低下した。以前、地区は「Do or Die!(やるか死ぬ)地区」と呼ばれたが、殺人事件は減少している。ただ犯罪率は高く、訪問者向けの「ベストマップ」(地下鉄駅から目的地までの安全なアクセス道を示している)には、「No-go zones(近寄るべからず地区)」と表示されている。最近は手づくりパン店、黒人経営のおしゃれなカフェなどが散見される。

(79) Paste (amp.pastemagazine.com), April 19, 2017.

(80) B・サイモン、宮田伊知郎訳『お望みなのは、コーヒーですか？ スターバックスからアメリカを知る』(岩波書店、2013年)は、カフェ文化とコミュニティ、真正であること(authenticity)とビッグビジネスなどを縦横に語っている。

(81) B. Darling, 2018.

(82) S. Zukin, 2010.

(83) C. Valli, A sense of displacement: Long-time residents' feelings of displacement in gentrifying Bushwick, New York, International Journal of Urban and Regional Research, Nov., 2015. 長く暮らして来た住民がジェントリフィケーションに感じる疎外感をエスノグラフィックに調査している。Valli には、論考「Your luxury is our displacement (あなた方の贅沢は我々には立ち退き)」がある(International Journal of Urban and Regional Research, Feb., 2007)。

【追記】 コロナ禍で、スーパースター都市から郊外や山岳都市に脱出する人が多くいた。ニューヨークの郊外では、住宅需要が拡大しているというニュースを聞く。そのため「スーパースター都市の縮退」を説く論者もいる。しかし、実際はそうならない。確かにコロナ以前にも、スーパースター都市で「外部不経済」が表面化し、家賃／店賃の高止まり、あるいは反落が起きていた。コロナ禍はこの動きを加速させる。しかし、マーケットが十分に下落すれば、今度は投資(住宅／オフィス)を呼び戻し、市況は反転する(差額家賃説)。企業、富裕層が舞い戻り、スーパースター都市はコロナ禍以前より強固な「都市の「かたち」」に戻る。20世紀初期のスペイン風邪の時も、世界の主要都市は同じ復活のプロセスをたどった。

補論　ポストコロナの、アメリカの「都市の「かたち」」考

２０１９年の年の瀬に武漢（中国）で確認された新型コロナウイルス感染症は、地球規模で蔓延し、パンデミックになった。この間、２６００万人以上が感染し、86万人以上が亡くなった（２０２０年９月初め）。感染の急激な伝播をめぐり、「都市の「かたち」」を問う議論が活発である。建築的、物理的な「かたち」にとどまらず、働き方／暮らし方をめぐる論争である。論点は、住宅やコミュニティの広さ、通勤か在宅勤務か、通勤も公共交通機関利用かマイカー通勤か、あるいは都会暮らしか郊外居住か——などで多岐に渡る。端的には、「密度（density）」論争である[1]。そして21世紀初頭の都市間競争で「独り勝ち」を決めたスーパースター都市の、将来をめぐる悲観論／楽観論の衝突である。

高密度都市とコロナ感染症の爆発

「高密度」批判のチャンピオンは、これまでも郊外派の筆頭としてスーパースター都市批判の論陣を張ってきたＪ・コトキンである[2]。国内で感染（第一波）の広がりが飛び抜けて深刻だったニューヨーク、それに対して相対的に軽微だったロサンゼルスを比較し、「都市の「かたち」」の違いが感染の広がりに大きく影響した、と主張している。ニューヨークでは、市民は密集して暮らし、働く。自宅と職場の間の移動も、公共交通機関に依存している。その「かたち」が一気に感染を広げたが、一方のロサンゼルス都市圏は、郊外にエッジシティ（環状高速道路沿いの自己完結型の郊外都市）が散在して構成されている。多極分散型都市構造である。そこに庭付きの戸建て住宅がゆったりと建ち並ぶ。通勤、買い物などの移動はマイカー利用である。このゆとりのある、希

薄な「かたち」が感染を抑えた、とコトキンは考えている。そしてテレコミュニケーション技術の進歩とその普及が急速である。そうなれば、今後の「都市の「かたち」」は、ロサンゼルス型に軍配が上がる、という主張である。今般のコロナ危機を追い風に、在宅勤務はさらに加速する、そうしたポストコロナ時代に、ロサンゼルスが公共交通機関の拡充に大規模投資を続けるのは的外れである、と断じている。

「高密度」に拒否反応を示すのは、保守派に共通する傾向である。ミネアポリスに住む保守派の論客も、「(コロナ危機を考え)ミネアポリス–セントポール都市圏の「長期戦略(Thrive MSP 2040)」を破棄すべきである」と論じている。「長期戦略」は、戸建て住宅専用地区を禁止してアフォーダブルな集合住宅の建設を促す一方、ＬＲＴ(軽量軌道交通)など公共交通機関を拡充して高密度な都市づくりを目指している。件の論客は、こうした高密度化は、感染症に対して都市を脆弱にする、と考えている。

確かに情報通信ハイテク企業の間では、テレワーキングに取り組む動きが広がった。ツイッターは、希望する社員には無期限で在宅勤務を認める。グーグルやフェイスブックは、当座、２０２１年夏まではテレワーキングを容認する方針を発表した。感染を心配して「地下鉄やバスを使って通勤したくない」という社員がいる。そうした声に対応する動きである。

ニューヨークが都市封鎖した時期に、市民の5%に当たる42万人がニューヨークから脱出した(3月1日~5月1日)[(3)]。セントラルパークの周辺、ソーホー、ブルックリンハイツなどでは、住民の40%以上がいなくなった。界隈は空っぽになった。高学歴、高所得の、白人裕福層の比率が圧倒的に高い街区である。隣接する郊外(ウエストチェスター郡)、あるいは州境を越えてコネチカット、ニュージャージーの、金持ちが暮らす小都市が逃げ先になった。アパートを借りるか、借家するか、もともと週末用のセカンドハウスを持っているか、一時逃避に痛痒を感じない富裕層がテレワーキングに切り替えたのである。こうした「空っぽ」が常態化すれば、レストラン、スーパーマーケット、スポーツジム、あるいは劇場や映画館などの閉業が連鎖を起こす。そして、スーパースター都市、ニューヨークのエコシステムは、早晩、瓦解する。以上が悲観論である。

貧困、差別とコロナ感染　「高密度」に対する批判と危惧に対してアーバニスト（都会派）は真っ向から反論する(4)。公共交通機関が感染の震源になっていたか――それについては、公衆衛生学的には証明されていない、と主張する。都市の高密度と感染爆発の関係も、疫学的には明らかではない。ニューヨークと同じく高密度に暮らし、公共交通機関も発達しているサンフランシスコは、爆発を押さえることに成功した。むしろサンフランシスコ湾岸の郊外都市で感染が広がり、感染率が高い都市が続出した。南部諸州の中規模都市にも、サンフランシスコに比べて感染率の高いところがあった。アーバニストは、「結局、その違いは、都市政府の行動に由来している。早期に、かつ迅速に感染対策に動いた都市は、おしなべて感染防止で成果を出してきた」と説く(5)。地下鉄や集合住宅が悪いのではなく、政府の、そして人々の「行動」が感染の拡散に違いをつくる、というのである。

「高密度」自体ではなく、密度の質に感染爆発を引き起こす事情があった。その認識は、アーバニストの間で共通している。ニューヨークについて調べると、高層ビルが並ぶ高密度なマンハッタンに比べ、低層の集合住宅が広がる、密度の低いクイーンズ、ブルックリン、ブロンクスの、それも繁華街から離れた街区で感染が深刻だった。亡くなる人も多かった。そうした街区には、貧しいマイノリティが狭い住宅に過密に暮らしている。換言すれば、感染症では密度は「㎞（地域・地区）」ではなく、「㎡（住宅・部屋）」の問題である。界隈には、不法移民が多い。低学歴で医療に関する知識が乏しい。

健康保険に未加入で、発熱などしても受診はままならない。「エッセンシャルワーク（社会を支える必要不可欠な仕事）」と呼ばれる、低賃金の社会的インフラ労働（公共交通の現場労働、清掃、ゴミ収集、食材の宅配サービス、レストランの皿洗い、今回のコロナ騒動では死体の冷凍保存や運搬……）に就いている。在宅勤務はできない。感染リスクを恐れながら日雇い労働に就き、その日の食い扶持を稼ぐ人々である。

高い感染率／死亡率は、ニューヨークの貧困街区にとどまらない。マイアミの、カリブ海系移民の多いヒスパニック・コミュニティや、ニューオーリンズの貧しい黒人コミュニティでも、同じように高い感染率が報告されていた。換言すれば、感染症の拡大は、都市の密度と相関するのではなく、貧困や差別、そして分断の状況をストレートに反映する。結局、新型コロナ感染症対策も、伝統的な都市問題に立ち返って語らなければならない、ということになる。

我々が必要としている都市

ニューヨークの都市封鎖が続き、人々が郊外に逃げ出していた時期に、ニューヨーク・タイムズが異例の、長文の社説を掲載した。(6) 表題は、「我々が必要としている都市」である。20世紀以降の都市史を振り返り、以下の問いかけをしていた。「都市賛歌」である。

1、都市は成長と機会のエンジンだった。この危機に、いかに都市を救済することができるか、我々はそれを問われている。

2、国民国家では、我々は、義務と目的、そして機会を共有するコミュニティで結び付いている。都市域は、お互いに気遣いし、交流し、大切なものを共に造り上げることのできる場所である。

3、都市は経済のエンジン、文化のハブである。高い密度の達成は、環境に与える人間活動の影響を緩和するためには最善の道である。

同時に社説は、「スーパースター都市の「かたち」」を糾弾する告発文になっていた。スーパースター都市は、航空機のキャビンに似ている。エコノミークラスとそれ以外では、搭乗口も座席も、そしてトイレも食事も違う。同じようにスーパースター都市では、金持ちコミュニティと貧乏人コミュニティの行き来は遮断されている。買い物をする店も、通う教会も別々。平均寿命にも、30歳の違いがある。そうしたことがコロナ感染の苦難をめぐっても、顕著な違いとして表出した。社説は、「裕福層が都市を捨てて郊外に逃亡するのは誤りである」と指摘する。郊外は都市にパラサイトしている（郊外住まいの人々は勤め先の都市に税金を払わず、都市のアメニティ＝公共交通、文化施設、公園にフリーライド＝タダ乗りしている）。新型コロナ感染を口実に、それを加速してはいけない、という。

また、アーバニストは、しばしばT・ジェファソン（第3代大統領）の「変節」に触れる。ジェファソンの都市嫌い（農本主義）はよく知られている。都市では疫病が流行る、道徳心も腐敗する、と考えていた。しかし、晩年には都市の価値を認め、農業では国は繁栄できず、豊かな暮らしを築くためには製造業を育成しなければならない、と考えるに至った。21世紀の知識経済社会では、経済活動の集積／集中が大切になる。(7) 経済活動が集積／集中するところは都市である。そこに高学歴の、高等な頭脳が集う。多様性を基礎にして新しいアイデアが生まれ、革新が起きる。その意味では、スーパースター都市の優位性は、コロナ禍でも揺るがない、とアーバニストは主張する。GAFAの間でも、テレワーキングの対応は業種業態によって違いがある。プロダクト（モノを造る）製造系のアップル、IBMは、対面コミュニケーションを重視して、テレワーキングには消極的である。

都市は人間を健康にする。(8) ニューヨーカーの平均寿命（81・2歳）は、国の平均寿命（78・6歳）に優る。車に依存せず、人々は歩き、自転車に乗る。公園を散策する。そのため肥満が抑えられ、糖尿病／循環器疾病を患うリスクが抑制される。また、公共交通ネットワークが発達し、交通事故死が抑えられている（10万人当たりの交通事故死者はニューヨーク市4・8人、フロリダ14・7人）。そのことも、平均寿命が伸びることに影響している。実際、コロナ禍以前のニューヨークでは、マイカー通勤者は27％に過ぎなかった。ポストコロナ時代にも、公共交通利用者の激減状態が継続し、一方でマイカー通勤者が急伸する、という状況は考えられない。ニューヨークでは、過半の世帯が車を持っていない。それでもマイカー通勤へのシフトが起きれば、道路の渋滞はさらに悪化し、通勤が厄介になる。(9) 結局、地下鉄か、バス利用に戻ることになる。都市閉鎖が繰り返されれば、既存のレストランや小売店は閉業に追い込まれる。しかし、きっとそれに代わる新しいレストラン、食料品店が店開きする。輪廻転生——都市には、そうした反転力が潜在している。

「優雅な密度」

ポストコロナ時代に、都市がどのように変容するかは、市場と都市政策が誘導する。「都市の「かたち」」は、その間合で決まる。冷戦時代には、大都市が核攻撃されるという恐怖が蔓延し、企業も人々も郊外への引越しを急かされた。しかし、大都市はその恐怖を生き延びた。A・トフラーらの未来学派が通信技術の発達を踏まえ、大都市から中小都市へ、さらには田舎へと大規模な人口移動が起きると予言したが、そうした人口動態は起きず、逆に大都市への集積が高まった。

国際貿易センタービルが攻撃され、瓦解した「9・11」（2001年）のあの時も、その衝撃の大きさゆえに、「都市の「かたち」」は激変する、という議論があった。「ニューヨークはアメリカ独占資本主義の中枢に位置し、今後も国際テロ組織の標的にされる」と恐れ、人も資本もニューヨークから脱出する、という主張だった。象徴的には、ニューヨーク証券取引所、及びグローバル銀行／証券会社の本社がハドソン川の対岸、ニュージャージー側に逃避する、という話があった。しかし実際にはそうしたことは起きなかった。マンハッタンの高額家賃が嫌われたことと相まって、「9・11」は計算センターなどの移転を促進する契機にはなった。だが、頭脳部門は動かなかった。その後も、マンハッタンのダウンタウンは、グローバル・ファイナンシャル・センターである。歴史的に形成されたファイナンス機能の、高度の集積が生む経済的利益（市場の理論）が、テロに対する恐怖に勝ったのである。その後、ニューヨークの家賃がさらに高騰したように、人々の脱出も起きなかった。

ＧＡＦＡのニューヨーク進出も、「9・11」直後である。以降、巨額を投じてオフィスを拡張し、社員を増強してきた。情報通信革命の黎明期――１９８０年代半ばには、テレワーキングが話題になった。20世紀末には、物理的に離れていることは、もはやコミュニケーションの障害にはならない、と説く著書『距離の死（Death of Distance）』が出版されてベストセラーになった。[10]それにもかかわらず、テレコミュニケーションの御本家であるＧＡＦＡは、その後20年間、ニューヨークで対面コミュニケーション型オフィスを拡充するために巨額の投資を続けてきたのである。ここでも、高学歴の、創造階級が高度に集積すること――そこから生まれる経済的利益が重視されてきた。

今度のコロナパンデミックが在宅勤務を促し、テレワーキングを進める動機のひとつになることは間違いない。しかし、感染症を恐れて「地下鉄には乗りたくない」「在宅勤務を選ぶ」ということを主要な理由にして、今後もテレワーキングが急速に拡大する、ということは起きない。コロナ禍は追い風にはなるが、微風で突風にはならない。「都市の「かたち」」の変容は、常々漸進的である。

ポストコロナの「都市の「かたち」」を考える際に、ヨーロッパの都市で興味深い都市政策の模索が始まっている。その動きは世界の都市に先行しており、アメリカのアーバニストも関心を示している。コロナ感染症では、北イタリア、特にミラノで被害が深刻だった。そのミラノは、被災の反動で公共交通機関からマイカーへのモーダル（移動手段）シフトが起きることを心配している。その対策として幹線車道のうち1車線を、自転車道に転換する方針を打ち出した。中世都市のため、建物に附設の駐車場がない。路上駐車が当たり前である。そこにマイカーが怒濤のごとく押し寄せる事態は回避したい、という判断である。また、都市封鎖で車交通が激減し、大気汚染が改善した。そのことに加え、呼吸器疾病を起こす排ガスとコロナ感染症が重篤化することの間には、深い関係がある、という疫学的な指摘がある。そうしたことも、車線を減らす理由になっている。車線を減らし、それを自転車道や遊歩道に転換する都市政策は、ローマやパリ、ブリュッセル、それにアメリカの都市の間でも広がっている。

ミラノでは、ラッシュ時間の、地下鉄の過密を避ける施策も検討されている。[11] 車両の床に、間隔を置いて幾つも円を描く。「円内に立ち、ほかの乗客とはソーシャルディスタンスを維持してください」という指示である。それが難しい時間帯には、駅の改札で入場制限をする。また、時差通勤／時差通学、在宅勤務、モーダルシフトを都市政策の要に据える方針を示している。「優雅な密度(elegant density)」を目指して「都市の「かたち」」を政策誘導する、という考え方である。

都市が高密度化することはとどめない。しかし、車線を削るなど交通システムを規制する、地下鉄やバスの衛生管理にもっと気配りをする、週の一部を在宅勤務に切り替える——そうしたことをポストコロナの時代に、アメリカのスーパースター都市もヨーロッパ都市に学ぶに違いない。これ以上の過密を避けるために、超高層ビルを林立させることの是非をめぐる論争が起きるかもしれない。しかし、昨今の、脱車の傾向が反転して公共交通機関を忌避し、移動をもっぱらマイカーに依存する車社会が再び力を得る、という「都市の「かたち」」にはなるまい。

（1）「高密」と「過密」は違う。都市研究における「高密」は、単位面積当たりの人口、住宅、産業などの集積が単に高いことを意味するが、「過密」は、都市インフラとそれぞれの要素とのバランスが崩れている状態である。高密でも、人間的で豊かな暮らしを持続できれば過密ではない。一方、車を所有し、高級なマンション暮らしであっても、道路の渋滞が酷く排ガスに悩まされる、ラッシュ時間帯の公共交通の混雑が酷い――などであれば、「過密」ということになる。

（2）Los Angeles Times, April 26, 2020, Fortune, April 2, 2020.

（3）New York Times, May 12, May 15, 2020.

（4）CityLab, May 4, April 3, 2020, Planetizen, April 28, 2020.

（5）二〇世紀初期のスペイン風邪の時に、迅速に動いたセントルイスと初動対応に遅れたフィラデルフィアの間で感染状況に大きな違いが出たことは、公衆衛生学の教科書に必ず載る、よく知られた話である。

（6）New York Times, May 13, 2020.

（7）C. Hendrikson, M. Muro, Will COVID-19 rebalance America's uneven economic geography? Don't bet on it, Brookings Institution, April 13, 2020.

（8）CityLab, April 24, 2020.

（9）マンハッタンの中心部では、車の渋滞対策でロードプライシング（混雑税）の導入が決まっている（1章参照）。

（10）F. Cairncross, *The Death of Distance: How the communications revolution will change our lives and our work*, Orion Business, 1997.

（11）CityLab, April 22, 2020.

HANDLEBARDETROIT.COM
THE HANDLEBAR
2

II

変容する「ラストベルト都市の「かたち」」

100年余の歩みを重ねて形成された産業都市は、20世紀半ばの短い期間に急激な環境変化への対応を迫られた。郊外化、及び脱工業化である。その結果、過半の都市は悲鳴を上げ、縮小都市に凋落した。産業都市の縮退は、「アメリカ資本主義の危機」として語られてきた。しかし、新しい世紀を迎えた頃から潮流が反転し、「都市再生」の流れが表出した。それぞれの都市が元気だった時代に培い、その後、継承されてきた歴史的遺産が復活の原動力になっている。それでも再生のチャンスをつかめずにもがき、苦しむ旧煤煙型都市もある。ラストベルト都市間にも、格差が広がる時代である。

上：再生が進展するダウンタウンではランチ時間には露店が並び，お弁当を買いに来るオフィスワーカーで賑わう(デトロイト).

下：活性化するダウンタウンは観光スポットとしても甦ってきた(デトロイト).

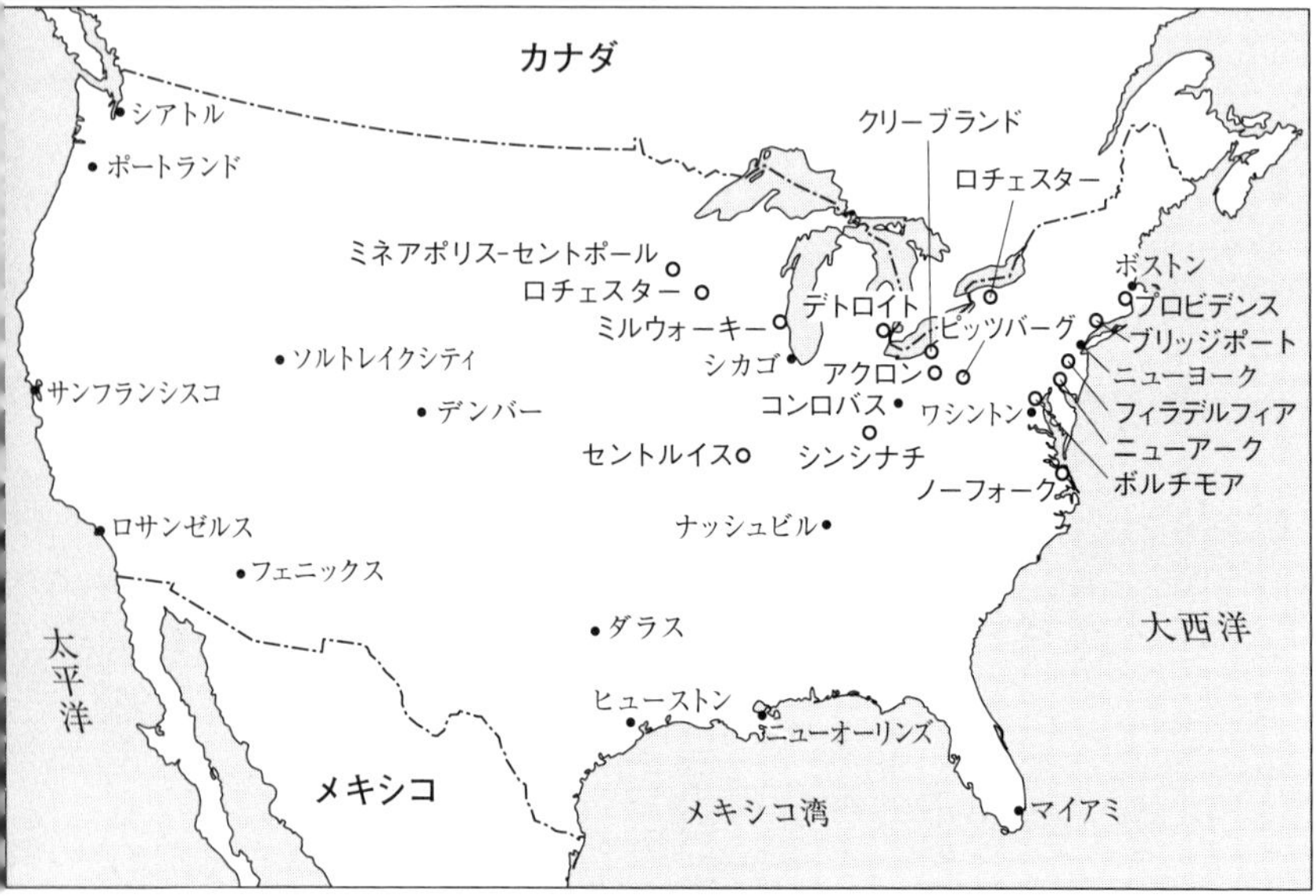

東海岸と中西部の旧産業都市
○＝ラストベルトの旧産業都市

3章 「格差社会の震源」コネチカットを歩く
――ある工業都市が貧困都市に転落した構図を読む――

東海岸にあるコネチカットのブリッジポートは、革新的な産業、及び技術を育み、それに優れた都市行政が伴走して「産業革命の雄」になった。2度の世界大戦にも「貢献」し、繁栄は1960年代まで続いた。しかし、その後、郊外化と脱工業化の打撃を受けて坂道を転げ落ちた。1980年代以降、今度はむき出しのマネー資本主義に搾取／収奪されるようになった。一方、コネチカットの西部の海岸都市は、マネー資本主義を象徴するヘッジファンドの集積地になった。富裕層が暮らす金満都市が並ぶ。グローバルで新奇な文化を歓迎するニューヨーク、ニューイングランドの伝統を色濃く残すボストン――その間にあり、「アメリカを投影する州」と言われるコネチカットの、同じ郡内の貧乏都市と金持ち都市を歩き、「格差社会」の深淵を探った。

格差の時代

T・ピケティ『21世紀の資本』が世界中でベストセラーになった(1)ことが物語るように、格差は喫緊に解決策が問われる、時代の核心的な課題である。諸活動がグローバル競争にさらされている。その煽りを受けて、「都市の「かたち」」が根底から再編されるようになった(2)。20世紀後半にはニューリベラリズムが競争を喝采し、格差社会が驀進する構図が完成した。

格差社会では、アメリカが先行した。本章はコネチカットのフェアフィールド郡を訪ね、「格差の震源」を探索した報告である。国内では、最上位の格差地帯である。「格差の震源」は多岐に渡り、複雑である。ここでは同じ郡内の、隣接する貧乏都市と裕福な郊外都市、及び金持ち都市の間の「格差の背景」を歴史的に読み解き、格差社会の一端を活写する。「格差の背景」には、時代が反映している。世紀末以降の格差には、「脱工業化とマネー資本主義が伴走する構造体」に震源がある。

まず、貧乏都市／金持ち都市の「格差の風景」を描く。[3] 次にそれぞれの都市が現在の「かたち」に至る小史を、19世紀に遡って略述する。貧乏都市には、製造業が繁栄した華やかな時代があった。つまずきは郊外都市による収奪だった。都市圏内都市間の競争、そして都市圏中心都市の連戦連敗。その苦境に脱工業化が重なった。20世紀末には、件の都市政府は破綻の瀬戸際まで追い詰められた。

半面、「貧乏都市vs.金持ち都市」の格差が驚異的なレベルに達するのは、20世紀末から21世紀を迎えてである。この間、経済社会が大きく変容した。アメリカ資本主義がそれまでとは違う異次元の脱工業化を経験するようになった。フェアフィールド郡の金持ち都市がマネー資本主義の寵児になり、一方で貧乏都市はさらに貧しくなった。貧乏都市が坂道をもう一段転落したことと、金持ち都市が金満になったこととの間には、マネー資本主義との「浅からぬ関係」がある。マネー資本主義の正体――そのシンボリックな事例を、ブリッジポートとその隣接する金持ち都市の間に垣間見る。

一都市圏内の「二都物語」

金持ち都市vs.貧乏都市

午前8時過ぎにグランドセントラル駅（ニューヨーク）を発車するニューヘブン

行の通勤電車に乗った。車内は、経済紙（ウォールストリート・ジャーナルやフィナンシャル・タイムズ）を読むビジネスマン、パソコンを膝に抱えてデータと睨めっこするビジネスウーマンで満席になる。電車はパークアベニューを抜けると、煉瓦壁の集合住宅街を走る。ハーレム川を渡る界隈は、外壁の煤けた工場や倉庫が連棟している。ブロンクスの風景には、緑と褐色が混在している。

州境を超えると、電車は鬱蒼とした緑陰を走る。小さな駅が点々と続く。駅舎は、ほぼ無人である。駅前に、街のないところもある。それでも降車客は多い。深緑の奥には、オフィスや、おしゃれで小さな商店街がある。駅前駐車場には、アルファロメオ、ベンツ、レクサスなどの高級車が並ぶ。この

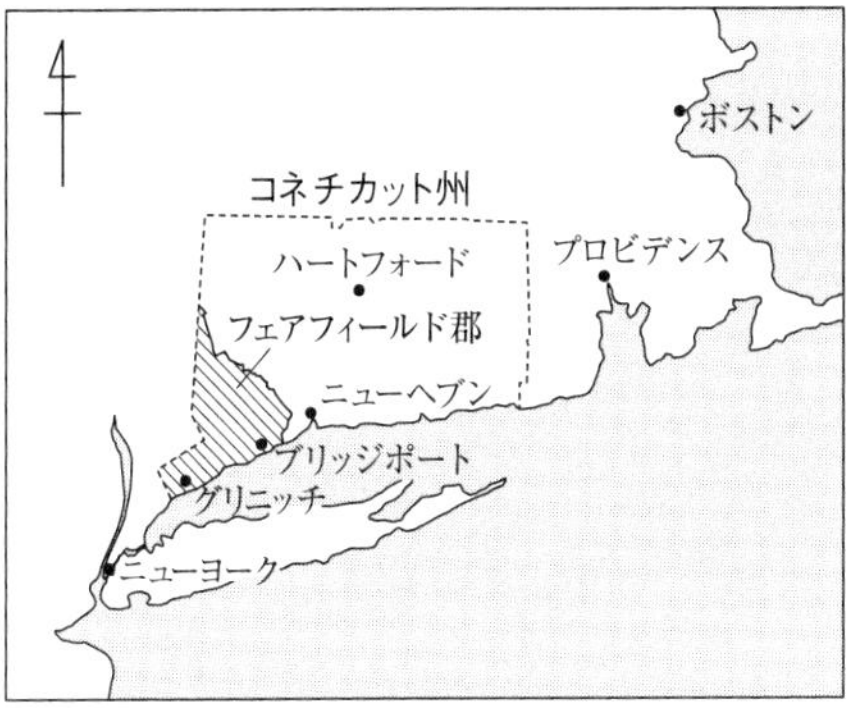

コネチカット州フェアフィールド郡

界隈――コネチカットのフェアフィールド郡に、1980年代後半以降、ファイナンスビジネスが拠点を構えるようになった。[4] 地球規模で巨額な資金を運用するヘッジファンドが集積している。界隈で運用される資金は3000億ドル超といわれ、クラスターの規模はニューヨークに比肩する。[5] ヘッジファンドマネジャー（運営会社）の役員、運営会社に勤めるヤッピー、ファイナンスを支援する専門家（弁護士、会計士、コンサルタント）が集住している。国内では、最上位に位置する金持ちコミュニティ（グリニッチ、スタンフォード、ニューカナーン、ダリエン、ノーウォークなどの中小規模都市）のひとつである。そこに名門大学卒のMBA（経営学修士）や、ロースクール卒のビジネスエリートがニューヨークから通ってくる。

さらに走ると樹林が途切れ、殺伐とした風景に変わる。破棄され、半壊したまま放棄された工場、壁面の隅々までグラフィティ(落書き)された倉庫、人気の乏しい集合住宅が点在する。車が野っ原に乗り捨てられている。旧煤煙型工業都市が連続する、脱工業化地帯――ラストベルト(赤錆地帯)である。ニューヨークを発して最初の旧煤煙型工業都市は、ブリッジポートである。金持ちコミュニティに隣接し、金持ち都市と同じフェアフィールド郡に属している。都市圏の中心都市である。

街歩きをする。車で30分の距離にあるが、街景がまるで違う。グリニッチの中心街区には、低層の、しゃれた商店街がある。街路も整備されている。ロブスターや和牛を揃える高級レストラン、鮨店、パリやミラノ発のブティックが並ぶ。日が暮れるとパブ風の酒場は、軽装のビジネスマン／ビジネスウーマンでいっぱいになる。週末のカフェの食卓は、ブランチを楽しむ家族連れで満席になる。カフェの書架には経済誌、ニューヨーク・タイムズ、ウォールストリート・ジャーナルが並ぶ。

一方、金持ち都市に比べて規模の大きな都市圏中心都市のブリッジポート、そのダウンタウン、その一等地にある飲食店はファストフードのダンキンドーナツである[6]。街の雑貨店兼カフェは、昼間でも店内が薄暗い。ウィークデイのランチ時間も、街路に人影がない。みすぼらしい姿態の老婆がスーパーマーケットから拝借した買い物カートに空き缶をバラ積みし、換金に行く。櫛の入っていない白髪を、頭の上で無造作に丸めていた。そこには都市圏中心都市の風格も、それにふさわしい人通りもなかった。

通勤電車はイェール大学のあるニューヘブンまで畑地を走る。脱工業化の風景が車窓を流れる。ニューヘブン駅の駅舎は、ボザール様式の素敵な佇まいである。ところが駅から大学のあるダウンタウンまでの間には、空きビルや空き地が広がっている[7]。ダウンタウンには、教会、大学、ゴチック造りの商業ビルが緑豊かな公園を取り囲むように建ち並ぶ。しかし、公園のベンチや芝には、失業者風の男たちがたむろする。

ニューヘブンをさらに北東に、州都ハートフォード、東に、以前は蒸気エンジン、繊維、銀製品、宝飾産業で賑わったロードアイランドの州都プロビデンスまで、脱工業化地帯である[8]。いずれの都市も、産業革命を牽引した歴史を誇る。ハートフォードは、モルガン財閥の始祖J・P・モルガンの出身地である。昨今は衰退が著しい。都心には、メタリックな超高層ビルが連棟している。その豪奢な風景からは想像し難いが、都市政府の財政は火の車である。ブリッジポート、ニューヘブン、ハートフォード、プロビデンスでは、街に中間所得階層の影が薄い。連邦政府が示す貧困所得線以下の貧乏世帯が集住している。産業基盤が崩壊し、街が空洞化し、教育や社会システムが瓦解している。

格差の統計データ　風景の格差は所得統計に表れている。コネチカットは、19世紀の産業革命以前は、重商主義都市が並ぶ豊かな州だった。製造業が興った19世紀後半以降、20世紀半ばまで多様な産業が勃興し、伸張した。労働者階級を中心にぶ厚い中間所得階層が形成された。20世紀後半に製造業は衰退したが、脱工業化時代の昨今も、豊かな州である。2016年の世帯当たり中位所得は7万1755ドル（全国平均6万336ドル）[9]。最高所得州グループに属する。州内では、フェアフィールド郡の所得が抜群に高い。ファイナンスクラスターのおかげである。

しかし、所得格差が激しい[10]。コネチカットは、ニューヨーク、フロリダに次いで所得格差が大きい[11]。トップ1％の金持ち（「ウルトラリッチ」）が稼ぐ平均所得は、残り99％の平均所得の37・2倍に達する。アメリカ全体の格差は26・3倍である。フェアフィールド郡はその格差がさらに大きい。トップ1％の金持ちの平均所得は、残り99％の平均所得の62・2倍である。所得格差は資産格差につながる。端的には住宅である。グリニッチなどの金持ちは、庭にプールやジャグジー、テニスコートのある豪邸に暮らす。インドの墓廟タージマハールに並ぶ規模の邸宅もある。御殿である。御殿は濃い緑に覆われ、外道からは母屋の屋根も壁の一部も見えない。車でしかアクセスできない人里離れた外郊外（郊外のさらに郊外）にある。住宅を建てるのに、「敷地面積2エーカー（約8000㎡）未満は認めない」という土地利用規制をしている住区もある。「Super Zips（スーパー郵便番号区）」と呼ばれている。駅に近い商業地にあるコンドミニアムも高級である。ニューヨークのアッパーウエストサイド（セントラルパークの西側）にある、セレブが暮らす集合住宅に比べて遜色ない。

「最高に贅沢な暮らし向きの」グリニッチとそれ以東の、もっぱら金持ちコミュニティが連なる中小都市のすぐ隣が、「州内で最も危ない」貧乏都市のブリッジポートのインナーシティ、そのイーストエンドである。戦前、製造業が元気だった頃に建てられた労働者住宅が残っている。どの棟も築年が古い。営繕が行き届いていない。空き家が散在する。煉瓦造りのアパートの場合、トイレやキッチン共用のワンルームタイプもある。狭苦しい。界隈ではギャングの銃撃戦が頻発している。半年の間に少年を含め9人が殺害される事件があった。地元紙（コネチカットポスト）を捲っていると、最近も銃弾が止まっていない。市内の犯罪率（市民1000人に対して刑事事件に巻き込まれた人の比率）は9・5人[12]。地元紙では日々、殺傷、強盗、窃盗、強請《ゆす》り、脅迫、空き巣、レイプ、万引き、麻薬取引……と犯罪の棚卸が続く。警察に緊急電話をかけても、警察官が怯えてパトカーが来ない地区がある。

貧富の差は犯罪の違いに表れる。ここではかっぱらい、万引き、食い逃げは日常茶飯である。一方、この種の犯罪は金持ち都市には似合わない。金持ちコミュニティでは、犯罪発生率は低い（グリニッチでは0・19％）。フェアフィールド郡発の事件がニューヨーク・タイムズの1面を飾る時は、脱税や詐欺、贈収賄、インサイダー取引などの巨額金融事件である。リーマンブラザースの最後のCEOもグリニッチの豪邸暮らし。グリニッチ室内交響楽団の名誉理事に名前を連ねている(13)。

コネチカット小史

コネチカットの人口は360万人。50州の中位にある。南西部はニューヨークに近接し、ニューマネー(新しい産業／文化の担い手の)文化圏の影響を受けている。東北部はボストンに近く、オールドマネー(19世紀以来の富裕層／しばしばヨーロッパの富豪につながり、「準貴族」と呼ばれる人々の)文化圏――伝統的なニューイングランド文化に親近感がある。そうした社会的、文化的な位置ゆえに、コネチカットは「アメリカの縮図」と呼ばれる。長い海岸はコネチカットの財産である。ニューヨークのブルックリンにあるコニーアイランドは、19世紀後半からニューヨーカーの保養地になった。娯楽施設の開発が一気に進展し、中間所得階層が週末に、夏のバケーションにこぞって出かけるようになった。コニーアイランドのそうした俗化を嫌った富裕層は、コネチカットに新たな保養地を発見し、乗馬、ヨット、ゴルフ、テニスを楽しむ「ニューヨークのカントリークラブ」をつくり上げた。

産業化の時代には、海岸を大規模浚渫《しゅんせつ》し、煤煙型工業を育成して中西部のデトロイト、クリーブランド、東海岸のフィラデルフィア、ボルチモアと伍す工業都市が形成された。そして20世紀のアメリカ産業を支える屋台骨になった。しかし、20世紀後半になると、アメリカは製造業が衰退した。それに代わって新たな産業――グローバルファイナンス、グローバルツーリズムが台頭し、アメリカ資本主義を牽引するようになった。その産業構造の転換をめぐっても、コネチカットは魁《さきがけ》になった。

「格差社会アメリカ」には歴史がある。政府の差別的住宅政策は戦前に遡る。戦後も復員兵援護法(GI法)など、その政策は白人の住宅所有を促し、黒人の住宅購入には冷淡だった。金融機関はレッドライニング(融資対象除外地区)を基に、黒人に対する住宅融資で意地悪をした。それに便乗して不動産業者が荒稼ぎした（白人地区の住宅を黒人に高く売り、今度は「黒人が来る」と脅して白人の住宅を叩いて買う。それをまた、黒人に高く売る）。住宅を持てるかどうかは、資産形成に大きな違いを生む。住宅金融をめぐる差別は、その後、白人と黒人の経済的、社会的格差が拡大する起点になった。

しかし、所得格差が縮まる局面もあった。F・アレン『オンリー・イエスタデイ』に描かれた「狂乱の1920年代」[14]――その時代の所得格差は、トップ1％の平均所得は、残り99％の平均所得の31倍に達していた。ところが1979年には、12倍に縮小したのである。1950年代以降、70年代にかけて縮小した。戦後の経済成長と公民権運動のおかげである。マイノリティが成長の果実や権利を得る機会が増大した。「偉大な社会の建設」などケインジアン／リベラリズム政策が成果を上げた。

新しい経済学が説く、トリクルダウン効果が実際に発揮された時代といわれている。同じ時期にコネチカットでも、格差が縮小した。「アメリカ例外主義」が本領を発揮した時代だった[15]。

1980年代以降は、レーガノミクス、ニューリベラリズムが喝采され、リベラリズムは後退してしまった。グローバリズムに煽られた弱肉強食の競争主義が追い打ちをかけた。世紀末には、マネーでマネーを増殖させるマネー資本主義が跋扈するようになった。その結果、アメリカ社会は反転し、格差社会に向かって疾走するようになった。

C・ディケンズの『二都物語』は、パリとロンドンを舞台にした歴史小説である。それをもじってニューヨーク・タイムズや雑誌「ニューヨーカー」は、時々、貧富が併存するニューヨークを「一都市の二物語（Two Tales of a City）」と表現し、辛辣なニューヨーク批判記事を書く[16]。ここでは、フェアフィールド郡の、あるいはブリッジポート都市圏の貧乏都市と郊外都市、及び金持ち都市の対照――「一都市圏内の二都物語（Two Tales of Cities within One Metropolitan）」である。

貧乏都市――ブリッジポート（人口14万人）小史
「坂の上の雲」を目指した時代

コネチカットの海岸都市は、19世紀半ばまで重商主義の下で繁栄した。ボストン、ニューヨークとの間に内航海運が発達した。西インド諸島とも貿易が活発だった。ブリッジポートでは、港湾が整備され、蒸気船を運行する会社が設立された。ハートフォードでは、海上保険を扱う保険会社が設立され、19世紀以降は、「保険の首都」と呼ばれるようになった。しかし、重商主義は19世紀半ばに終焉し、その後は産業革命を牽引する工業都市に変貌した。保険会社は、今度は工場や機械を火災保険の対象にした。さらに生命保険を開発し、業容を拡大した。「フォーチュン500」に選ばれる医療保険のエトナは、1853年にハートフォードで生まれた。現在も本社をハートフォードに置いている。

コネチカットはキナ臭い州である。拳銃から大砲、戦闘機まで造ってきた産業史がある。それが工作機械や産業機械の製造と結びつき、産業基盤を強化した。拳銃やカービン銃を製造したコルトは、ハートフォードで創業した。下請け工場が周囲に貼り付き、コルトは「コネチカット渓谷の産業革命」を主導した。19世紀後半に鉄道網が整備された。1860年には、プラット・アンド・ホイットニーがハートフォードで創業した。ミシンや銃をつくる産業機械を製造し、南北戦争で大儲けした。20世紀になると航空機産業に参入し、GE（ゼネラルエレクトリック）、ロールスロイスと並ぶ航空ジェットエンジンメーカーになった。ライフルなどを製造したウインチェスターは、ニューヘブンが発祥（2006年工場閉鎖）である。

ブリッジポートでは、レミントンアームズが弾薬製造のユニオン・メタリック・カートリッジと合併し、本社を置いた。1915年までに主力工場を完成させた。武器、弾薬を量産し、第一次世界大戦で荒稼ぎした。その後、経営陣が「平和が長続きする」と「将来を誤算」したことや、ボルシェビキ革命が成立して帝政ロシアとの取引が御破算になったことから経営難になった。1920年に工場をGEに売却。工場は5階建ての長大な煉瓦造りだった。13棟が等間隔で並び、端の棟に立って見通すと、13頭の恐竜が横列行進するようだったという。広さはアメリカンフットボール場58個分に相当し、その規模ゆえに産業都市ブリッジポートのシンボルになった。GEはここで小型家電製品を量産した。アメリカは、戦後の郊外化時代に「アメリカ例外主義」を世界に誇示したが、このGE工場もそのプロパガンダの一翼を担ったのである。

20世紀初めのブリッジポートでは、WBCFがコルセットを開発した。女性に歓迎され、市場の20%を牛耳った。「狂乱の1920年代」にはフラッパーが登場し、ファッションから暮らしまでの「締め付け」をかなぐり捨てる、と主張した。身体を締め付けるコルセットも嫌われ、WBCFは、斬新なデザインのランジェリーを生産するようになった。移民女性労働者を寄宿させ、英語、礼儀、健康管理まで教育する家父長的な企業経営だった。当時は進歩主義的な企業経営と考えられていた。ほかに家庭用、産業用のミシンを製造したシンガー、装飾家具を兼ねるクラシックオルガンのメーカー、レコードのコロンビア、高級車など多様な消費財産業が勃興した。19世紀後半から20世紀半ばまでのブリッジポートは、繁栄の時代だった。急増する労働力需要はヨーロッパからの移民で賄われた。ブリッジポートの人口は、10年ごとに40～70%増えた。戦争需要にも乱舞したが、それぞれの産業が革新的だった。

産業都市として革新的だった時代には、ブリッジポートの都市政治も進歩的だった。相俟って最良の時代が築かれた。大恐慌の後遺症が続いていた1933年、J・マクレビーを市長に選出した。それ以前の共和党、民主党の市長が汚職まみれになるなどし、既存政党に対する市民の愛想が尽きていた。その時期にマクレビーは、社会主義の旗を掲げて当選した。以降、34年間――1957年まで再選を繰り返した。政党政治の腐敗を糾弾し、その誠実な政治姿勢が労働者の支持を得た。市民は「革命ではなく、革新を断行する」という市長の政治信条を理解していた。資本も逃避しなかった。

マクレビーは、社会主義ポピュリズムに陥ることなく、均衡財政主義を貫いた。公共事業に入札制度を導入し、行政改革に熱心だったと伝えられている。マクレビーの堅実なプラグマティズムは、スコットランド系移民につながる出自に由来する。青年期に社会主義ユートピア小説『顧みれば』[17](E・ベラミー著、2000年から1887年を振り返る設定の小説)を読み、感動し、社会主義者になった。連邦／州政府のアーバンリニューアル(大規模都市更新)政策を批判し、「後々、維持管理コストがかさむ。市政の圧迫になる」と述べるなど、その都市思想は先見的だった。

坂道を転げ落ちる――郊外化、及び脱工業化　豊かな都市はそれぞれに豊かだが、貧しい都市の歴史はどこも似ている[18]。中西部にある煤煙型都市の衰退がそうだったように、コネチカットの産業都市も、1950年代に人口減少が始まった。ブリッジポートの人口は1950年代にピークに達し、以降、人口減を重ねた(ラストベルト都市の再生と歩調を合わせ、最近は再都市化で人口が微増)。白人の、中間所得階層が郊外に流出したためである。住宅を買えない貧しい黒人、低学歴のプアーホワイト(貧しい白人)は、市内に取り残された。1980年代以降に移民してきたヒスパニックも、郊外化の波に乗れず、インナーシティに集住した。マイノリティには郊外に戸建て住宅を取得する経済力がなく、住宅金融会社と不動産業者も彼らの郊外化の邪魔をした。

脱工業化が郊外化に追い打ちをかけ、ブリッジポートの衰退に拍車がかかった。製造業が約束していた恵まれた賃金の仕事が消え、中間所得階層の影が薄くなった。マイノリティは不安定な低賃金労働に就くか、失業する羽目になった。戦時中から戦後まもなくは、インナーシティに500以上の工場があった。しかし、1960~70年代に脱工業化が進行し、工場閉鎖が相次いだ。ボディーブローを連打されるような状況になった。ブリッジポートの製造業が急速に縮小したことを示す統計データがある。[19] 1947年には、製造業雇用者の比率は78・4%で、製造業が圧倒的な基幹産業だった。それが1958年には64・2%に低下した。製造業が生み出す付加価値が市内全体の付加価値生産に占める比率も80・3%から67・0%に縮小した。1960年代に、この傾向が加速した。雇用も付加価値生産も、盛時の半分以下になった(製造業雇用者比率46・2%、製造業の付加価値シェア40・2%)。さらに郊外化、脱工業化が進行し、製造業雇用者比率は2016年には9・4%に下落した。ブリッジポートの製造業は「絶滅危惧産業」になった。

外食、ヘルスサービスなどの低賃金雇用の割合が40%を超えている。これらの仕事の従事者は、昼夜、低賃金労働をはしごしないと食べて行けない。産業都市ブリッジポートのシンボル的な存在だったGEのブリッジポート工場も、2007年、生産を停止した。用途を転換し、動態保存を求める声があったが、実現しなかった。2011年に解体。煉瓦屑、石ころ、空き缶やペットボトルが散乱し、夏草茫々になった。住民の間には、「人殺しの武器や銃を造っていたので、工場跡には幽霊が出る」といううわさ話があった。

貧すれば鈍する衰退都市の話　産業/人口動態の空洞化は、「都市の「かたち」」総体の危機につながる。ブリッジポートでは、貧困率が高止まりしている(2017年20・8%)。母子家庭の貧困率が高い。

学校をドロップアウトする生徒が多い。貧しさや、教育に対する親の理解が乏しい。イーストエンドでは、高卒未満の住民が多い。「読む／書く」を習得していない低学歴層が多く、安定した仕事に就くのは難しい。貧しい家庭環境と未就学の間で悪循環がある。子どもの頃から軽犯罪を犯し、ギャングに染まる。都市社会学が説く、「逸脱行為の文化的学習説」がまるごと機能している。子どもが学校から帰宅した時の親子の会話は、「教室に凶器を持ってきた生徒がいたよ」という話題から始まる。財源も窮乏し、都市政府は慢性的に財政危機である。20世紀末には、財政破綻寸前まで切羽詰まった。道路の修復や住宅整備の予算を削減している。それでも教育予算を確保できない。イーストエンドの小学校は、生徒の成績評価が州内510校のうち502番目。いつまでも末席争いから抜け出せない。

初中等教育が危機に直面しているが、最高学府も荒廃を免れなかった[20]。ブリッジポート大学は、私立の総合大学である。製造業が隆盛を極めた時代に設立された。当時、中間所得階層に属した労働者階級は、子弟教育に熱心だった。その希望を叶えるために大学が設立された。戦後、大学院が併設された。しかし、1960年前後の、ブリッジポートが衰退に転じた時期に、学生数を減らし始めた。大学は経営難に直面し、教員や学部の削減などの対策を矢継ぎ早に実施した。しかし、いずれも急場の膏薬貼に終わった。1992年には、文鮮明の統一教会に揺らぐ経営の足元を見透かされ、統一教会傘下の団体から「お助けしましょうか」の申し入れを受けた。賛否をめぐって喧々諤々の議論があったが、結局、支援の投融資を受け入れた。それに反対した一部の教授たちは、大学執行部に絶縁状を叩きつけて大学を去った。

都市は有機体である。善事も悪事も連鎖を起こす。ブリッジポートの場合、20世紀半ばまでは、長期政権の社会主義市政と新産業の勃興がよいシナジーを起こした。20世紀末に産業が瓦解し、社会が荒廃した。連動して都市政治もおかしなことになった。都市再建が火急だった時代に、市長（J・ガニム）が贈収賄で逮捕された。事業の発注をめぐって高額ワインや高級スーツを収賄し、接待を受けた罪だった。ガニムの後の市長（J・ファブリジ）は、アルコール中毒と麻薬の常習者だった。「脱工業化」「郊外化」に罹患していたブリッジポートは、政治、行政も腐敗し、多機能不全に陥った[21]。

同じ時期にハートフォードでも、市長（E・ペレス）が収賄容疑で逮捕された（2009年）。犯罪撲滅で成果を上げ、学校教育の改善でも評価が高かったが、その市長が収監される事態になった。ハートフォードも郊外化と脱工業化の影響では、ブリッジポートを追随している。南北戦争後は、アメリカで最も豊かな都市といわれた。ところが昨今は、最貧困都市に分類されている。貧困率が30％である。都市政府は財政赤字が累積し、2019年には財政破綻寸前だった。犯罪率も高止まりしている。

金持ち都市——グリニッチ（人口6万人）小史

マネー資本主義の最先端——ヘッジファンドクラスターの集積

20世紀半ばまでのニューヨークは、偉大な工業都市だった。ファッション工科大学があるように、縫製産業が集積していた。昨今、ウエストサイドのハイラインが新観光名所になっている。あれは貨物列車の高架軌道跡を、プロムナードとして動態保存した場所である。チェルシーやトライベッカ、ブルックリンのウイリアムズバーグ、グリーンポイントを歩けば、現在も稼働する町工場に出合う。ニューヨークが脱工業化を迎えたのは1960年代である。製造業雇用が縮小し、財政基盤が崩壊した。1980年頃から「I ♡ NY」運動が始まった。その後のニューヨークは、「世界都市」として再生した。20世紀末以降、ニューヨーク経済を牽引してきたのは、ウォール街、そして大規模な都市更新を進めるディベロッパーである。

ニューヨークがグローバル金融都市として復活する時期に台頭したファイナンスの一業態――それがヘッジファンドである[22]。ヘッジファンドを発明したのは、オーストラリア生まれのA・W・ジョーンズ。アメリカに移住してアイビーリーグの大学を修了した。ビジネス誌「フォーチュン」の編集者時代に乱高下するマーケットに対抗し、リスクヘッジするファンドを考案した。「人生、自由、そして財産」という哲学的な博士論文を書いた社会学者でもあった。ヘッジファンドの指南書を書いたS・マラビは、ジョーンズを「ヘッジファンドの父」と称賛している[23]。「一時、マルクス主義に染まり、スペイン市民戦争に参加してE・ヘミングウェイとスコッチウイスキーを飲み交わしたことがある。博覧強記なダンディ男」。元マルキストがマネー資本主義の権化になったヘッジファンドを発明した、という金融史は愉快である。

コネチカットでヘッジファンドクラスターの形成が始まったのは、1990年代である[24]。コネチカットに本社を置く上位10社のヘッジファンドマネジャーの設立年は、94年以降が8社ある。アメリカ全体のヘッジファンドマネジャーの半数にあたる200強がコネチカットに拠点を置く。コネチカットには、105のヘッジファンド投資家、616のヘッジファンドがある。ヘッジファンドマネジャーは、フェアフィールド郡で集積が高い。グリニッチ79、スタンフォード49、ダリエン16、ウエストポート10、オールドグリニッチ7、ニューカナーン6の167。いずれもニューヨーク大都市圏の東隅にある、小さい町々である。その小さな町が並ぶ「かたち」は、「ゴールドコースト」と呼ばれるようになった。

フェアフィールド郡にヘッジファンドクラスターが形成されるようになった経緯には、以下の事情があった[25]。ニューヨークに近い。グリニッチ―グランドセントラル駅間は快速電車で50分である。電車が頻繁に走っている。通勤や会議で通うのに不便がない。ニューヨークのセレブは、マンハッタンのセントラルパーク界隈に暮らす。ウォール街の金融業で働くヤッピーの間では、マンハッタンの先端にあるバッテリーパークに人気がある。それでもフェアフィールドの中小都市に引っ越して来るのは、「生活の質」の総合評価が高いからである。閑静で緑豊か。ヨットや乗馬、ゴルフなどに便利である。田舎町か、村という感じである。職住接近で交通渋滞がない。「ニューヨーク証券取引所が閉まるのを待ち、夕刻には帰宅して子どもたちと遊べる」と話すヘッジファンドマネジャーの役員もいる。さらに通信革命がある。インターネットのおかげでカリブ海の島にいてもビジネスに不便がない時代。店賃の高いマンハッタンにオフィスを構える理由が乏しくなった。取引する商品は、手に取って調べる必要がない。試食もしない。無味無臭、無色の「カネ」、要するに情報である。９・11のテロ以降は、安心を求めてコネチカットに移転するヘッジファンド関連会社が急増した。

　クラスターの形成が始まると雪ダルマ式に集積が高まる。狭い地域に集積するメリットは、ホームパーティやテニスクラブ、乗馬クラブ、ヨットクラブの社交の場で発揮される[26]。社交の場が情報交換の場になる。「ニューヨークのカントリークラブ」と呼ばれた土地に、生き馬の目を抜くヘッジファンドクラスターが形成されたことには、以上のように脱工業化時代の都市思想が反映している。

金満コミュニティの1世紀半の歩み

　最も濃密なヘッジファンドクラスターが形成されたグリニッチは、150年余の間にその「かたち」を幾度か変化させた。グリニッチが発展するきっかけになったのは、１８４９年のニューヨーク―ニューヘブン鉄道の開通だった。交通革命である。１８４０～60年に人口が60％強も増加した。それまでは純農村だった。鉄道のおかげでニューヨークの郊外コミュニティになった。ダウンタウンのグリニッチアベニューでは、19世紀末に舗道、街灯、上下水道が整備され、モダニズム都市が実現した。20世紀初めに路面電車が走った。それでも、あくまでも小さな町だった。

印象派の巨匠J・ヘンリー・トウォットマンに引率され、若き画家たちがグリニッチの海辺(コス・コボ)に集い、アートコロニー活動(1892〜1920年)を始めたのは、そこかしこに印象派好みの田園風景が広がっていたためだった。

ニューヨークの富裕層が週末の/夏季の保養地としてグリニッチに注目するようになった[27]。そしてセカンドハウスを建てた。1890年代の、ニューヨークの社交界名簿として有名になった「ミセス・アスター(オランダ貴族の末裔)の400人」に名前を連ねたセレブには、オールドマネーの金持ちが含まれていた。その中には、ニューヨークを引き払ってグリニッチに移住してくる資産家もいた。1920年代のグリニッチは、既に1人当たりの所得が世界最高レベルだった。

当時、ヨーロッパの「中世領主の館」に憧れ、人里離れた土地にチューダー様式のレプリカ豪邸を建てたのは、金ピカ時代のニューマネーか、その後裔たちだった[28]。寝具の量産で財を成したZ・G・シモンズ、スタンダード石油を興したW・ロックフェラーの子息、製糖業で成功したH・ヘイブマイヤーの未亡人(L・ヘイブマイヤー)などがその仲間にいた。シモンズ邸には、部屋25、床は黒大理石、厩舎、執事のための別棟、別庭付きのゲストハウスがあったという。当時のグリニッチは、WASP(ホワイト・アングロサクソン・プロテスタント)社会だった。オールドマネーは成り上がりのニューマネーを蔑み、新旧マネーの間で睨み合いがあった。オールドマネーのミセス・アスター、そして金ピカ時代の「鉄道王」になった新興のC・バンダービルドの子孫たちの間で繰り広げられた確執は、当時、社交界で格好のゴシップになった。

小説家も移住した。ウエストポートで新婚生活を過ごしたF・S・フィッツジェラルドは、『グレートギャッツビー』の構想をここで温めたという。小説に登場する、大豪邸で催される豪勢な宴会風景の記述は、「狂乱の1920年代」がニューヨークからコネチカットに移動し、毎夜の騒ぎになっていたのを作家自身が体験し、それを脚色して記述したのではないか、といわれている[29]。戦後も、映画や小説の舞台になった。ニューカナーンでは、「ガラスの家」で有名なP・ジョンソンなど5人が新建築運動「ザ・ハーバード・ファイブ」を興し、80棟以上のモダニズム住宅を建てた。

戦後のグリニッチの変化を象徴する逸話が伝わっている[30]。オランダ移民の、鉄道や通信、銀行の複合経営で財閥になったニューマネーのJ・スカケルは、1930年代末、グリニッチに豪邸を建てた。しかし、妻がカソリックだったために、WASPから冷淡に扱われた。当時、J・ブッシュ大統領（第41代）の父親が会長をしていた名門のラウンド・ヒル・クラブの会員になれなかった。「成り上がり」と侮蔑されたのである。戦後になって娘のエセルがカソリックのR・ケネディ（J・F・ケネディの弟、司法長官）と結婚し、2000人を招待して披露宴を開いた。それをきっかけに、ようやく社交界に受け入れられるようになったと言われている。

グリニッチの多様化が進むのは、戦後しばらくしてからである。1950年代に15・0%、1960年代には31・7%も人口が増加した。こうした人口の急増は、金持ちの流入だけでは実現しない。ニューヨークからの、中間所得階層の大量移住があった。すなわち戦後の郊外化、「アメリカ例外主義」の影響があった。スカケルが社交界に受け入れられた事情は、グリニッチのこうした中間所得階層化、そして多様化と軌を一にしていたに違いない。

もう1話――金満コミュニティ化である。21世紀を迎える頃には、ヘッジファンド関連ビジネスが市内のオフィススペースの30%を占めるまでになった[31]。そこで働く人の過半は、郊外の豪邸暮らしである。1980年代末に、ヘッジファンドの富豪でグリニッチに最初に豪邸を建てたのは、P・ジョーンズⅡである。30代前半で巨万の財を築き、「ニューヨークで最も有能、エキサイティングな独身男」と呼ばれていた。ジョーンズは19世紀末の邸宅を買い取り、それを解体して時価5000万ドル以上、不動産税が19万ドルというスーパー豪邸を建てた。この古い邸宅は、使い捨て紙コップ（Dixie Cup）の開発に投資して成功したW・グラハムの邸宅だった。グラハムの妻と娘は、英国渡航の帰路、タイタニック号の沈没に遭遇した。ネットで調べると、生存者名簿に2人の名前が載っている。グラハムは、世紀を跨いで（19～20世紀）新興産業で蓄財したニューマネーに属する資本家だった。そのニューマネーの邸宅が、今度はニューニューマネーのヘッジファンドに買い取られ、空前の規模の豪邸に建て替えられたのだった。その話は当時、グリニッチの変容を示すニュースとして話題になった。

ファイアストーンタイヤを創業したH・ファイアストーンは、「男という奴は、カネができると必要以上に大きな豪邸を建てたくなる輩らしい」とため息をついたという。ここでは、立って半畳寝て一畳の方丈とは、真逆の世界が広がっている。バブル経済の頃、終生、借家暮らしに拘った詩人の田村隆一が、高騰する住宅価格を横目に、週刊誌かどこかほかのところで「男の人生は家を出ることに始まり、家を建てることで終わる」と皮肉交じりに書いていたのを思い出す。こちらの家は2LDKか、広くても3LDKだが、男の価値が「家を建てることで決まる」と考える世相を嘆いたところは、ファイアストーンのため息に通じている。

郊外に収奪される

戦前と戦後の郊外化に「違い」　産業都市の雄だったブリッジポートが、縮退の坂道を転落し始めたのは20世紀半ば。人口は1950年代に減少に転じた。郊外化、その後は脱工業化の追い打ちを受けた。

それでも1960年代までの衰えは緩慢だった。80年代以降、マネー資本主義の影響を受けて急激に衰亡した。戦前、産業革命に沸いた時期には、不足する労働力をイタリア、アイルランドからの移民で賄った。市内にリトルイタリアなどのエスニックコミュニティが形成された。工場や倉庫の新築が相次ぎ、住宅開発は市域を越えて郊外に広がった。1910年代には、隣接するフェアフィールドは人口が87％も増加。工場が建ったストラットフォードでは、人口が116％も増えた。

戦前、連邦政府の差別的な住宅政策のために、郊外に移住したのは白人労働者に限られた。彼らはバスやトロリーで中心都市に通勤した。当時、黒人の人口比率は2％に過ぎなかった。白人と同じ工場労働に就くことはできず、不安定雇用を甘受し、市内の借家住まいを強いられた。それでも戦前・戦中は、ブリッジポートが郊外に収奪される、という関係にはなかった。中心都市に暮らす労働者も、郊外から通う労働者も、同じ工場で働き、同じ釜の飯を食う間柄だった。郡内の都市が、コロンビア大学のR・ボールガードが「中心都市が郊外都市に「搾取」される構造」と解く間柄に変容したのは、戦後の郊外化を迎えてからである[32]。

戦前は、ブリッジポートと金持ち都市との関係も希薄だった。ブリッジポートの都市イメージには、労働の汗と煤煙の臭いが付着している。金持ち都市では、戦前からニューヨークの富裕層が週末用のセカンドハウスを建て、画家がアートコロニーをつくるなどした。その意味では、グリニッチやニューカナーンなどの──最近は「ゴールドコースト」と呼ばれるようになったが──金持ち都市には、いまとは違う、有閑階級の優雅な暮らしのイメージがあった。

都市圏の中心都市ブリッジポートが郊外都市に収奪され、中心性を喪失するのは、1950〜70年代以降である。都市の中心性は人口の集中度で測ることができる[33]。1945年には、ブリッジポートの人口は都市圏全体の64・9%を占めていた。十分に高く、中心性があった。ところが1970年には40・2%に低落した。戦前もブリッジポートからの郊外移住はあった。当時は宅地が不足し、ブリッジポートが余剰人口を郊外に押し出していた。しかし、20世紀半ば以降の郊外化は事情が違う。ブリッジポートでは、工業の衰退が起き、人々は職にあぶれ、低賃金市場に吹き溜まるようになった。それにもかかわらず、郊外都市は、都市圏の中心都市が苦闘する現実に関心を示さなかった。それどころか郊外都市は、白人の中間所得階層を徹底的に選り好みし、彼らを中心都市からはぎ取ったのである。

こうした関係は、見えざる手の仕業ではなかった。意図的に仕組まれたのである。戦前と同様に戦後も、連邦政府、州政府、都市政府は、住宅政策、土地利用計画を通じて人種差別的に郊外化を押し進めた。都市間競争が推進されたが、都市圏の中心都市と郊外都市の間では、競争条件がフェアではなかった。戦後の郊外化では、中心都市が郊外都市に収奪、あるいは搾取される関係になった。黒人人口の増えた戦後も、政府、銀行は、黒人が融資を受けて郊外に戸建て住宅を建てることで邪魔をした。卑劣な政策に呼応し、不動産業者も差別的だった。

それにとどまらず、郊外都市は、建築基準、土地の分割規制を通じて賃貸アパートを建設するのを妨げる土地政策を進めた。「貧乏人は来るな」という政策だった。ブリッジポート都市圏では、賃貸住宅の72・7%がブリッジポートに建てられた(34)。貧しい人々は、ブリッジポート市内に暮らす以外に選択肢がなかったのである。都市圏の、連邦政府が示す貧困所得線以下の人々の66・1%がブリッジポートに暮らしていた(1970年センサス)。そもそも近代都市計画は、資本主義の発達に伴走して勃興してきた中間所得階層の、その資産価値を守るところに本義があった。貧乏人に対しては無関心、冷淡である。それがここでは露骨に、もっと差別的な方法でゾーニングが実行されたのである。

公民権法以前のフェアフィールド郡には、夜間、有色人種とユダヤ人が市内にいることを禁じる条例を制定した都市があった。そして時には暴力的に排斥した。「サンダウン・タウン」と呼ばれた(最近も地元紙に「郡内に黒人比率が1%未満の都市がある。風習が現在も残っている⁉」という新聞投書があった)。コネチカットの海岸沿いには、白人至上主義のKKK(クー・クラックス・クラン)が拠点を構える都市があった。1980年代には、ブリッジポートの隣の、金持ちコミュニティ出身のロックバンドが、「ブリッジポートには暮らしたくない」と歌っていた。政府、銀行、不動産業者、郊外暮らしの市民がこぞって人種差別に走った。そして貧しい移民マイノリティを、20世紀を通してブリッジポートなど旧煤煙型都市が限定的に、しかも一方的に受け入れる(押し付けられる)ことになった。

ブリッジポートの都心――栄華の跡を歩いた。都市の中心性を示すデータに小売業の集中度がある。中心都市に魅力的な商業集積があれば、郊外から買い物客が来る。しかし、ブリッジポートの中心性は、20世紀後半に小売業の分野でも崩壊した。都市圏全体の小売販売額に対してブリッジポートは、1954年には70%のシェアを誇っていた(35)。当時は露店が並び、迷子が出るほどの人出があった。それが1972年には35%に低落した。郊外都市がショッピングセンターを誘致し、ロードサイド商業がはびこるようになった。1964年に郡で最初の大規模ショッピングセンターが郊外都市トルンブルの、その郊外に開店した(4核店舗、180店)。トルンブルはブリッジポートの北西隣りにあり、影響は甚大だった。ブリッジポートの商店街では、廃業が増え、老舗百貨店が閉店した。店仕舞いした百貨店の立派な建物が都心に残っている。ブリッジポートの市民運動家が、「トルンブルは上下水道処理をめぐってそれまで世話になっていたブリッジポートと縁切りをし、ショッピングセンターの開発に走った。裏切り行為だった」と憤慨していた。[36]

ブリッジポートの中心街に、「銀行通り」がある。通りの名前に「小さな金融街があった」という街の記憶が刻まれている。シティ貯蓄銀行(新古典派建築)、ピープルズ貯蓄銀行(ボザール建築)、シティ信託銀行(アールデコ建築)、マーチャント&ファーマーズ貯蓄銀行(新古典派建築)の、装飾豊かな様式ビルが並ぶ。これらの様式ビルのファサード(建物の正面)を眺めていると、往時の賑いがしのばれる。いまは4店舗とも閉業し、アパートに転用されたか、空きビルである。住民が消え、ビジネスが滅びれば、カネも回らなくなる。そういう当たり前のことが起きたのである。ブリッジポートでは、ダウンタウン居住者がゼロという時期があったという。それでも街にホームレスはいた。

担税能力のある中間所得階層を郊外に奪われた。社会政策の対象になる貧困層が残った。郊外で新しい商業集積が進展し、中心都市では商業が空洞化した。工場も閉鎖した。行きつく先は都市政府の窮乏である。ブリッジポートは1991年、裁判所に財政破綻を申請した。申請書には、「荒廃した工業を抱えるブリッジポートは、郡が直面する貧困と社会問題を独り背負わされた。郊外はこの困難に背を向けて知らぬ振りを通してきた」と郊外の無関心をなじる言葉が列記されていた。その悲痛な叫びは、全国ニュースになった。[37] 破綻申請書には、「ブリッジポートは郡のゴミ捨て場になった」という記述もあった。裁判所は破綻申請を受理しなかったが、裁判長は置かれた状況を理解し、「さらに資金繰りが悪化すれば、躊躇せずに再申請しなさい」と同情を惜しまなかった。

地方政府／教育制度が再生の桎梏に　州都のハートフォードでは、財政破綻申請書が市長の机の上に置いてある。いつでも裁判所に提出できる。「保険の首都」である。グローバル保険会社が集まっている。多くのホワイトカラーが働いているが、暮らしは郊外である。税金を郊外都市に払っている。

ハートフォードは、20世紀後半に人口が激減。基幹税源は不動産税だが、市内にある半分の不動産は、大規模公共施設（連邦／州庁舎、総合病院、美術・音楽館、大学）である。非課税である。これらの文化学術、医療機関から利用便益を得ているのは、市内の貧乏人よりは、同市に税金を払わない郊外暮らしの中間所得階層である。郊外のフリーライダー（タダ乗り）が起きている。

ハートフォードは、隣の郊外都市ウエストハートフォードより人口が多い。ところが不動産税の課税ベースは3分の2に過ぎない。[38] 1960年に郡政府が廃止されたことが響いている。[39] 以前は州─郡─都市政府の3層制だったが、州─都市政府の2層制になった。郡内で市域を越えて行政を協働し、税を共有する機能がなくなった。都市政府は自主財源で賄える範囲の仕事をする、という地方自治制度が徹底された。

1980年代にグローバル競争の時代を迎え、地方自治でもニューリベラリズムが弱肉強食の都市間競争を喝采する理論的な枠組みを提供するようになった。財源（企業や裕福層）の奪い合いである。そして郊外都市が連勝し、都市間格差が広がった。豊かな郊外都市はインフラの整備を終えるや、掌を返して「貧しい中心都市よ、さようなら」キャンペーンを始めた。中心都市には、「貧乏都市に転落したのは郊外都市の身勝手のゆえ」と映った。しかし、対抗する術がない。郡政府が消滅し、市民が都市圏レベルで地元意識を共有する機会がなくなった。「都市圏の中心都市と郊外の不均衡発展は、中心都市の財政破綻に至る」という研究が、早々、1951年に行われていた。[40] 以来70年が経過したが、問題はさらに深刻である。

不動産価格が高く、財政が豊かな郊外都市には、義務教育に予算の半分を充当するところがある。「IT教育が充実」「夏は海外研修」「外国語教育に熱心」である。教育予算の捻出に四苦八苦している中心都市の貧しい学校に通う生徒には、別世界である。「機会の格差(大統領経済諮問委員会議長だったA・クルーガーが「グレートギャッツビー曲線」と呼ぶ)」が固定化している。金持ちと貧乏が親から子に継承される。[41]教育格差は「足による投票(引っ越し)」を促し、裕福層の郊外化を加速する。結果、都市間でも「機会の格差」が固定する。貧しい都市はいつまでも貧しい。州裁判所はこの教育格差を取り上げ、「州憲法違反」という判決を下したのだが……[42]。

マネー資本主義下の脱工業化

マネー資本主義の本性——社会の進歩には投資しない

1980年代以降に急進展したマネー資本主義は、脱工業化のプロセスをそれまでとは違うものに変質させた。脱工業化は、企業が安い労働力を求め、土地の安いところに、そして公害規制が緩い地方や途上国に工場を移転し、残された都市が経済的、社会的に空洞化することである——と説明されてきた。それには生産現場の移転を伴った。グローバル競争下では、国際価格均等化の原則が働き、国内の労働賃金も途上国並みに抑え込まれる。

ところがマネー資本主義では、「伝統的な」脱工業化のプロセスとは別の、異次元の脱工業化が起きている。生産現場と雇用が解体されるが、それを代替する生産現場の移転、雇用の創出を伴わない。製造業総体が縮退する。そういう脱工業化が進行している。フィナンシャル・タイムズの寄稿家、R・フォルーハーは、「マネー資本主義では、経済構造がA・スミスの説いた資本主義とはまったく違ったものになってしまった」と嘆いている。[43]彼女の著書が話題になっている。本の表題は『Makers and Takers(つくる人々と奪う人々)』、副題は「金融の勃興とアメリカビジネスの没落」である。タイトルの全体は、「ファイナンスが産業を収奪している」になる。『国富論』が描いた資本主義は、我々が稼いで貯めたカネを雇用や成長を生む実体経済に投融資するシステムだった。反面、マネー資本主義では、雇用や生産を向上させる工場や技術革新投資――すなわち、人々の暮らしの向上につながる資金循環は、全体の15％に過ぎないという。残りの資金は、マネーでマネーを稼ぐ絡繰りの世界を徘徊している。

ウォール街の幹部は、「新規ビジネスに投融資するのはリスクが高い。だから資本市場に投資する」と言い訳している、という。起業はリスクが高い。それを支援するのが本来の金融の役割である。地元密着のファイナンスは、経営者の資質や企業の技術開発能力など投融資先の事情を熟知してリスクを管理する。「件の幹部の話は逆立ちしている」とフォルーハーは憤慨している。ファイナンスは投資先企業に圧力をかけて経営のダウンサイジングを強要する。M＆A（合併／買収）に関与するヘッジファンドも同じ。フォルーハーはヘッジファンドの経営者から電話をもらった。その経営者は、「説得的な本ですね。フィナンシャリゼーション（マネー資本主義）は経済成長の足かせです」と吐露したという。大企業も工場投資をしなくなった。製造業が生産活動に関心を失い、マネーを操って増殖させることに必死である（企業のフィナンシャリゼーション）。ファイナンスも「合理化、合理化」と連呼し、企業経営のスリム化を求める。「リーン（贅肉のない）革命」などと言われたのが、その典型である。経営者は短期の利益確保に余念がない。損益計算書の末尾の数字が気にかかり、雇用の創出や技術革新には関心が薄い。

そうしたことは、経営思想が浅ましくなったことに由来する。「法律違反ではないの？」ということがまかり通るようになった。経営者はカネ稼ぎの亡者に堕落してしまった。その典型はストックオプション（自社株買取制度）である。また、経営者は高額の報酬を得、カリブ海か、どこかほかにあるタックス・ヘイブンで税金逃れをするのに躍起になっている。フォルーハーは、ファイナンス、それに大企業の経営者が実体経済への投資を縮退し、マネーゲームに忙しくなったのは、1980年代以降、すなわちレーガノミクス以降の、M・フリードマン風シカゴ学派の影響である、と喝破している。ニューリベラリズムが喧伝される時代を迎え、マネー投資が横行するようになったのである。

マネー資本主義に染まったGE vs.ブリッジポート

GEはT・エジソンが創業者である。イノベーションとモノづくりに熱心な、真摯な製造業文化を代表する会社だった。しかし、それは1970年代までの話である。以降のGEは、ファイナンスに奔走するようになった。製造業を時に邪魔者扱いし、一部を除き、製造業の技術革新投資には冷ややかだった。J・ウェルチのCEO時代(1981〜2001年)はその極みにあった。彼の時代にGEは、20万人の従業員を解雇した。ウェルチは「会社を守り人間を破壊した」と指弾され、「ニュートロン(中性子爆弾)ジャック」という不名誉なあだ名を得ることになった。生産現場を縮小し、工場を閉鎖し、その代替工場を創ることには関心が薄かった。

ウェルチ時代のGEは、グローバル金融資本の集積に邁進した。GEキャピタルを通じてマネーでマネーを稼ぐことに懸命だった。在任中に株価は30倍になった。その功績でウェルチは、「経営の神様」と崇められた。「フォーチュン」(1999年)は、「20世紀最高の経営者」と激賛、日本でも、経営手腕を褒めちぎる本が書店の棚を賑わした。半面、20世紀後半にアメリカ産業界にレイオフ旋風を吹き荒らした男と見なされ、労働界やリベラル派から批判を浴びた。(44)

貧乏都市と金持ち都市の風景は別世界だが、無縁ではない。フォルーハーは、(マネー資本主義の)1980年代以降、ごく少数が大儲けし、大多数の人々の銀行口座が空っぽになる経済構造ができ上がった、と指摘している。彼女の言説を都市に読み替えれば、「金持ち都市が金満都市になり、ほかの都市は坂道を転げ落ちて窮乏することになった」。そういう都市間関係が生まれたのである。実際、フォルーハーが描いたマクロの風景が、ミクロの世界――フェアフィールド郡でも、1980年代以降、シンボリックな展開を示していた。

GEは、戦前、ブリッジポートで軍需工場を買収し、民需工場に転換した。GE自体が大量雇用したが、基幹工場としてその取引先を含めて産業のすそ野が広かった。GEはこの工場で、扇風機、ミキサー、アイロン、トースター、コーヒーメーカーを量産した。労働者の福利厚生にも目配りし、工場内に室内プールやボウリング場があった。第二次世界大戦時には、1万2000人が働いていた。

GEのブリッジポート工場で、生産の縮小が始まるのは1970年代である。1960年代に6000人以上いた労働者は、1978年には3000人まで削減された。しかし、この時期のGEの合理化は、製造業を止めることではなかった。賃金の安い、労働組合のないところに工場投資をする「伝統的な」脱工業化だった。新工場をノースカロライナ、サウスカロライナ、プエルトリコ、ドミニカに建てた。ウェルチがCEOに着任した1980年代以降、GEの合理化はさらに徹底された。GEが一部を除き、製造業の強化、革新に関心が極端に薄くなった時期である。ウォール街に急き立てられたウェルチは、企業価値を高めるために生産現場のダウンサイジングに奔走した。それで名声を勝ち得た経営者である。

ブリッジポート工場も、「選択と集中（業界1位か、2位以外の事業は撤収）」「経営は従業員より株主に責任がある」の方針に沿って縮小された。そして生産ラインが消え、労働者は食い扶持を失った。古い工場を近代工場に改築するのには、「アスベストの除去や老朽化した工場の改修に費用が嵩む。閉鎖が安上がり」という経営判断だった。ウェルチ路線を継いだCEOが2007年に工場を閉鎖した。都市政府と労働組合が工場の一部を買い取り、操業を続ける、という話が持ち上がったが、そうしたヨーロッパ的、社会民主主義的な経営はアメリカには馴染まない、と話は立ち消えになった。結局、GEのブリッジポート工場は、ウェルチとその後継者が名声を築くための、「捨て石」になった。

当時、GEキャピタルは、フェアフィールド郡の、ヘッジファンドクラスターのあるノーウォークに本社を置いていた。GEキャピタルは、そこを拠点にグローバルマネーを操ったのである。GEも世界本社をブリッジポートに隣接するフェアフィールドに置き、生産現場の合理化を総指揮した。GE、GEキャピタルの重役たちが、ゴールドコーストに豪邸を構えていたことは言うまでもない。乗馬に、ヨットに、ゴルフという贅沢な日常。その対極には、レイオフされ、路頭に放り出され、その日のやりくりに困窮する労働者の、悲惨な日常が広がっていた。その対照的な日常の間には、存外深い関係があったのである。

GEの好敵手だったウェスティングハウスも、同じ時期にビジネスの切り売りを始めた。株価を引き上げ、役員報酬を上げることに狙いがあった。ブリッジポートにあった子会社のブライアント・エレクトニックも生産を縮小した。そしていよいよ、それもよりによって創業100周年の記念の年に、工場を完全に閉鎖してしまった。この時期のブリッジポートでは、東西のインナーシティで異次元の、大規模な脱工業化が進展したことになる。大量の解雇、そして大量の失業者が路頭に掃き出された。ブリッジポートは脱工業化の、典型的な貧乏都市に転落し、その名前は一躍アメリカ全土で知られるようになった。

マネー資本主義下の異次元の脱工業化で、その後、何が起きたか。GEは企業利益の50%をファイナンスで稼ぎ、一時、経済誌に「金融業」に分類された。それがリーマンショックに続く経済不況で大打撃を受けた。経営再建努力を続けているが、遅々として進まない。GEはニューヨーク証券取引所のダウ工業株30種平均の最古参の構成銘柄だった。それが、最近は「経営危機」に直面し、30種から外されてしまった。そして突然、「本社をボストンに移転する」と発表し、フェアフィールド郡内に衝撃が走った。ハイテクエンジニアリング分野の優良大学が集積するボストンに拠点を移し、製造業復帰(次世代製造業)に命運を託すことになった。本社移転は、マネー資本主義にぶれ過ぎた結果で、その反省である。GEのブリッジポート工場跡は、しばらく半壊した煉瓦の外壁やゴミが散乱し、その風景はただひたすら惨めだった。幸い最近は、瓦礫が撤去された。整地された跡地は、高等学校の運動場として使われている。一方、ウェスティングハウスは原子力発電分野を東芝に売却し、CBSコーポレーションに買収された。そして20世紀末には、会社自体が消滅してしまった。

2018年知事選の争点

格差ランキングで最上位クラスに属するコネチカット

産業都市のブリッジポートと郡内の金持ち都市の間には、戦前、そして戦後も格差はあった。しかし、戦前の、その関係は希薄だった。1960年以降、郡制度が廃止され、関係はさらに希薄になった。グリニッチ暮らしのキャリアウーマンが、帰宅途中に、グリニッチ駅前でNBCのテレビ記者からブリッジポートの貧乏について意見を問われ、「おやまぁ。あの町には縁もゆかりもないので特段の感想はないわ」と答えていた。[45] そうした応対には、これまでの歴史が関係している。製造業の時代には、ブリッジポートの労働者も質実な暮らしのできる賃金を稼いでいた。一方、戦前、そして戦後間もなくの富裕層は、ニューヨークなどで財をなした富豪や、有閑階級に属する移住者だった。半面、1990年代以降の金持ちは、そこに暮らして巨額のカネをグローバルに運用し、稼いでいる。そして蓄財して富豪になった。ニューニューマネーは、伝統的な富裕層とそこが基本的に違っている。加えて貧富の格差は、1980年以前は縮小傾向にあった(トップ1%の所得が州全体の所得に占める比率は1928年の24%から1979年には11%に縮小)。したがって21世紀的な意味での格差が問題になることはなかったのである。

旧産業都市と金持ち都市の格差が社会的に、そして政治の場でも問題視されるようになるのは、20世紀末以降である。旧煤煙型産業都市が急坂を転げ落ちるのをわき目に、金持ち都市は上昇気流に乗って金満になった。そして格差がいよいよ歴史的に経験したことのないレベルに達し、件の都市の間で「浅からぬ関係」が指摘されるようになった。金持ちはさらに金持ちになったが、ほかの人々が恩恵を得ることはなかった。トリクルダウン効果だが、コネチカットでも起きていない。コネチカットでは、2009~13年にトップ1%の平均所得は17・2%増加した。一方、残り99%の平均所得は1・6%の減少だった(46)。その後も同じ傾向である。格差は37・2倍に広がった。フェアフィールド郡では、その格差は62・2倍である。州民99%の平均世帯所得のマイナスは、何を意味するのか。中間所得階層以下の困窮化、貧困層の増大である。所得の不平等は1年という時限内の話だが、富は積み重ねである。富の格差は所得の比ではない。空前絶後の格差社会の出現である。

ファイナンスは増長し、製造業は縮退した(1990~2011年に州内で43万人の製造業雇用の喪失、フェアフィールド郡では1990~2015年に60%減)。2008年の金融危機以降、州の雇用総数は1990年水準を回復していない。おかげで貧困層が急増した(1970~2014年にブリッジポート86・3%増、ハートフォード56・1%増、ニューヘブン40・8%増)。GE工場が閉鎖されたブリッジポートでは、貧困率が2001~15年に8・0%から22・1%に跳ね上がった。1980年以降の脱工業化とファイナンス化をめぐっては、「上げ潮に乗った人(金持ち都市)」と「乗れなかった人(貧乏都市)」の格差が激しく拡大した。その点でコネチカットは際立っている。

ファイナンス化で何が起きたのか。州民1人当たりの所得は、トップグループに属して「最裕福な州」である。州政府の歳入は、半分を個人所得税が支えている。個人所得税の36%はゴールドコーストの金持ち都市からの上がりである。「ヘッジファンド様さま」である。ところがその「最裕福な州」が、経済の停滞、州財政の赤字、そして「「アメリカのカントリークラブ」を麻痺させる不平等――コネチカットの危機」という状況に直面している。州の経済成長率は、アメリカのGDPの伸びに届かない。2008年の金融危機以来、州人口は伸び悩みが続く。2014年からはマイナスである。企業の州外転出が起きている。財政赤字を重ねて州政府の懐は火の車である。

格差対策を語った民主党知事候補に軍配　2018年秋、連邦議会の中間選挙と同時に、州知事選挙があった[47]。争点は停滞する州経済、財政赤字、そして驚異的なレベルに達した格差社会の原因とその政策対応をめぐるものだった。知事選の共和党候補は、州所得税をゼロにすることを目玉政策に掲げた[48]。レーガノミクスの信奉者だった。お蔵入りしたはずの、ラッファー曲線(税率と税収の相反関係を説く)を引きずり出して選挙を戦った。「最高所得税率(6.99%)が高いために、企業やヘッジファンドの富裕層が州外に逃げる」。この流れを反転させて経済の再生、財政再建につなげる、と主張した。

しかし、この公約は説得性を欠いていた。GEやエトナなど企業の転出先は、コネチカットに比べて税負担が重いボストンやニューヨークである(その後エトナは転出計画を撤回した)。確かに所得税のないフロリダに転居したヘッジファンドマネジャーがいる。しかし、それが大勢にはならない。ニューヨークに近いこと、極めて恵まれた初等中等教育環境があること――それらを含めて生活/職場環境の「かたち」は、フロリダに優るとも劣らない。その好条件を捨てて転出する理由が見当たらない。企業が所在地を決める諸条件のうち、「税金の高低は優先順位が低い」という研究がある[49]。富裕層は税金が高くても、成功した土地からは離れたがらない傾向がある。

この共和党候補は、GEキャピタル傘下の金融不動産会社でCEOを務めた後、GEキャピタルの重役になった経歴の持ち主である。ウェルチが権勢を誇った時代に、マネー資本主義の最前線で突撃隊長としてウェルチイズムの旗を振って奮戦し、それが評価されて本社勤めになった。そして知事選に立候補――そういう御仁だった。

選挙戦では、民主党候補(N・ラモント)が勝利した。グリニッチ暮らしの富豪である。しかし、「異常な格差社会をさらに加速する」と主張し、「所得税ゼロ」には反対し、「最低賃金を15ドルに引き上げる」「健康保険制度の拡充」「教育環境の改善」「職業訓練の強化」などを掲げていた。その政策はケインジアン的だった。そのため地元グリニッチを含めてヘッジファンドクラスターが集積する選挙区では、共和党候補に苦杯を浴びた。JP・モルガンの創業家につながる名門の出身で、CATV会社を興して財を成した。フォルーハーが「実体経済のビジネス」と呼ぶ起業家である。過去の連邦上院、知事選では2戦2敗だった。「進歩派民主党」を自称し、連邦上院選では「反イラク戦争」の旗色を鮮明にして戦ったが、当時の大統領J・W・ブッシュのコバンザメと揶揄されたJ・リーバマンに惨敗した。2016年の大統領選でも、トランプ批判に余念がなかった。

そもそも富裕層は税制で優遇されている。キャピタル利得税率は所得税率に比べて低率である。ビジネス・クレジット・カードを使って経費を計上し、所得控除を得ている。海外のオフショアで課税逃れをする輩もいる。ヘッジファンドマネジャーは運用額の2%を手数料(所得)、運用益の20%を成功報酬（キャピタル利得）として受け取る。成績のよいマネジャーは、さらに高額の収入を得ている。しかし、他人の資金を運用して稼ぐのは「労働」である。労働に対して得る報酬は所得である。「それを所得とせずに、キャピタル利得扱いし、低税率を適応するのは税逃れである」という主張がある。[50]

民主党の政策は、「格差は経済成長の足かせになる」という経済理論が背景にあった。広く人的資本を改善して蓄積し、有為な人材が厚い層をなす社会を創ることが経済成長に寄与する、という考え方である。基本は民主主義の問題である。格差と成長をめぐって相関関係がある、という考え方は、最近は国際機関でも定着している（国際通貨基金や経済開発協力機構などの主張）。欧州連合（EU）が後進地域の底上げを目指して構造基金政策を展開してきたことも、格差解消と経済成長の関係に注目してのことである。

この考え方をコネチカットに換言すれば、20世紀末以降の「空白の20年」といわれる経済成長の停滞は、この間の格差の急拡大と深い関係があることになる。ヘッジファンドは直接／間接的に、通貨／金融危機（1994年メキシコ危機、1997年アジア危機、2008年金融危機）の引き金になった。都度、コネチカットでは、州経済、州財政が揺さぶられて動揺した（金融工学でノーベル経済学賞を受賞した経済学者が深く関与して巨額の利益を稼ぎ、その後、破綻したヘッジファンドのLTCM＝Long-Term Capital Management 社は州内に本拠があった）。経済基盤の脆弱な貧乏都市では、その揺れが増幅された。フェアフィールド郡の貧乏都市と金持ち都市は、互いに背を向け合ってきたが、実際はその間に「浅からぬ関係」が育っていたのである。

改善を目指す幾つかの動き――州政府、そして草の根レベルで　ニューヨークでは、保守系市政が長く続き、その後期は億万長者（ブルームバーグ）が3期市長を務め、「高コスト都市に適う、競争力のある企業と人々のための」都市政策（贅沢都市づくり）を展開した。その結果は、格差社会の深化と中間所得階層の瓦解につながった。2013年の選挙では、民主党リベラル派が市民運動を基盤にニューヨークの「二都物語」を批判し、市長（デブラシオ）に選ばれた。2017年に再選。ふれ過ぎた社会の振り子のふれ戻しである。この選挙戦では、「働く家族党」の活動が話題になった。20世紀末に結党し、労働組合と草の根運動を基盤とする社会民主的な市民政党である。「左派ポピュリズム」「左派茶会パーティ」と揶揄されることもあるが、最低賃金の引き上げや、有休病欠制度の確立、大学無償化を掲げている。2016年の大統領選で起きたサンダース旋風の露払いを思わせる。

ニューヨークに先行してコネチカットでは、2010年の知事選で「働く家族党」が民主党候補を支持し、リベラルなD・マロイを知事に当選させるのに力になった。コネチカットは、この時も民主党左派の運動で魁になったことになる。マロイは任期中に最高所得税率を2度引き上げた。反貧困政策を打ち出し、リベラルに徹した。2018年の知事選でも、「働く家族党」は民主党候補を支持し、ブルーウエイブ（民主党の青の波）の一波頭になった。

金持ち都市出身の、そして実際に富豪の、しかも幾分かリベラルな知事ラモントがどこまで進歩色を打ち出すのか、その動向が興味深い。一般的に地方分権が進むとそれぞれの都市政府は、全体（都市圏）の利益に対して個別（自己）の利益を優先して政策判断をする傾向がある。悪しきローカリズムである。金持ち都市が「同じ都市圏仲間でも、貧乏都市のための負担をしたくない」という類の話である。そのため地方分権化は歪曲化され、都市間協働よりは都市間分断を加速する傾向がある。リベラル派の王道を行った前知事は、住宅開発とゾーニング制度をめぐって分権指向（「二都物語」化を進める）の強い議会と対立し、それでもなお、政策介入を試みた。たとえば金持ちの郊外都市がアパートの建設をゾーニングで規制し、中間所得階層以下の流入を阻止しようとする動きに批判的だった。ラモント知事は選挙戦では、この問題に曖昧な態度を取ったが、昨今は前向きである。アフォーダブル住宅の建設を促す予算措置を発表し、民主党議員提出のアフォーダブル住宅法案に理解を示している。また、選挙戦で公約した最低賃金の引き上げについては、２０２３年までに時給15ドル（現在10ドル10セント）を実現する法案に署名した。[51] 州内のおよそ33万人の低賃金労働者が最低賃金引き上げの恩恵を受ける。

中国からの金融視察団がコネチカットにあるヘッジファンドの業界団体ＣＨＦＡ（The Connecticut Hedge Fund Association）を訪ねて来たことがある。[52] 訪問の目的は、「ゴールドコーストのつくり方を伝授して欲しい」ということだった。対応した社長のＢ・マックグイアは、少々、戸惑い気味だった。「州政府は財政赤字です。郡内には、脱工業化の貧しい都市がある」と話し始め、「ヘッジファンドがこの経済不況の原因になっているかのように、スケープゴート扱いされている」と不満を漏らしていた。コネチカットでも、ヘッジファンドクリパー（ヘッジファンド批判運動家）が躍動している。[53]「グローバルファイナンス企業やそこで働いている幹部は、稼ぎに対して適切な負担をしていない。格差解消のために、もっと税負担するべきである」と主張している。インターネット上のホームページは、運動の使命を次のように記している。[54]

「ヘッジファンドや億万長者は、富を増やし、権力を我がもの扱いしている。我々は、彼らが政府や政治家をどのように操っているか、そのメカニズムを明らかにする。ヘッジファンドは、コミュニティ、気候、経済、そして民主主義に害を加えている」

ヘッジファンド業界団体のトップが中国からの視察団に対し、「我々はスケープゴートにされている」と嘆いた背景には、ヘッジファンドクリパー運動などの広がりに対する苛立ちがある。20世紀後半以降、特にマネー資本主義が猛威を奮うようになって格差が激しくなった。しかし、ひたすら格差拡大に向かっていた流れに変化の兆しがある。草の根レベルの運動、及び労働運動——ヘッジファンドクリパーの活動や最低賃金の引き上げを求める「最低賃金15ドルのための運動(Fight for $15)」——の躍動。それにメディアの格差批判が厳しくなっている。こうした動きの背後には、アメリカ各地で社会民主主義に共感する若者が増えていることがある。2020年5月のG・フロイドの殺害に端を発した「Black lives Matter(黒人の生が大切)」の抗議運動も、白人層の間に広がりを示し、リベラリズムの伸張へ向かわせた。コネチカットでも、ふれ過ぎた振り子に向かい風が吹いている。

(1) T・ピケティ、山形浩生他訳『21世紀の資本』みすず書房、2014年。
(2) 都市の「かたち」は建築的、物理的な意味に加え、人々の暮らし方/働き方を含む都市総体を指す。
(3) コネチカットはニューヨーク、マサチューセッツ、ロードアイランドに接しニューイングランドに属する。英国から最初に独立した13州の一つ。フェアフィールド郡は人口90万人。ニューヨークの郊外都市化している。ニューヨークとボストンを高速鉄道で結ぶ構想が話題にのぼるが、コネチカットの海岸をニューヘブンまで走り、そこから北上してハートフォードを抜けて走るルートが有力である(CityLab, Dec. 23, 2019)。
(4) ファイナンスは金融、証券、保険、プライベートエクイティ(未公開企業株)、不動産関係ビジネスのほか、これらのビジネスを支える弁護士、会計士、コンサルタントの専門職を含む全体を指す。
(5)ヘッジファンドは富裕層、大口投資家から資金を集めて金融商品に分散投資し、運用益を稼ぐ投資信託。
(6)サンドイッチチェーンのサブウェイはブリッジポートが発祥。市内のサブウェイで店員にそのことを尋ねたが、「そうですか⁉」とびっくりしていた。
(7)ニューヘブンはエルムの木立が美しく、「エルムの街」の愛称で呼ばれる。都心にニューヘブングリーン(都市公園)がある。公園に沿って3棟の教会が並ぶ景観は美しい。イェール大学の校舎、公立図書館が並び、学生が木陰のベンチで読書をする風景に出会う。界隈にはしゃれたカフェやレストランが集積している。しかし、公園の芝にはホームレスが寝そべり、職に就いていない男たちがたむろする。
(8)プロビデンスは産業革命発祥の地の一つ。1950年代をピーク(25万人)に人口が減少。最近は18万人。アイビーリーグに属するブラウン大学がある。医学部と市内にある複数の総合病院がアカデミック・メディカル・コンプレックス(AMC、先端医学連携複合体)を形成している。
(9)American Community Survey, 2017.
(10)所得格差は税収を通じて財政格差に反映する(CT Mirror, May 30, 2018)。州内で1人当たりの財政支出が多いトップ10位のうち8都市がフェアフィールド郡にあった(2016年)。ウエストポートが1位で7782ドル。ブリッジポートは3907ドルで州平均以下。ウエストポートは豊かな財源(年間2億ドル)の62%を公立学校予算に充当し、高質な公教育システムを維持している。私学に通う子どもは10%に過ぎない。生徒は進学クラスに登録し、必須科目以外に芸術系の履修にも熱心である。学校予算は不動産税を基本とし、格差を是正するために連邦政府と州政府の助成がある。しかし、州政府は財政難で学校助成の予算を削ってきた。財政格差を緩和するためには税の再配分制度(tax-sharing)を検討しなければならない。豊かな都市から一定の割合の税収を徴収し、都市圏内で再配分する制度である。ミネアポリス–セントポール都市圏のそれが有名である。K. Schlichting, Decentralization and the decline of the central city: A case study of demographic and economic change in Bridgeport, Conn. American Journal of Eco-

nomics and Sociology, Oct., 1981, D.A. Gilbert, Property tax sharing: An answer to central city fiscal problems, Social Science Quarterly, Vol. 59, March, 1979.

(11) E. Sommeiller and M. Price, The new gilded age: Income inequality in U.S. by state, metropolitan area, and county, Economic Policy Institute, July 19, 2018.

(12) Business Insider, Dec. 9, 2014. 州内で起きる銃関連殺人事件の63%はブリッジポート—ニューヘブン—ハートフォードで発生している。

(13) Glove & Mail, Nov. 18, 2013.

(14) F・L・アレン、藤久ミネ訳『オンリー・イエスタデイ—1920年代・アメリカ』研究社叢書、1975年。

(15) アメリカ例外主義については5章参照。

(16) 加茂利男『アメリカ二都物語——21世紀への旅』(青木書店、1983年)はニューヨークを描いている。「二都物語」を表題にしてコネチカットの格差社会を論じる記事や論文に頻繁に出合う(たとえばNBC, August 14, 2013, Bloomberg, Nov. 6, 2017)。

(17) E・ベラミー、山本政喜訳『顧みれば』岩波文庫、1953年。

(18) J. Bisson, The Comparative decline and revitalization process of Hartford and Detroit, Trinity College Digital Repository, 2016.

(19) K. Schlichting, 1981.

(20) Metropolitan Magazine, July 20, 2011.

(21) 都市再生をカジノ誘致にかける事例が多くある。ブリッジポートも例にもれず、ラスベガスのMGMリゾーツ・インターナショナルを誘致し、ウォーターフロント開発を計画している。しかし、州議会にはカジノを認めることに拒否反応があり、MGMの計画は遅延している。カジノが真の都市再生につながるかについては疑問視し、「安易な都市政策である」と批判する論文が多くある。

(22) New York Times, May 8, 2014は「上位25のヘッジファンドマネジャーは、全国の幼稚園の先生が得る所得合計の2倍以上を稼ぐ」「レーガン時代の前には、これほどひどい格差はなかった」とノーベル賞経済学者のP・クルーグマンは指摘する。

(23) S. Mallaby, *More Money than God: Hedge Funds and the making of a New Elite*, Penguin Press, 2010.

(24) The hedge fund industry in Connecticut/Connecticut-based hedge fund investors/Connecticut-based hedge fund managers, Preqin Ltd., 2016.

(25) Guardian, Feb. 15, 2013は、ゴールドコースト形成の背景を描くと同時に、ファイナンスに従事し、高給を稼ぐ人が多くなると街が高級化し、それまで暮らしていた中間所得階層は高い家賃の支払いや不動産税の負担に悲鳴を上げる、と解説している。

(26) Greenwich's rise as a 'hedge fund capital', ctpost, Nov. 16, 2014は、グリニッチにある名門のヨットクラブ「インデアン・ハーバー・ヨットクラブ」で開催されたヘッジファンドの懇親パーティを活写している。高級ジャケット、ドレスで装ったおよそ200人のヘッジファンド関係者が集い、ポケットにおしゃれな万年筆とメモ帳を忍ばせ、ワイングラスを傾けながら、ヘッジファンドへの投資を停止したCalPERS(カリフォルニア州職員退職年金基金)をめぐる話題に花が咲いていたという。こうした会合が、毎晩、ゴールドコーストで開催されている。

(27) N. Munk, Greenwich's Outrageous Fortune, Vanity Fair, July 17, 2006.

(28) N. Munk, 2006.

(29) New York Times, Nov. 28, 2004.

(30) N. Munk, 2006.

(31) Business Insider, Dec. 9, 2014.

(32) R. A. Beauregard, *When America Became Suburban*, University of Minnesota Press, 2006.

(33) K. Schlichting, 1981.

(34) K. Schlichting, 1981, Connecticut Mirror/ProPublica, May 22, 2019. 裕福コミュニティと貧乏コミュニティの間には、隔離する「目に見えない壁(ゾーニング規制)」がある。最低敷地面積規制を広く設定し、アパートや多層階住宅の建設を妨げたりする。州内の30以上の都市が20年以上、排除的なゾーニング規制を実施してきた。ウエストポートでは、過去30年に民間が開発したアフォーダブル住宅は65棟に過ぎない（市内の住宅戸数は1万400戸）。結果、そうした差別的なゾーニング規制のない都市で低所得者向け住宅が開発され、市境を越えるとたちまち立派な戸建て住宅が並ぶ「二都物語」風景が出現する。

（35）K. Schlichting, 1981.

（36）NBC, August 13, 2013.

（37）New York Times, August 2, 1991.

（38）Bloomberg, July 7, 2017. ハートフォードは州内で不動産税の税率が最も高い。郊外都市との税率格差がさらなる郊外化を促す悪循環を起こす。

（39）Business Insider, Dec. 9, 2014.

（40）A. Hawley, Metropolitan population and municipal government expenditure in the central city, Journal of Social Issues, 1951.

（41）ノースカロライナ大学准教授B・ダニエルソンは、子どものいる家族の転出を調べている（Yankee News, Dec. 5, 2016）。それによると中間所得階層が子どもの教育を考え、公立学校の教育が破綻している都市から充実している都市に逃げ出す「足による投票」では、ブリッジポートが国内100都市圏で最上位にランクされた。ほかにニューヘブン、ハートフォードもトップ12位内にランクされた。

（42）New York Times, Sept. 8, 2016, Connecticut's shame: In one of America's richest counties, a high school has been failing for 50 years, The 74, May 17, 2016, J. Rotwell, Housing costs, zoning, and access to high-scoring schools, Brookings Institution, April 19, 2012.

（43）R. Foroohar, *Makers and Takers: The rise of finance and the fall of American business*, Crown Business, 2016.

（44）Atlantic, Sept. 23, 2016.「脱工業化で衰退したブリッジポートの貧困」と「ニューヨークのファイナンスで働く裕福層が移住するグリニッチの金持ち」との間には、一見、因果関係がないが、「それは表面的な話」。①マネー資本主義のファイナンスは雇用を生む投資に関心を失い、②格差を是正する方向で税制が機能しなくなっている――ことが格差拡大の遠因になっている。GEの脱工業化／合理化路線を象徴する事例としてGEキャピタルの投資行動、さらに富裕層優遇の税制などについて詳しく論じている。

(45) NBC, 2013.

(46) Atlantic, July 5, 2017.

(47) 連邦議員上院選挙では、民主党現職が議席を維持。下院では、民主党が5席を得た。

(48) Hartford Courant, July 1, 2018.

(49) ctmirrow, May 29, 2018, スタンフォード大学と財務省の研究者の共同論文(Millionaire migration and taxation of the elite: Evidence from administrative data, American Sociological Review Vol. 81(3), 2016)。Atlantic, July 5, 2017は、「企業や裕福層の移動は、生活費や税金の高い／低いが第一の理由ではない。それが理由ならば税金の安いエルパソ(テキサスの砂漠にある国境の町)に逃亡するはずだが、移動先はニューヨークやボストンである」と指摘している。

(50) New York Times, July 6, 2019. コネチカットでは、2018年度、トップ100人の富豪が州所得税総額の12%を払っていたという。

(51) NBC, May 28, 2019, Vox, May 17, 2019. 最低賃金を15ドルに引き上げることを決めているのは、マサチューセッツ、ニュージャージー、ニューヨーク、イリノイ、メリーランド、カリフォルニア、ワシントン市等。全人口の30%以上が最低賃金15ドルの対象になる。連邦政府が定める最低賃金は、時給7ドル25セント。山岳地域と南部諸州が連邦水準の最低賃金規定になっている。ファストフード業界の労働者を中心に「最低賃金15ドルの戦い」がアメリカ全土で展開されてきた。その成果が広がりを示しており、2020年の大統領選挙、連邦議会でも大きな争点になる。

(52) Bloomberg, Nov. 6, 2017.

(53) Financial Times, April 25, 2018.

(54) http://hedgeclippers.org.

【追記】 コロナ禍では、ニューヨーク市民が隣接郊外に逃げ出し、州越えではコネチカットが最も多かった(地元紙のハートフォード・クーラント、2020年5月25日)。フラットレート引っ越し会社によると、ニューヨーク市からコネチカットへの引っ越し件数が2019年比74%増(3月15日〜4月28日)。特にフェアフィールド郡が人気で、同じ期間におよそ1500世帯のニューヨーカーが同郡内に郵便の受け取り先を変更したという。これが一時的な避難か、永続的な引っ越しかの判断にはもうしばらく時間の経過が必要である。

スペイン風邪の時も、ニューヨークからフェアフィールド郡への引っ越しが多発し、その後の郊外化につながった。ほぼ同じ時期にF・S・フィッツジェラルドが同郡内に引っ越して来たことを本章で触れたが、実際のところE・ヘミングウェイ、W・フォークナー、フィッツジェラルドなどの当時の人気作家は、作品でスペイン風邪についてほとんど書いていない(CityLab. June 25, 2020)。感染が収まると人々はたちまち危機を忘れて、「狂乱の1920年代」に酔いしれたため、スペイン風邪は「忘れられたパンデミック」と呼ばれた。果たして今回のコロナ禍では?

4章　ネクロポリスから「甦るラストベルト都市」
――歴史的遺産を活かす――

旧煤煙型製造業が連なるラストベルト（赤錆地帯）が衰退の道を歩き始めて半世紀以上経過する。これまでは悲惨な状況を叩き、先行き真っ暗を説く悲観論が圧倒的に多かったが、最近は、「おやまぁ、元気ね」と復活を強く印象付ける都市が増えている。デトロイトはその好事例である。それは「異端の復活」を思わせる都市再生だが、実際はほかのラストベルト都市の復活に共通する「再生の定式」に沿っている。「歴史的遺産（legacy）」を活かす、である。一方、この間、スーパースター都市は都市間競争で連戦連勝してきた。ところがその状況に変化が起きている。「集積のデメリット（外部不経済）」が増幅し、スーパースター都市から逃げ出す人材、資本の動きが表面化している。ラストベルト都市がその受皿になる。

ネクロポリスに「再生の息吹」

ネクロポリスとは、人影のない「死の都市」を意味する。ラストベルトのラスト（rust）は「錆び」。使われなくなった工場や倉庫、機械が風雪に晒されたまま放置され、錆び、雑草に覆われている風景である。脱工業化の結果、そうした風景が当たり前になった地域（belt）がラストベルトである。この間、アメリカのラストベルトが「ネクロポリスに転落した」話題が繰り返し紹介されてきた。アメリカの都市を饒舌に語る創造階級論の旗手R・フロリダも、ラストベルト悲観論を熱心に論じ、(1)「一度ダメになれば復活することはない」「(アメリカの夢の)チャンスをつかみたければ、早々に荷物をまとめてほかの都市に逃げ出しなさい」と説諭していた。D・トランプを大統領に押し上げたのも、凋落したプアーホワイト(貧しい白人)を抱え、民主党政権に不満タラタラのラストベルトだった。(2)

しかし、ラストベルトはネクロポリス一色ではない。オハイオの州都コロンバスは、脱工業化に機敏に対応し、人口を減らしたことがない。ミネソタ州のロチェスターも、医療産業、情報産業の集積で人口減少の経験はない。都市文明を語ったL・マンフォードは、「ネクロポリスにもきっと「再生の芽」が育まれる」という。(3)ラストベルトの幾つかの都市は確実に甦っている。

一般的に、中西部の旧製造業地帯がラストベルトである。しかし、ここではそうした狭義の定義に囚われず、「赤錆地帯」全体を指して使う。中西部のオハイオ、ミシガン、ウィスコンシン、イリノイ。ミシシッピー河岸のミズーリ。五大湖周辺、繊維産業で繁栄したニューハンプシャーやマサチューセッツ。東海岸のロードアイランド、コネチカット、ニュージャージー、デラウェア、ペンシルベニア、メリーランドの旧煤煙型都市。炭鉱町が広がるウエストバージニアからオハイオの東部もラストベルトに含めて考えている。

これらの都市は19世紀に勃興し、産業革命を牽引した。20世紀には大量の雇用を創出し、技術革新のセンターになった。地域で産する石炭や鉄鉱石は、水運や鉄道で集散され、製鉄業が発達した。そこで生産された鋼鉄を使って輸送機器／工作機械がつくられた。幾つもの都市に「フォーチュン500」に列挙される大企業が本社を構えた。20世紀初期には、これらの都市のダウンタウンにボザール、アールデコ、モダニズム様式の、豪勢なオフィスビルが建った。盛時には、ぶ厚い資本蓄積が進展し、その余剰資本が総合大学、総合病院、文芸／学術施設などの社会／文化投資に向かった。また、資金力豊かな財団が生まれた。20世紀前半に、ラストベルトは人口を倍増させた。初期の郊外化（「路面電車郊外（streetcar-suburb）」）が起きたのもこの時期である。

戦後、アメリカの「都市の「かたち」」を決定付けたのは、郊外化と脱工業化である。1950年代に郊外化が急になった。高速道路網の整備が拍車をかけた。同時に、脱工業化が進展し、1960年代には製造業の衰退が顕在化した。1960年代末には、都市騒乱が頻発した。工場や倉庫が操業を停止し、旧煤煙型都市域は、皮肉と憐れみを込めて「ラストベルト」と呼ばれた。

ラストベルトは製造業に雇用される労働者が多い。政治的には民主党、またはスイングステイト（選挙のたびに民主党か、共和党に揺れる州）である。しかし、2016年の大統領選挙では、トランプがTPP（環太平洋パートナーシップ協定）交渉からの離脱と製造業の復活を公約してラストベルトの支持を得、大統領に選ばれた。トランプをつくった地域である。

「甦るラストベルト」　しかし、状況が変化している。暗雲が立ち込め、お先真っ暗と見下されてきたラストベルトが「甦っている」。再生のスピードが速い。その傾向は人口動態に顕著である(4)。ラストベルトの旧煤煙型都市は、20世紀後半におしなべて人口を減らした。それが新しい世紀を迎えた頃から変化を示している。幾つかの都市は、経済危機以後の2010年頃から人口がプラスに反転した。あるいは増加に転じないまでも、減少率が大幅に改善している。特にそれらの都市では、ダウンタウン――ミッドタウンで人口の回復が著しい。この傾向を牽引する一群の人々は、ミレニアル世代（2000年前後に社会進出した世代）である(5)。ミレニアルには、都市経済の革新を担う、高学歴で高収入を稼ぐ専門職従事者が多い。そしてリベラルである。郊外都市暮らしをしていたベビーブーマー世代も都市回帰し、都市圏中心都市の人口動態の改善を後押ししている。子育てを終え、可処分所得が多い人々である。

人口動態の変化は、街の賑いに反映している。都心に素敵なカフェがオープンしている。木陰のテラスは談笑する人でいっぱいである。治安が改善し、レストランは夜遅くまで営業している。アイスクリームを頬張りながら街歩きを楽しむ観光客の姿を見かける。衣料や鞄のブランド店が軒を並べる。賢者は「機を見るのに敏」である。それゆえに賢者なのだが、都市論の雄フロリダも、ラストベルトに対する評価を悲観から楽観に豹変させた(6)。最近は、「ラストベルトの復活は大いに期待できる」という論調である。しかし、この復活には問題もある。再生が全体的な展開になっていない。①再生する都市vs.縮退に歯止めがかからない都市、②活性化するダウンタウン―ミッドタウンvs.取り残されるインナーシティ(住工混在地区)、③ダウンタウンでも、日差しが明るい地区vs.日陰地区――の格差が広がっている。再生と発展が不均衡である。したがってここでは、「甦るラストベルト」と「　」書きしている(7)。

事例・デトロイト――廃墟からの再生

歩ける街になったデトロイト

「ダメ！」出しに叩かれ続けてきたラストベルト都市の復活を語るのに、デトロイトは最適である。最近の調査では、企業幹部も、郊外居住の住民も、デトロイトの将来に明るい展望を持っている(8)。都市政府がアメリカ都市史上最大規模の負債を抱えて破綻した。「その将来は真っ暗」と言われた。ところが最近は、ダウンタウン―ミッドタウンが元気である。その復調は、「2倍速の都市再生、建築ブーム」とニューヨーク・タイムズがびっくりするペースである。[9]
訪ねるたびに、街の表情が変わっている。[10] 2010年頃は、2日酔いの青ざめた顔をしていた。街に血の気がなかった。その後、街角にうっすら紅が差すようになった。間もなく夜景——ビルの窓辺に深夜まで明かりが煌々と点くようになった。薄暗くなっても、街歩きに危険を感じなくなった。高層ビルに挟まれた隘路に、ワインバーやカフェ、アートスタジオが並び始めた。夜10時過ぎも人通りがある。女性の独り歩きも珍しくない。街角を曲がると、ビルを新築、改修する建設重機に出合う。新装したビルの1階には、小じゃれたカフェやエスニックレストランが開業した。ビジネス街の広場「キャンパスマルティウス」には、ランチ時間に弁当売りの屋台が並ぶ。大変な賑わいである。この広場は、アメリカ/カナダの「素敵な広場ランキング」で上位100位に入り、市民から喝采を浴びた。[11] この春から秋の朝6時には、公園を迂回してデトロイト川の河岸をジョギングする人々を見かける。朝の冷気を求めて早起きする、都心の高級アパートか、コンドミニアム暮らしのビジネスエリートである。朝霧に霞む対岸はカナダである。
デトロイトっ子から見捨てられたまちに、観光客が来るはずもなかった。それが有名な観光ガイド本の『ロンリープラネット』が、デトロイトを「ぜひ訪ねるべき都市」と高く評価した。[12] 経済誌「フォーブス」は、「訪ねたいクールな都市シリーズ」で取り上げた。ニューヨーク・タイムズも、「ぜひ訪ねるべし」都市にデトロイトを挙げることに躊躇しなかった。[13] ブランドチェーン系の高級ホテルが相次いで開業した。筆者は常々、Booking.com でホテルを予約するのだが、最近は「宿泊料がニューヨークと変わらない!」と驚かされる。数年前に比べて部屋代が高騰している。「ペダルパブ(踏み車バー=10人余の客がペダルを踏み自走するバー)」がダウンタウン周遊を始めた。ペダルを踏む乗客は、ビールを飲み、合唱し、信号待ちの歩行者に手を振る。

デトロイトの人口動態に変化が起きたのは、2010年以降である[14]。2016年の人口は67万7116人。前年比0・5％減。減少は止まっていない。しかし、その前年は1・4％減だった。2000～10年に25・0％の減少だったが、2010～20年は5・8％減にとどまった。特に2016～20年は0・7％減。「大きな変化が起きている」と思わせる改善である。デトロイトの人口がピークに達したのは、1950年代初め。当時185万人を擁し、アメリカ第4位の大都市だった。以来、右肩下がりで人口を減らし、反転したことは一度もなかった。そこに反転の兆しである。この国勢調査の発表を受けて市長のM・ドゥガンは、「人口流出が止まる。我々は歴史的な大転換点にいる」と大喜びだった[15]。

「市政府の破産」は「デトロイトの破綻」ではない

デトロイト市が財政破綻し、連邦破産裁判所に連邦破産法9条（地方政府の破綻手続き）の適用申請をしたのは、2013年7月である。負債総額180億ドル。デトロイト市の破綻を報じた邦字紙には、「荒廃　デトロイト」「全米で最も危険な都市」などの活字が並び、「デトロイト　不作為の敗北」「人・企業流出で税収急減」と財政破綻の事情を解説していた[16]。

当時、街が荒れ、万引きや脅し、レイプ、殺人などの重犯罪が日常茶飯だった。「最も危険な都市」の烙印に間違いはなかった。そうした危ない地区を訪ねたことがある。タクシードライバーは、危ない現場に行くのを嫌がった。マイカーで案内してくれた友人には、「窓をしっかり閉めてね。ドアロックを忘れずに」と強く念を押された（そうした界隈は、いまも危ない）。

都心に建ち並ぶ超高層ビルは、もぬけの殻だった。著名な写真家が、空洞化したデトロイトの摩天楼街を「我々の至高の廃墟（アメリカ資本主義を牽引した都市の、記念碑的残骸という意味）として国立公園

デトロイト戦後小史

2020	GM がデトロイト―ハムトラミック工場で電気自動車の生産を発表.
2019	フィアット・クライスラーがジープの大規模組み立て工場新設計画を発表.
2018	GM がデトロイト―ハムトラミック工場でキャデラック，シボレーの生産停止を発表. フォードがミシガン中央駅を買収し，自動運転車の研究開発センターに転用を発表. 地元の老舗不動産開発イリッチが大規模ダウンタウン開発計画を発表. 市が財政破綻処理完了を宣言.
2017	デトロイトの「負のシンボル」の再開発が動く(新古典派様式の超高層ビル「ブックタワー」「ハドソン百貨店跡」「旧パッカード自動車工場」). ノースランドセンター(郊外型ショッピングセンター 1 号)が取り壊し. LRT 方式の路面電車 Q-Line が開業(ダウンタウン―ミッドタウン―ニューシティ).
2013	市が財政破綻(負債総額 180 億ドル).
2011	D・ギルバートのディベロッパー会社がダウンタウンのビルの買収に着手.
2010	市人口が 100 万人を割る. D・ギルバートのクイッケンローンズ本社，その関連会社を含めてダウンタウンに移転.
2009	GM，クライスラーが経営破綻.
2004	コークタウンで草の根主導のコミュニティ再生が動き始める.
2001	デトロイト 300 年記念祭.
1996	GM がダウンタウンのルネサンスセンターに本社を移転.
1988	ミシガン中央駅が閉業.
1983	ハドソン百貨店が閉店.
1977	ルネサンスセンターが開業(フォード主導の都市再生プロジェクト).
1972	モータウンレコードがロサンゼルスに転出.
1967	都市騒乱(43 人死亡).
1963	デトロイト行進でキング牧師が「I have a dream！」の演説. ワシントン行進の 2 カ月前.
1957	第 1 回国際自動車ショーが開催される.
1955	ダウンタウンの外縁にあるラファイエットパークで住宅開発が始まる.
1954	ショッピングセンターのノースランドセンターが開業.
1950	市の人口がピークに達する(185 万人). 以来，右肩下がりで減少. 大規模都市再開発(高速道路建設)で黒人居住区(ブラックボトム／パラダイスバレー)が壊滅.

に指定しよう」と奇抜な呼びかけをしていた。当時は、写真家の呼びかけるそのままの廃墟が目の前にあった。ホテルの高層階から眺める夜景は、そびえ立つ幾棟もの超高層ビルに灯がなかった。月夜の、薄っすら青白い空に真っ黒な構造物が屹立する風景は、一瞬、影絵を連想させた。しかし、人間の活動が消え伏せてしまった大都会の夜は、メルヘンな世界からはほど遠い。疎《うと》ましく、気味悪く、おぞましい。ホテルから2、3ブロック離れたレストランに夕食に出かけるのに、暗い路地に目配りし、身構えて歩いたことを覚えている。

しかし、当時、「デトロイトはお先真っ暗」という邦字紙の記事に首を傾げたのを覚えている(17)。件の記事は、連邦政府の支援を得、「(没落したデトロイトを取り囲むように広がる)ミシガン州の自動車工場はどこも大忙し」と、「ビッグ3」の復活を報じていた。ところがその同じ筆で、「デトロイトの街に灯が戻ることはないだろう」と綴っていた。この悲観論を書いた記者が2019年夏にデトロイトを再訪し、「その変貌ぶりに正直、驚かされた」と吐露していた(18)。

筆者がデトロイトの定点観測を始めたのは2010年である。以降、毎年1度か2度、調査に通った。領事館を訪ねて総領事の話を伺い、地元大学の都市研究者に取材をするなどした。そこでは、「再生するデトロイト」の話を聞くことができた。街歩きでは、ネクロポリスに「芽生える命」に遭遇した。ウッドワードアベニューがデトロイトの幹線主要道路である。この大通りと並行してカス通りが走っている。当時は、破棄された建物が並び、「犯罪の巣窟」になっていた。知人から「日没後は行ってはダメ」と忠告された。それでも当時、サードウエイブ系のカフェやスパニッシュレストラン、手作りパン店、ネイルショップ、クラフトビール製造工場とその酒場が街路沿いに開業し、「クールな街」に変わり始めていた。2011年にデトロイトで創業し、時計とバラエティ商品で有名ブランドになったシャイノラ(ダウンタウンに高級ホテル兼レストラン、店舗を開店。海外でも展開)も、当時、カス通りから横道に入ったところに小さな店を構えていた。

市政府が破綻した時の地元紙は、「市政府の財政破綻は、デトロイトの破綻ではない」という論調だった。デトロイト・フリー・プレスの記者で、都市計画、都市開発、都市経済などの分野で健筆を揮っていたJ・ギャラガーを編集局に訪ねた。その時も、彼は「デトロイトの潜在力」を熱く語っていた。[19] ギャラガーのデトロイト評価は、デトロイト市民が考える「デトロイトの現況評価」に近似していた。ギャラガーには、デトロイトを書いた本がある。[20] デトロイトでは、空き家、空き地が市内の隅々まで広がっている。本は、その「空き」こそ、新しいデトロイトを描くことができる、可能性を秘めた大きなキャンバスである、という筆致で書かれていた。空き地に芽吹き始めた都市農業を語り、空き家を活用するアート活動を取り上げていた。また、古いビルを改築して起業の苗床に転換利用する事例を紹介していた。その文脈は、デトロイトにはチャンスが満ち満ちている、デトロイトに学び、そこから敷衍してラストベルトに潜在する再生力を考える、という流れになっていた。

起業家が先導する都市再生

起業家がダウンタウン再生を主導

都心の、高速の復活を先導したのは、起業家のD・ギルバートである。[21] インターネットを駆使した住宅モゲージ会社「クイッケンローンズ(Quicken Loans)」を起業し、成功した。9歳の時、買った飴玉を友達に転売して稼ぎ、10歳で自作のピザを売り歩いたという。生来の起業家である。ミシガン州立大学時代には、学生ビジネスに熱中した。その後、金融業に着手して稼ぎ、「フォーブス」誌の「世界の富豪番付」で408位にランキングされたことがある。小柄だが、堅固な体つき。細面で薄っすら白い顎鬚をはやし、写真の風貌にはスキがない。

そのギルバートが「デトロイト再生」の狼煙を上げ、空きビルを次々と買収した。廃墟だったビルがオフィスや高級コンドミニアムに改修され、甦る(実際に買収したのはクイッケンローンズ傘下の不動産ディベロッパーのベッドロック・デトロイト)。都心には、盛時に建てられたゴチック、アール・ヌーボー、アールデコ、モダニズムの、風格のある様式建築ビルが連棟している。D・バーナム(シカゴ万博の建築担当、ボザール様式建築の巨匠)、A・カーン(自動車工場やGM旧本社ビルをデザイン)、M・ヤマサキ(倒壊したニューヨークの国際貿易センタービルを設計)が設計したオフィスビルがある。いずれもデトロイトの記念碑的、歴史的建築である。ギルバートは、それらを含めて買いまくった。「資金に糸目をつけず」という勢いである。買い取ったビルは、超高層ビルを含めて100棟を超える。荒れて放置されていたビルを、最安値で買い取る。修復投資では、歴史的建築物に対する税額控除制度を利用する。そのやり方に抜け目はない。それでも一資本家が、一都市のダウンタウンに使った投資額としては例を聞かない規模である。

ギルバートが金融ビジネスを始めたのは、デトロイトの郊外である。リーマンショック以前の2007年に、突然、「本社をデトロイトのダウンタウンに移転する」と発表し、ビッククリニュースになった。市民の間には、「もぬけの殻になった都心になぜ。正気?」という冷めた反応があった。しかし、有言実行された。2010年にクイッケンローンズは、関連会社を引き連れて移転し、従業員1700人がダウンタウン勤務になった。その後、機能移転をさらに促進し、現在、新規採用者を含めて本体/関連会社の従業員1万7000人が都心で働く。従業員が都心居住を選ぶと手厚い住宅補助がある。従業員に職住接近の暮らしを推奨し、それを呼び水に都心再生を加速する狙いがある。

古いビルを買い取って修復するだけでは、不動産ビジネスは完結しない(22)。郊外に拠点を構えるビジネスに、都心回帰を促している。また、起業の支援サービスをするベンチャーキャピタルのデトロイト・ベンチャー・パートナーズを設立した。買収したビルを、起業の苗床にする目論見である。ダウンタウンを、「自生的な、小企業が育つ揺籃器にしよう」という戦略である。小企業の揺籃に対する信頼は、ギルバート自身が小規模ビジネスの起業家としてスタートしたことに由来する。そのほか傘下には、オフィス/店舗のデザイン会社(dPOP!)、市場コンサルティング会社(ロック・コネクションズ)、高速インターネットプロバイダー(ロッカー・ファイバー)を抱えている。ベッドロック・デトロイトが買収したビルに入居するテナントに対し、「ビジネスサービスをフルセットで提供します」という体制である。

ダウンタウンを歩くと、ビルの扉やショーウインドーに「Opportunity Detroit(デトロイトにはチャンスがある)」と書かれたテナント誘致のステッカーが貼ってある。ベッドロック・デトロイト所有のビルである。チェーン系のショップもあるが、地元小売業者が経営する2店舗目や、ポップアップ系(試験的に開業する実験店舗)の飲食店やレストラン、衣料品店が「夢の実現」を誓って入店している。

街角を曲がると「ギルバート」がいる

ミシガン州が成立し(1837年)、州議会堂が建立された跡がキャピタルパークになっている。公園の周囲に5棟のビルが建っている。いずれもベッドロック・デトロイトが買収した。市立美術館は、ゴッホ、モネ、マチス、ピカソの絵画を所有し、そのコレクションは国内では秀逸である。市が破綻した時には、名画を売却して借金返済に充当する話が飛び出した。幸い民間が多額の寄付をして難を逃れた。その時も、高額寄付者のリストにギルバートの名前があった。デトロイトが隆盛だった時代の歴史的遺産をめぐる話題には、きっとギルバートか、彼の所有する会社が登場する。ギルバートを抜きにデトロイトの歴史を語れなくなってきた。

以前、ダウンタウンにはハドソン百貨店があった。23階建ての高層ビル百貨店だった。国内第2位の規模を誇り、最盛期には1日10万人の来客があった。1980年代に破産し、跡は更地になっていた。その開発権をベッドロック・デトロイトが取得した。跡地には、周囲の高層ビルを眼下に従える、高さ60mの摩天楼が建設され、ギルバートの「ダウンタウン征服の「金字塔」」になる。ダウンタウンからミッドタウン、ニューシティを走るLRT（軽量軌道交通）の「Q-Line」開発は、民間が主導し、連邦政府が補助金を出した。破綻した市は出すカネがなく、声援を送るのにとどまった。ギルバートは、この鉄道開発でも重要な役割を果たした。当初、「M-Line」と呼ばれたが、クイッケンローンズが名付け権を買収し、「Q-Line」になった。毎夏、「デトロイトジャズ祭」が開催される。無料で楽しめる野外ジャズ祭としては世界一である。ダウンタウンのあちらこちらにステージが用意される。そこにスポンサーの名前が表示される。その中でもひときわ大きな文字で「Presented by Quicken Loans（クイッケンローンズ提供）」と書かれたタスキが目を引く。

ベッドロック・デトロイトは、切れた街灯を熱心に取り換えている。昼夜、警備員に街なかを巡回させている。400台弱の監視カメラを自社ビルの外壁に装着し、集中管理している。おかげでダウンタウンが安全になった。公共空間である都市公園、街路の整備にも積極的に投資している。行政の仕事を、ベッドロック・デトロイトがしている。都心の不動産市場を寡占する規模でビルを買いまくり、ギルバートの経済的な影響力が絶大である。それにとどまらず、文化的にも、社会的にも、そしてまちづくりの場面でも、ギルバート、クイッケンローンズ、ベッドロック・デトロイトが突出して存在感を示すようになった。街角を曲がると、「きっと、そこに「ギルバート」がいる」という感じになった。ダウンタウンのこうした改善を、デトロイトっ子は皮肉を込めて「ギルバート効果」と呼ぶ。しかし、その心情は複雑である。(23) 市民アンケート調査によると、「まちが元気になる」という喝采派は、ギルバートを救世主と崇める。一方、「ほかにやってくれる人がいない」という消極的な受容派、「監視カメラに曝され、ギルバートがデトロイトのビッグブラザー(『1984年』に登場する独裁者)になるのは受け入れ難い」という批判派までさまざまである。

ギルバートが先行し、圧倒的な存在感を示す都市再生は、「異端の復活」である――。当初、筆者もそのように考えた。そして雑誌「世界」に「財政破綻から3年、デトロイトの最新事情――「先端」と「異端」のはざ間で急展開する都市再生」(2017年1月号)を投稿した。

それは「異端の復活」?

しかし、その後、「異端」とは少し違うのではないか、と考えるようになった。それぞれの都市には、異なる歴史的条件や地理的条件がある。その条件を活かし、それを踏み台に都市再生を目指す。すなわち、いずれの都市再生も、大なり小なり異なる道を歩む。デトロイトの再生では量的な存在感でギルバートが際立っているが、質的な意味では――歴史的遺産を活かす都市再生は、後述する「都市再生の定式(Ⅰ)」通りである。その定式に関しては、再活性化するほかのラストベルト都市と違わない。

デトロイトと対照的な都市再生を経過しているラストベルト都市に、ロチェスター(ニューヨーク州)がある。両都市とも「ビッグ3」で華やいだ歴史がある。しかし、いずれもそれらがつまずき、衰退都市になった。その産業都市史が似ている。デトロイトの「ビッグ3」は自動車(GM、フォードモーター、クライスラー)。世界規模の自動車産業クラスターを形成し、アメリカ経済を牽引した。先の経済危機では、GM、クライスラーが破綻し、フォードも青息吐息だった。ロチェスターの「ビッグ3」は光工学である(イーストマン・コダック、ゼロックス、ボシュロム)。地元のロチェスター大学と連携し、光工学で最先端を走った。毎年、国内で誕生する光工学専攻博士の過半は、ロチェスター大学卒である。ところがコダックが破綻し、ゼロックスは本社をコネチカットに移してしまった。

そのロチェスターでは、都市再生はどのように進行しているのか[24]。ギルバートのような起業家はいない。企業の被雇用者の97％は雇用規模100人以下の中小企業で働く。中小企業が都市再生を引っ張っている。その多くは大学から、あるいは「ビッグ3」からスピンオフして起業した小企業である。彼らは高所得を稼ぐ。ダウンタウン居住者もいる。この再生の「かたち」はデトロイトと対照的である。

デトロイトでは、ギルバートのディベロッパーがダウンタウンの空きビルを買収し、修復し、物理的、建築的な「都市の「かたち」」――ハード面の整備をしている。そこを苗床に、もう一つの都市の「かたち」――ソフトを育む――スモールビジネスの起業を促す、あるいは郊外から企業を呼び戻す、そしてダウンタウン―ミッドタウンでの居住を促す、という順番である。ロチェスターでは、逆である。ダウンタウンの、荒れて安い家賃のビルにスタートアップが入居し、仕事と暮らしの場が生まれる。スモールビジネスが連なる都市の「かたち」が、今度は物理的、建築的な都市の「かたち」の改善を促し、やがて全体の再生につながる。そういう道筋を辿っている。しかし、そこでは、共通する「都市再生の定式（Ⅰ）」が機能している。

歴史的遺産を活かす

都市再生の定式（Ⅰ）　ギルバートのデトロイト進攻は、「ローカルパルチザン（生まれ育った土地に熱烈な思いを寄せる遊撃隊）的」である[25]。しかし、ビジネス計算がしっかり働いている。成功した起業家が、義憤や一時の熱狂で投資先を決めることはない。都市の潜在力と可能性に対する冷徹な読みがある。

それに基づく投資である。ここでは、歴史的遺産の再評価である。デトロイト都市圏空港は、アトランタにつぐデルタ航空の大規模ハブ空港である。海外の30都市以上を結ぶ国際空港である。以前は、ノースウエスト航空の基地だった。デトロイト川の対岸はカナダ——国境の橋は、物流の幹線である。水路は大西洋に通じている。その水運が19世紀には、中西部都市で産業革命を誘発した。20世紀前半には、ダウンタウンに豪勢な超高層ビルが建てられた。それらの建物は、荒れて空きビルになったが、躯体はしっかりしている。改修すれば、いつでも現役復帰できる歴史的建築群である。

ミッドタウンには、150年の歴史のある総合大学(ウェイン州立大学)がある。医学、工学に強い。ライフサイエンス、輸送機器革命の時代には、貴重な存在である。国内トップクラスに評価されるミシガン大学が高速道路で2時間のところにある。その出先キャンパスがデトロイトの都心にある。文化資産にも恵まれている。デトロイト美術館、デトロイト交響楽団がある。ギルバートは、そうした恵まれた歴史的な、地理的なインフラ条件を考え、ダウンタウンの不動産市場が「死に体」になれば、「買い時」という判断をしたのである。投資機会に対する機敏な決断は、さすがにファイナンスビジネスで大成功した起業家である。

ロチェスターも歴史的遺産が豊かである。ロチェスター空港からは、大手3社(アメリカン、デルタ、ユナイテッド航空)の定期便が国内主要都市に就航している。五大湖、大西洋に通じる水運に恵まれ、小麦粉の集散地だった。ニューアイビーリーグに属するロチェスター大学は、医学、エンジニアリング、経済/経営学に優れている。ロチェスター工科大学は、イメージ工学で国内トップである。両大学は、「ビッグ3」と産学連携の厚い歴史がある。ロチェスター大学傘下のイーストマン音楽学校は、ニューヨークのジュリアード音楽院と並び称される名門校。コダックの創業者に縁があり、バロック音楽に強い。音楽学校付設の劇場を拠点に、フィルハーモニー管弦楽団が活動している。ダウンタウンには、20世紀前半に建設された様式建築のオフィスビルが並ぶ。郊外に中間所得階層以上が暮らす豊かな住宅地が広がっている。

都市再生の定式（Ⅱ）　都市再生のもう一つの定式は、衰退し、荒涼とした原っぱに「小さな命」が芽吹き、再生が始まることである[26]。エスタブリッシュメントの大資本が、荒廃した都市の再生に最初に動くということは起きない。彼らは基本的に保守的である。危ない橋は渡らない。最初に機敏に動くのは、リスクテーカー（失敗を覚悟して投資するタイプの投資家、その企業）のアーバンパイオニアである。あるいは資本の乏しい海外からの移民である。彼らは、危ないところにある安い不動産価格に注目してスモールビジネスを始める[27]。デトロイトでは、小さなまちの不動産店が、インナーシティにあるコークタウンの古い空き工場を起業の苗床に転換した話が知られている[28]。ダウンタウンでは、再生の胎動がまだ聞こえなかった時期である。それでもダウンタウンの外縁部に用意された苗床（インキュベーションセンター）では、小さなビジネスが産声を上げていた。その幾つかは、新しい「デトロイトブランド」に育った。同じころ、コークタウンの隣で、メキシコ料理店が並ぶエスニックタウンが形成され、集積が始まっていた。

ギルバートタイプの鋭いビジネス感性を持つ起業家／資本家が動くのは、その次のフェーズである。フロリダなどの目敏い評論家や研究者が、「おやぁ!?」と変化に気付くのもこの段階である。そしてリスク回避を最優先する老舗の大資本がそれに続く。フォードが30年余破棄されていたミシガン中央駅を買収し、大規模研究センターを開発する、と発表した。フィアット・クライスラー・オートモーターズが市内にあるジープ工場を大規模拡張する。地元の名門不動産資本がギルバートに追随してダウンタウン投資を積極化する[29]。この段階を迎えれば、都市再生は誰の目にも明らかである。

デトロイトの都心投資に奔走してきたギルバートには、敏腕資本家とは別の、もう一つの顔がある。デトロイト特集を掲載したニューヨークタイムズ・マガジンは、ギルバートのコミュニタリアン的(コミュニティの構成員としての自覚を持つ)な側面を忘れずに描いていた[30]。生粋のデトロイト生まれである。祖父も父親も、市内で小さな商売をし、家計を支えた。そうした出自のギルバートは、「ローカルパルチザンとしてデトロイトに対して確信がある」「そして善きことをすれば物事はうまく行く、という処世訓を信じ」「まち(デトロイト)を豊かにできれば、自分も豊かになる、と考えている」。そして「骨の髄までデトロイトを信頼し」、文化や社会投資、そして行政がしなければいけないまちの整備にも懸命に取り組む。

その心情は、デトロイトを見捨てて安い税金と安い賃金を求めて郊外に、そしてデトロイトを捨てて南部や国外に工場を移転した「ビッグ3」、それにほかの製造業者、小売業者とは違う。工場と違って不動産は市況産業である。ダウンタウンのビルを丸ごと買い占めれば、もはや簡単に売り逃げすることはできない。逃げ出せば、不動産価格は暴落し、大やけどをする。デトロイトと「二人三脚の協働」をする覚悟がなければ、到底できない規模の不動産投資である。その「資本論」は、明らかにコミュニタリアン的である。

歴史的遺産、あれこれ

「ラストベルトの都市が元気を取り戻している」という論文や記事を、頻繁に読むようになった[31]。2008年の経済危機以降である。そこでは、ラストベルト都市が産業革命を先導した時代(19世紀半ば)以降に培ってきた歴史的遺産が注目されている。都市再生をめぐって歴史的遺産に注目する論者に、A・マラックがいる。当代売れっ子のアメリカ都市研究者である。マンハッタンのカフェでインタビューし、おしゃべりに花を咲かせたことがある。博覧強記である。終始こちらが一方的に尋ね、頷くことが多かった。気さくな同年輩である。

マラックがラストベルト都市の復活の条件を論じている。その調査レポートの表題が「歴史的遺産に恵まれたアメリカ都市の再生」である。同じ時期にほかの著者が調査報告「歴史的遺産に恵まれたアメリカ小規模都市の活性化」を書いている。[32] 前者は、ラストベルトにある中規模18都市を取り上げ、再生のプロセス、再生の踏み台を比較考察している。後者は、ラストベルトの中小都市を比較している。両レポートが発するメッセージは、「歴史的遺産をエコシステムに仕立て上げ、都市再生を目指せ！」である。

ほかにも、同じ趣旨のレポートがいくつもある。連邦準備銀行（シカゴ、ニューヨーク、ボストン、アトランタ連銀）が中心になってラストベルトなどの4都市の再生レポートを出している。[33] その表題は、「歴史的遺産に恵まれたアメリカ小規模都市の進展を求めて——地元密着型創始者に注目し」である。ここでも歴史的遺産が強調されている。経済誌「エコノミスト」が、「旧工業都市が息を吹き返す条件」を論じ、①旧産業の遺伝子、②旧工場などの空き空間（建物、土地）、③軽量級のスタートアップは大企業に対抗できる新技術（3D印刷など）を柔軟に駆使できる——を再生の条件に挙げている。[34] ①②は歴史的遺産である。

都市は有機体である。その存在は歴史に規定されている。したがって成功する再生の道筋も、歴史の枠組みの中で育まれることになる。これらのレポートを通読すると、「ラストベルトにある旧煤煙型都市が相変わらず衰退の坂道を転げ落ち、先行き真っ暗の悲しい状況にある」という認識は一方的であり、むしろ「間違えている」「修正を求められている」と理解できる。幾つかの都市は、確実に人口動態がプラスに反転し、新しい産業が勃興し、「都市の「かたち」」が見違えるほど改善している。歴史的遺産とは、具体的に何を指すのか。マラックが提示するものを紹介する。(35)

●〈物理的、建築的資産〉 魅力的なダウンタウン、安定した居住区、歴史的建物／地域／住区、歴史のある公園や伝統のある美術館、水運／ウォーターフロント環境、交通システム

●〈制度的、経済的資産〉 研究開発型の大学、先端医療の総合病院／医学研究センター、豊かな製造業の歴史(産業の遺伝子)、ダウンタウンの雇用力、高質のアート／文化／娯楽施設とその活動

●〈リーダーシップと人的資産〉 有能な都市政府、歴史の長い／資金力豊富な基金、地元企業／ビジネス団体、非営利組織、市民活動を支える社会インフラ、結束の固いエスニックコミュニティ、地域が育む技能、成長力のある都市圏(豊かな郊外住宅地)

マラックのレポートに限らずほかのレポートも、これらの資産(歴史的遺産)の間にシナジー効果を創出し、復活のエコシステムを創ることが大切である、という論旨である。以下、ラストベルトにある「再生する都市」からその幾つかを紹介する。

見聞録——元気になったラストベルト都市

デトロイト(ミシガン) 自動車産業の遺伝子は、確実に受け継がれている。市内にミシガン中央駅があった。その名称には、「(デトロイトではなく)ミシガン州の中央駅である」という誇りが込められている。ボザール様式の、壮麗な高層ビルである。写真集には、華麗な装飾壁、豪華な照明の待合室、シカゴ行の最終列車の出発風景などが誇らしげに載っている。閉業して30年以上放置され、デトロイトの衰退を象徴していた。幾度か再建計画が持ち上がったが、実現しなかった。それをフォードが買

い取り、大規模研究センターに改修する[36]。7億4000万ドルを投じて改修し、5000人が働く。IT技術を駆使する自動運転車のエンジニアリング開発でシリコンバレーと連携し、デトロイトがハイテク都市として甦る中核基地になる。製造業都市デトロイト復活のシンボルを目指す。ウェイモ（グーグルの自動運転車開発企業）も進出する。フィアット・クライスラー・オートモーターズは、25億ドルを投資してジープの組立工場を計画している[37]。労働者4000人を雇用する。いずれも自動車産業の遺伝子に由来する復活話である。

ミシガン中央駅は30年以上放置されていたが，フォードが買収し，大規模研究センターに生まれ変わる．

ミッドタウンでは、ウェイン州立大学医学部とデトロイト・メディカル・システムズがAMC（Academic Medical Complex：先端医療医学複合体）をつくる。そこからバイオ系の起業家がスピンオフする。AMCの中核病院であるハーパー病院は、人工心臓を世界で初めて使った病院で心臓血管外科で秀でている。ニューセンターにあるフォード・メディカル・システムズも、先端的な医療を試みる総合病院である。

都心に近接するラファイエットパークは、マラックが指摘する安定的な近隣住区[38]。中間所得階層の住宅団地として20世紀半ばに開発された。ミース・ファン・デル・ローエの作である。鉄パイプとガラスで構成された1、2階建ての住宅が、緑陰に並ぶ。建築／都市計画史に記される歴史的遺産である。空洞化したことはない。居住者も人種的に多様である。「優

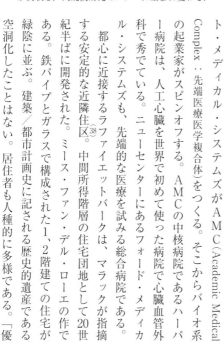

れたデザイン力」は周辺の衰退に抗し、隣接地域に似たタイプの住宅開発を促した。そしてダウンタウン再生で貴重な脇役を務めてきた。

【人口動態】　２０１８年67万人。人口ピーク時比63・８％減。２０００〜10年に25・０％減、２０１０〜20年に５・８％減。

クリーブランド（オハイオ）　製鉄、自動車の旧煤煙型産業は衰退したが、歴史的遺産――学術文化／医療医学クラスターは健在である。生命科学の時代に、ＡＭＣが浮揚を牽引している[39]。樹林に囲まれてユニバーシティサークル（都心との間にＬＲＴが走る）がある。そこに国内トップクラスの総合病院クリーブランドクリニックス、ユニバーシティ病院、子供病院、退役軍人病院、癌研究病院が集積し、高度医療／先端医学研究の一大拠点になっている。工学、経営学に強いケース・ウエスタン・リザーブ大学、音楽大学、それに美術大学がある。大学と病院が治療、研究で協働している（医療機器開発、アート／音楽と精神医療・研究、医療経営学）。

優秀な医者や生命科学者をヘッドハンティングするのに有利な社会基盤が揃っている。都心に近い煉瓦造りの倉庫地区には空きビルが多く、家賃が安いのでスタートアップの苗床になる。空港はコンチネンタル航空のハブで、ビジネス出張に不便はない。エリー湖沿いでウォーターフロント開発（遊歩道、ロックの殿堂、カフェ）が進む。生活の質が向上し、良質のアーバンアメニティ（魅力的な都会性）を求める創造階級を魅了している。国内屈指の管弦楽団、美術館は貴重な文化資源である。インナーシティにあるオハイオシティで小資本による小さな都市再生が先行した。それがダウンタウンの再生に飛び火し、「都市再生の定式（Ⅱ）」が踏まれてきた。

【人口動態】　２０１８年38万人。１９５０年代のピーク時比58・０％減。２０００〜10年に17・０％

減、２０１０〜18年に3・1％減。

コロンバス（オハイオ）　州政府、オハイオ州立大学（ＯＳＵ、学生数は国内最大）が安定した雇用基盤である。[40]煤煙型産業がなく、人口を減らしたことがない。人口動態がアメリカの平均値で、市場調査地に選択される。そうした市場特性を的確に捉え、全国展開に成功した第3次産業企業が多い（１９８０年代の金融革命で先行したバンク・ワン、女性衣料チェーンのリミティッド、ハンバーガーのウェンディーズは当地の発祥）。ＯＳＵを含めてＡＭＣ、情報／知識産業が成長し、産業資産になっている。化学情報データベースのケミカルアブストラクト（１９０７年設立）は、ＯＳＵと連携し、世界最大規模のデータセンターである。篤志家の寄付で設立されたバテル記念研究所（１９２９年設立）は、アメリカを代表するシンクタンク。企業や政府からの受託研究に加え、国立研究機関の運営管理を引き受けている。

ダウンタウンのドイツ街は、19世紀にドイツ移民がつくった街で、赤煉瓦の低層住宅街に中間所得階層が暮らし、ソーセージ料理店、手作り装飾品店、画廊が並ぶ。歴史的街並み保存地区に指定され、旅行者が多い。都心の活性化に貢献している。[41]郊外にホンダ（本田技研工業）のオハイオ工場がある。

【人口動態】２０１８年88万人。２０００〜10年に10・6％増、２０１０〜18年に13・4％増。

シンシナチ（オハイオ）　再生の象徴は都心に接するオーバー・ザ・ラインの活性化。[42]地区の歴史はドイツ人の入植に始まる。その歴史――赤煉瓦住宅を活かすまちづくりは、１９９０年代末に遡る。戦後の郊外化で衰退していたが、アーバンパイオニアが赤煉瓦住宅に移住して再生が始まった。最初の再生は、空き建物での小企業の起業だった（「都市再生の定式（Ⅱ）」）。ショップやカフェが開業。街区から名前をとったフォークバンドが活躍し、イメージチェンジに貢献した。

その後の再開発は、新自由主義的な手法（都市政府は土地規制を緩和し、民間投資が再開発を主導）で行われた。地元企業が共同出資したディベロッパーの3CDC(The Cincinnati Center City Development Corporation)が建物の取得、改築、地区インフラの整備で機動力を発揮している。ドイツ移民にゆかりのビール醸造所兼酒場が復活し、夜も人通りが多い。食品スーパー大手のクローガー、洗剤のプロクター&ギャンブルの本社がダウンタウンにある。シンシナチ北ケンタッキー空港は、デルタ航空のハブでヨーロッパ便が頻繁に飛ぶ。州際高速道路71、74、75号が交差する。オハイオ大学、シンシナチ大学がある。

【人口動態】 2018年30万人。1950年のピーク時比40・2%減。2000~10年に10・5%減、2010~18年に2・0%増。

アクロン(オハイオ) 往年の産業の遺伝子が新産業(新素材=ポリマー)クラスターの創出につながっている。[43] 20世紀には、タイヤ産業(ビッグ4)が一世を風靡し、「世界のゴムの首都」と称された。しかし、企業買収や工場が郊外化して衰退した。その後、ゴム産業時代の研究基盤を活かしてポリマー産業が興き、「ポリマーバレー」と呼ばれるクラスターが形成された。アクロン大学(ポリマー訓練センターに120人の研究者)、ケース・ウエスタン・リザーブ大学との産学共同研究が功を奏している。

【人口動態】 2018年19・8万人。1960年のピーク時比41・8%減。2000~10年に8・3%減、2010~18年に0・6%減。

ロチェスター(ミネソタ) ミネアポリスから車で1時間余走ると、突然、畑地の先に連棟する高層ビルが現れる。メイヨ・クリニックである。「USニュース&ワールド・レポート」誌は、国内1位の医療機関に評価している。高度医療、先端医学研究、医学教育に取り組む。大統領経験者やアラブの王族が患者になっている。玄関ロビーは高級ホテルのように豪華。豊富なメニューを揃えたカフェテリア、図書館、保育室がある。市内にＩＢＭの研究開発センター、製造工場がある。21世紀の先端産業(生命科学、情報通信産業)を両輪にして成長している。中西部では、「異端」の小規模ハイテク都市である。来街する医療、医学、ＩＴの創造階級、入院患者の見舞客を相手に高級ホテルの新築が続き、街路のレストランやカフェも充実している。

【人口動態】　２０１８年11・6万人。２０００〜10年に24・４％増、２０１０〜18年に９・５％増。

シーダーラピッズ(アイオワ)　経済団体と都市政府がタッグを組む官民協働が産業構造の多様化で成果を上げている。マラックが指摘するリーダーシップと人的資産である。トウモロコシ地帯の交通の要衝にある。農畜産品の集散、加工／包装基地として成長した(ゼネラルフーズ、カーギル、クエーカーオーツの拠点がある)。１９８０年代の農業不況で打撃を受けたが、危機に直面して市民が「100人委員会」を設立し、活性化でリーダーシップを発揮した。その後、商工会議などと合併してシーダーラピッズ・メトロ経済連合を設立し、企業誘致に成功した(ＧＥキャピタル、トヨタ・ファイナンシャル・サービス、ＰＭＸインダストリーズ)。農畜産品加工に加えてハイテク都市として雇用が安定し、人口を増やしている。

【人口動態】　２０１８年13万人。人口ピーク時比20・９％増。２０００〜10年に４・６％増、２０１０〜18年に５・８％増。

セントルイス(ミズーリ)　ミズーリ、ミシシッピー川の水運に恵まれている。大陸の中央に位置する(サーリネン設計のゲートウェイアーチは、「ここから西部」の起点)。トランスワールド航空、航空機のマクドネル・ダグラス、クライスラーが拠点を構えていたが、吸収合併、生産基地の縮退などの影響を受けて衰退し、治安が悪化した。

難関大学として知られるワシントン大学医学部を中核に、ＡＭＣの基盤強化が進む。生命科学で産業再生が進行している。[44] エレクトロニクス系企業と大学の連携も活発である。「バドワイザー」のアンハイザー・ブッシュ（ベルギービール会社の傘下）の本社工場がある。情報通信ハイテクのスクエア（本社サンフランシスコ、モバイル決済の開発）が都心のオフィスを拡張し、雇用を１４００人に増やす。[45] 市北部では、国家地球空間情報局（ＮＧＡ）の進出と拡充が進む。高給を稼ぐ専門職の居住が進む。

セントルイスは北部が貧しく、南部が裕福。デルモアブルーバードがその境界線になっている（デルモア分断）。ダウンタウンの北に隣接するオールドノースは犯罪率が高く、「犯罪地区」の汚名を被せられてきた。家賃が安く、ヤッピーなどが注目し、最近、人口が増えている（２０１０年の黒人比率80％、白人比率18・5％が２０１５年には黒人比率50％、白人比率41％）。草の根運動のオールドノース・セントルイス復興グループが、住宅の修復やコミュニティガーデン運動を先導している。バー、カフェ、ネイルショップが開店し、界隈は「セントルイスの再生事例」としてメディアに紹介されるようになった。しかし、地区のジェントリフィケーションをめぐっては論争がある。[46]

【人口動態】 ２０１８年30万人。人口ピーク時比64・7％減。２０００〜10年に8・3％減、２０１０〜18年に5・2％減。

フィラデルフィア（ペンシルベニア） アメリカ独立以降の歴史を体現する歴史的遺跡に恵まれ、ダウンタウンを中心に観光スポットがそろっている。そこから都心までは衰退していたが、最近は観光客が多い。中心街区には、格子状にアベニューが走る。その中心に歴史的建造物の市庁舎がある。そこから斜めにフランクリンアベニューが走り、フィラデルフィア美術館に至る。その間に美術館、博物館、記念館が並び、学術文化街である。管弦楽団はアメリカのビッグ５に挙げられる名門である。

大学町である（ペンシルベニア大学、テンプル大学、ジェファソン大学）。ペンシルベニア大学は、アイビーリーグに属し、ビジネススクール、エンジニアリングで優れている。医学部は、テンプル大学医学部と並び、界隈にAMCを形成している。大学と協働して情報通信、ファイナンス、生命科学関連ビジネスに活力がある。都心の商業・娯楽地区に隣接するリッテンハウススクエアは、中層ビルに囲まれた小規模公園である。犬と散歩をする人、ベンチに腰かけて新聞を読む人、ヨガをする人などで賑わう(47)。17世紀に遡る歴史の古い公園で、市民団体が自主管理している。再活性化した界隈には、高級品を扱う商店街が集積し、上層階は高級アパートである。

【人口動態】　2018年158万人。人口ピーク時比23・5％減。2000〜10年に0・6％増、2010〜18年に3・8％増。

ピッツバーグ（ペンシルベニア）　ダウンタウン、それにミッドタウンにあたるオークランド、さらに川の対岸には歴史的町並みを残すサウスサイドがある。アメリカの都市は、一般的にダウンタウンに政府機関、ビジネスオフィス、商業集積があり、そこが空洞化した。大学、総合病院、文化芸術施設が集積するミッドタウンは衰退していない。オークランドも学術文化基地である。

制度資産としての有名大学の存在が大きい。カーネギーメロン大学は、鉄鋼王、そして鉄鋼業に伴走して成長した金融界の富豪――その2人が設立した大学と研究所を統合して設立された。コンピュータサイエンス、エンジニアリングが強い。ポスト製鉄業の時代に、情報技術やロボット工学で人材、スタートアップを輩出している。煤煙型産業時代の余剰資本が残した歴史的資産の大学が、世紀を超えて再生を牽引する。もう一つの学府――ピッツバーグ大学は、医療／医学に優れている。臓器移植とバイオケミカルでリーダーシップを発揮し、AMCを形成している。大学医学部と連携するピッツバーグ大学メディカルセンターは、40の病院を抱え、8万5000人が働く。近隣型商店街のあるサウスサイドは、製造業時代には後背地に労働者住宅が開発されたが、その後衰退した。1990年代に商店街の古い建物を生かしてエスニックレストラン、ナイトクラブ、カフェが開業し、レトロな商店街として賑いを取り戻した。

【人口動態】 2018年30万人。人口ピーク時比55・5％減。2000〜10年に8・6％減、2010〜18年に1・5％減。

ローウェル（マサチューセッツ） 歴史的建築群と大きな都市圏内にある恵まれた立地が、再生の踏み台になっている。街の広い範囲に中層階建ての赤煉瓦造りの建物が並ぶ。19世紀に繊維産業で繁栄した。当時、工場やオフィス、女子労働者（「ミルガールズ」と呼ばれた）の寄宿舎に使われていた建物群である。歴史的建物として丸ごと動態保存され、アパートやオフィス、アートスタジオ、レストランやカフェに転用されている。週末には、ジャズライブ、エスニックダンスの実演がある。建物の新改築に際し、近隣の建物とデザインや色彩の調和を求める都市計画制度が導入された。統一された、美しく、爽やかな街並み景観が形成され、貴重な観光資源になっている。豊かな流れのメルマック川、コンコード川につながる運河が市内をめぐり、河堤が散歩道になっている。

街外れに、工場を転用したアーティスト村のウエストアベニューがある。スタジオが245部屋、うち住み込み型が50部屋。アメリカ最大規模のアーティストコミュニティである。市内に工房、画廊が多いのは、そのためである。1980〜90年代の「マサチューセッツの奇跡」といわれた経済活況の余韻が残る。ボストンに近い地の利（「場の幸運」、通勤電車が走る）を活かし、人口を増やしている。(48) 市内にマサチューセッツ大学系のコミュニティカレッジ、市の外縁部に最近評価を高めているノースイースタン大学がある。

ポルポト時代にカンボジア難民を大量に受け入れ、カンボジアタウンがある(49)。移民に対する寛容さは、繊維工場労働者として移民を受け入れた時代の遺伝子に通じている。

【人口動態】　２０１８年11万人。人口ピーク時比１・０％減。２０００〜10年に１・３％増、２０１０〜18年に４・８％増。


ボルチモア（メリーランド）　新型コロナの感染者データの発表で有名なジョンズ・ホプキンス・ヘルス・システム（ＪＨＨＳ）が大学医学部、総合病院、研究施設を結集し、国内トップ級のＡＭＣを形成している。年間300万人を超える患者が来訪する。クエーカー教徒の実業家が１８８７年、資産を大学と医学研究所に２分して寄贈し、ＪＨＨＳの歴史が始まった。鉄道ビジネスで稼いだ資金が大学設立に投入されて有名大学になった歴史は、スタンフォード大学、バンダービルト大学と同じである。

ボルチモア港を基軸に製鉄、造船、自動車産業が繁栄したが、20世紀半ばに衰退した。１９７６年に開港200年記念祭が開催され、それをきっかけにウォーターフロント開発（インナーハーバー）に着手した。ウォーターフロント開発の先駆者Ｊ・ラウスの手によるハーバープレイス（ショッピングモール）の開発、水族館などの建設が行われ、国内外から年間３５００万人を超える訪問者があった(50)。その賑いが港の東側でトリクルダウン効果を生み、オフィス、カフェ、劇場、コンドミニアムの開発が進む。

ダウンタウンでは、古いオフィスビルがアパートに用途転換されている。市内にあったチャイナタウンは郊外化の影響を受けて衰退したが、そこにエチオピア移民が移住し、小ビジネスを始めて地区が活性化（「都市再生の定式（Ⅱ）」(51)）。建物の壁面に龍（中国）、ライオン（エチオピア）が描かれ、アジア―アフリカ街区の風情を醸し出す。２０１４年に０・１％の人口増加を記録したが、２０１５年に都市騒動が起き、人口動態は再び減少傾向に転じた。

【人口動態】　２０１８年60万人。人口ピーク時比36・６％減。２０００～10年に４・６％減、２０１０～18年に３・０％減。

都市間、及び都市内格差が広がる

ラストベルト都市の場合、どの都市にも栄光の時代があった。その規模に違いはあるが、それぞれに誇れる歴史的遺産がある。それにもかかわらず、再生を加速している都市、逆に停滞、縮退から抜け出せずにいる都市――その違い（都市間格差）が鮮明である。その差は何に由来するのか。ブルッキングス研究所の研究グループは、歴史的遺産の中でも、①研究開発型の大学、②都市圏の規模、に注目している[52]。

紹介した再生するラストベルト都市に共通するのは、大学ランキングで上位に並ぶ総合大学の存在である。医学部と付属病院がＡＭＣを形成し、生命科学系の起業につなげている[53]。20世紀のリーディング産業を支えた地元企業が工学部と協働し、21世紀に通用する人材を輩出している。それがまた、ニューエンジニアリングや情報通信、新素材分野の起業につながる。大きな都市圏にある先述の事例都市は、圏内で中核的な位置を占めている。そして郊外には、豊かな住宅地が広がっている（クリーブランドのシェーカーズハイツ、デトロイトのバーミングハムなど）。事例都市以外でも、ミネアポリス－セントポール、インディアナポリス、ミルウォーキーも同じ範疇に入る[54]。

一方、小規模のカレッジタウン（教養系の優良大学がある、郊外の小さな大学町）は別として、大学はあるが研究開発型とは言えない、あるいは医学や工学が弱い大学しか立地していない旧煤煙型産業都市、そして都市人口が少なくその都市圏の規模も小さな都市の場合は、再生のきっかけをつかめずにいる。ヤングスタウン（オハイオ）、フリント（ミシガン）、カムデン（ニュージャージー）、トレントン（ニュージャージー）、ブリッジポート（コネチカット）などの小規模都市である。(55)いずれも「アメリカで最も危険な都市ランキング」で上位に名前を並べられることが多い。

都市間格差に加えてもう一つの課題は、元気になってきた都市――その内側で進行する格差（都市内格差）の拡大である。本章ではデトロイトの再生を、ダウンタウンの変容に焦点を当てて語ってきた。しかし、ダウンタウンの活性化がトリクルダウン効果を生み、その活力が市全体の底上げにつながるなどの満足できる動きにはなっていない。(56)逆に市内で格差が広がっている。インナーシティでは雇用をつくる、あるいは住環境を改善する投資が起きない。再生の踏み台になる歴史的遺産が乏しい。「甦るデトロイト」は、ダウンタウンからミッドタウン、その先のニューシティまでである。それも幹線道路のウッドワードアベニュー沿い、及びそこから離れない範囲である。都心から遠くなるほどトリクルダウン効果は薄くなる。特に市の北東部で貧困が深刻である。これまでは、市全体が貧しかったが、「再生するデトロイト」では、「二都物語」化が進行している。

公的資金の再配分も不均衡である。デトロイトの「ミッションン融資（政策目的を持った補助金付き融資）」に関するデータがある。(57)それによると、連邦／州／都市政府の補助金付き（減税などを含む）融資の57％がダウンタウン―ミッドタウンに集中していた（2013～15年）。都市再生資金の流れが偏っている。政府が貧困地区を無視している、ということではない。経済危機の頃には、空き家や放火された家屋がそのまま放置され、犯罪の現場になっていた。景観も悪かった。最近、そうした地区を訪ねると、大方、建物は解体され、更地になっている。その過程では、公的資金が投入されてきた。しかし、取り組みはそこで止まっている。空き地には、都市農業やスモールビジネスの進出が期待されているが、その気配がない。

衰退地区の再生は、非営利組織(地区のコミュニティ開発会社CDCsや教会)や小さな起業家に委ねられている[58]。いずれも微力である。ラストベルトでも、都心の再生を先導しているのは、AMCや情報通信ハイテク産業である。しかし、ハイテク雇用の増加は、一方では低賃金サービス労働をつくりだす[59]。雇用面でも、満足なトリクルダウン効果が起きない。こうした都市内格差の拡大は、デトロイトに限らず、ほかのラストベルトの「復活する都市」にも共通している。この不均衡発展を改善するためには、どのような都市政策が求められるのか。その1策は、都市圏レベルでの都市政策を考える、という提案にある。限りある資源を、都市圏レベルで再配分する。再生するダウンタウン―ミッドタウン、外郊外(郊外のさらに郊外)の金持ちコミュニティ、貧困から抜け出せずにいるインナーシティ、そして貧しさが忍び寄る古い郊外都市――その間で限られた資源を再配分する都市圏政策である。具体的には、税の再配分(tax-sharing:豊かな自治体から貧しい自治体に税を再配分する)や公共交通(貧困層が通勤に使える中心都市と外郊外都市を結ぶ路線バスなど)の整備などである[60]。

スーパースター都市の苦悩はラストベルトのチャンス

『新しい都市危機』でのフロリダは、21世紀の都市では不平等と分断が増幅され、格差が拡大し、「新しい都市危機」を呼び起こす、と論じている[61]。都市内で勝者と敗者が生まれ、その格差が大きくなる一方、都市間でもスーパースター都市が誕生し、都市間競争を圧倒的に制する、と説く[62]。しかし、昨今のニュースや調査研究は、スーパースター都市の「独り勝ち」に陰りが出ている、と指摘している。成功が育む矛盾に苦しむ、というパラダイムシフトが起きている[63]。雪ダルマ式に膨れ上がった集積がいよいよ過密の段階に達し、集積の「外部不経済」が「集積の経済」を上回ってきたのである。ある経済学者は「都市の「規模(size)」は大きい方がビジネスの生産性が高く、アメニティにも恵まれるが、「密度(density)」はある水準を超えると生産性もアメニティも低下する」と分析している[64]。過度の集積が生み出す「外部不経済」は「過密」であり、有為な人材、資本を外に押し出す要因になる。

有為な人材、成長企業がスーパースター都市を忌避し、逃避する動きが広がっている。サンフランシスコ湾岸、それにシアトルは、情報通信ハイテククラスターが形成され、創造都市のリーダーになった。ニューヨークは、この10年余の間に情報通信ハイテククラスターの集積が急ピッチで進展し、「東海岸のシリコンバレーになる」と指摘されている[65]。ワシントンは、世紀末以降、軍需と生命科学関連産業で飛躍し、最近は情報通信ハイテクの集積を高めている。ロサンゼルスでは、映像と情報関連産業で高密度なクラスターの形成が進む。ボストンには、工学系に強い有力大学がある。そこではニューエンジニアリングのクラスター形成が進む。いずれも都市間競争を制して「成功都市」と見なされ、ほかの都市が目指すべき模範都市と考えられてきた。

ところが最近は、「サンフランシスコ化(San Franciscoization)」「シアトル化(Seattlenization)」がプラスに評価されなくなった。「次のサンフランシスコを目指すのは悪夢である」という評論まである。スーパースター都市では、家賃の高騰が酷い。「年収10万ドル稼いでも、4人家族では中間所得階層にはなれない[66]」「都市の社会インフラ労働に従事する人たち(教師、消防士など)が暮らしを維持できない」「高速道路を2時間近く走る通勤を強いられる」という状況が広がっている。都市内、都市間の交通渋滞も深刻である。ハイテククラスターの積層とホームレスの増加の間には深い関係がある、という指摘もある。ハイテク都市サンフランシスコには、7500人のホームレスが常住している。[67] その60%弱が路上暮らし。5つ星ホテルの並ぶユニオンスクエアから数ブロックのところにあるテンダーロイン地区（劇場、飲食街区）には、数年前まで人糞や使用後の麻薬針が散乱していた。2018年の市長選の最大の争点は、住宅危機とホームレス問題だった。

ニューヨークでは、2年連続して人口がマイナスになった。[68] 人口減少は、市財政が破綻の瀬戸際に追い込まれた1970年代後半以来である。当時は経済不況だったが、今度は活況下での人口マイナスである。トランプ政府が移民規制を強化している影響もある。海外からの移民が減っている。しかし、ニューヨークでは、国内移民も流出が流入を上回っている。家賃の高騰、家主の意地悪で貧しい人々が市外に追い出されている。中間所得階層も、よりよい「生活の質」を求めて脱ニューヨークを試みている。企業の脱出もある。ニューヨークは、ウルトラリッチとヒップスター、そして貧しくて引っ越せない貧乏人の街になりかねない。

都市コミュニティ側には、こうした新しい都市問題は、ハイテククラスターが排出する「公害」に映る。こうした状況がさらに進展し、悪化すれば、ハイテク企業は「公害源」として広く指弾され、スーパースター都市に居づらくなる。創造階級も、市民に嫌われてまでスーパースター都市で働くことにこだわる理由が乏しくなる。彼らの脱出に拍車がかかる。こうした状況は、受け皿に回るラストベルトには「チャンス到来！」である。

「台頭するほかの地域」の出現

では、実際のところスーパースター都市に向かわずに、あるいはスーパースター都市から逃げ出す人材と資本はどこに向かうのか。「台頭するほかの地域(The rise of the rest)」にある都市、あるいはその郊外である。[69] 世紀末から21世紀初めまでは、「台頭するほかの地域」はサンベルトか、西部の山岳地域だった。それが昨今は、都市再生の進むラストベルトも有力な候補地として浮上している。ラストベルト都市には、引き付ける魅力(豊かな歴史的遺産)が備わっている。それがスーパースター都市の押し出す力と相乗し、有為な人材、及び資本の流れを逆転させる潜在力になっている。

興味深い調査がある。ハイテク職の給与調査である。家賃などの生活費を調整した実質給与をハイテク職の多い30都市圏レベルで比較し、10位までにランキングにしている。[70] それによると最上位がボストン、2位がワシントン。しかし、ニューヨーク、シアトル、サンフランシスコなどのスーパースター都市は、軒並みランク落ちである。以下、並ぶのはラストベルトの5、ノースカロライナの2、テキサスの1都市圏である。「ダメ都市」の常連だったデトロイト、ピッツバーグ、ミルウォーキーの都市圏がランク入りしている。いずれもラストベルトの代表的な縮小都市のある都市圏である。実質ベースで家計を考えると、「ラストベルト都市圏での暮らしは決して悪くはない」という調査結果である。実際にベンチャーキャピタルやスタートアップの経営者を対象に、新規投資先を探して「台頭するラストベルト地域」を視察するビジネスツアーがある。

創造階級が縮小都市に流れる

縮小と衰退は必ずしも表裏の関係ではない。「繁栄する縮小都市(prosperous shrinking city)」という都市類型を提案する研究者もいる。[71] 人口を減らす縮小都市の27%がこの範疇に属している、という。そこでは大卒以上の高学歴者の比率が高い。創造都市と縮小都市は対立する概念ではなく、「創造性

働き／暮らすのにミレニアルに人気のある都市圏ランキング

① デンバー，オーロラ(コロラド)
② オースチン(テキサス)
③ ローリー(ノースカロライナ)
④ シアトル，タコマ，ベルビュー(ワシントン)
⑤ ソルトレイクシティ(ユタ)
⑥ コロンバス(オハイオ)
⑦ グランドラピッズ(ミシガン)
⑧ ナッシュビル(テネシー)
⑨ ポートランド(オレゴン)／バンクーバー(ワシントン)
⑩ サンノゼ，サニーベル，サンタクララ(カリフォルニア)

注：生活費，ミレニアルの失業率，通勤時間，大学卒率，ミレニアル人口比率などを基準にランキング．中西部，山岳地域の都市圏が健闘している一方，スーパースター都市圏はシアトル，サンノゼ(サンフランシスコ湾岸)の2都市圏にとどまっている．出典：New York Times, January 23, 2020 から作成．

ハイテク給与所得の都市圏別比較ランキング

都市圏	調整後	調整前
① ボストン，ケンブリッジ(マサチューセッツ)	105,700	118,100
② ワシントン，アーリントン，アレクサンドリア(バージニア)	102,200	121,000
③ コロンバス(オハイオ)	101,100	93,300
④ ローリー(ノースカロライナ)	100,500	96,700
⑤ シャーロット，コンコルド，ガストニア(ノースカロライナ)	100,200	94,000
⑥ インディアナポリス，カーメル，アンダーソン(インディアナ)	99,400	91,400
⑦ ピッツバーグ(ペンシルベニア)	99,100	93,100
⑧ デトロイト，ウォーレン，ディアボーン(ミシガン)	97,800	93,700
⑨ サンアントニオ，ブランフェルズ(テキサス)	97,700	92,300
⑩ ミルウォーキー，ウォーキショー(ウィスコンシン)	97,300	92,900

注：単位はドル．求人票(2018年4月～2019年4月)の年間給与平均を生活費(連邦経済局調べ，2017年)で調整(30都市圏の平均生活費と各都市圏の生活費を比較し，実質給与を計算)．indeed 社集計．出典：CityLab, Sept. 5, 2019 から作成．

に満ちた縮小都市」というのは、論理矛盾した言い方ではない、という考え方である。ラストベルトの捉え方(固定観念)を反転させる指摘である。ラストベルトの再生を、こうした視点から見直すと、「別のラストベルト」が立ち現れてくる。

フロリダは、都市間競争に勝つには補助金を用意したり、減税したりして企業誘致をするのでなく、創造階級を魅了し、引き付けなければならない、と説いた。競争力のある大学があること、高い「生活の質」を実現することである。創造都市論は一世を風靡し、「台頭するほかの地域」にある多くの都市が創造都市論に学び、創造都市戦略を都市再生政策に反映させてきた(72)。ちょうどそれは「Place-making(場所を創る)」と呼ばれるまちづくりが注目されるようになった時期と重なっていた。遊歩道や自転車専用道路を整備し、都心にカフェやブティックホテルを呼び込む。街路にストリートファニチャー(道路沿いに設置されるベンチ、街灯、標識、オブジェなど)を配置し、公園に朝市を誘致する。多彩なフェスティバルを開催する。この間ラストベルトの都市は「place-making」に努め、ダウンタウン―ミッドタウンのアーバニティ(都会性)を改善し、魅力をアップしてきた。治安も改善した。ところがその同じ時期に、先行して創造都市のチャンピオンになっていたスーパースター都市は逆に「生活の質」を悪化させていた。「生活の質」をめぐるこの逆転が、人材と資本の流れを反転させている。

都市評論家のJ・コトキンは、「創造階級に属するハイテク専門職には、2タイプある」と説く(73)。情報通信ハイテク企業で働く「コーダー系(coder＝コンピュータのプログラムを設計し、記述する技術者)」の専門職集団が1タイプ。このタイプは、カジュアルファッションで勤務し、都会暮らしにこだわりが強い。若くて高学歴。伝統的な家族観にとらわれず、単身暮らしが多い。昼夜逆転して働き、3、4年で燃え尽きる。その後は都市間を流浪し、都市ノマド(遊牧民)になる。スーパースター都市に形成される情報通信ハイテククラスターに集積するのは、コーダー系である。暮らしの格好良さを重視する。スーパースター都市で働き疲れた後、彼らが向かう先は、「台頭するほかの地域」にある都市である。そして今度は、情報通信ハイテク企業それ自体が、スーパースター都市の集積が生む「外部不経済」を嫌って「台頭するほかの地域」に転出する。そこでは、これらの企業が燃え尽き後の、ノマド化したコーダー系の雇用の受け皿になる(74)。

コトキンが指摘するもう一つのハイテク専門職タイプは、モノの製造に関わるエンジニアである。その気質は伝統的である。一般的に、1社での勤続年数が長い。そして家族持ちである。子育てに関心が強い。戸建て住宅志向である。実質的な生活費を重視し、支払い給与額よりは住宅費などを除いた可処分所得を基にモノ事を考える。このタイプは、相対的にも、そして絶対数でも「台頭するほかの地域」にある都市、特に製造業の歴史が長い「再生する都市」に多い。コトキンは、こうした流れを踏まえてラストベルトにある旧煤煙型都市の再生を理解すべきである、と主張している。

ハイテク専門職集団をめぐる地理的分布の変容は、産業組織に影響を及ぼす。コンピュータと睨めっこしながらデザインをするコーダー系は、スーパースター都市に集積する(75)。そのデザインを引き取って製品化するエンジニアは「台頭するほかの地域」に集積する。産業組織をめぐってそうした地域間分業が起きる。実際、自動運転車や電気自動車のデザイン、及び製造をめぐってシリコンバレーとデトロイトが連携する動きがある。ロボットでも、デザインのシリコンバレーと製造のピッツバーグの相性がいい。2010~16年に製造業雇用を増やしたトップ4州は、ミシガン、インディアナ、オハイオ、テネシーである(76)。ミシガンでは、1999~2006年に工場労働者の3分の1が職を失ったが、今度は再製造業化である。

「公共空間」の色分けが変わる

スーパースター都市に矛盾が積層し、一方に「台頭するほかの地域」が立ち現れる。結果、今後、中長期的に政治的、社会的な風景（公共空間）に変化が起きる（6章で詳述）。スーパースター都市は、今後も「民主党」である。それは変わらない。「シビック・レフト（市民派の左派）」や「社会民主主義」に勢いがある(77)。彼らに支持された市長も誕生した。しかし、同時に、「住宅費が高く、暮らしにくくなった」とスーパースター都市から逃げ出す人々や企業が増える(78)。受け入れ先のヒューストン、ダラス、オースチン、サンアントニオ都市圏では、最近、ハイテク企業、ハイテク人材の集積が急である(79)。この新しい移住者たちは、ジェンダーや移民問題、銃規制にリベラルである。同様に、山岳地域のデンバー、ボイジー（アイダホ）、スイングステイト（選挙のたびに民主党と共和党の間を揺れる州）のラストベルトなどの都市圏も、スーパースター都市からリベラルなハイテク系移住者を受け入れて「ブルー（民主党系）」が濃くなる。

フィラデルフィアは、ラストベルトにある典型的な縮小都市だった。ところが人口動態が反転し、増加に転じた。この変化に注目し、共和党系の電子雑誌「シティジャーナル」がフィラデルフィアの選挙区分析をしている(80)。その結果、同誌は、共和党に悲観的な選挙見通しを導き出した。「州投票の3分の1を占めるフィラデルフィアとその郊外に、高学歴が移り住む傾向が顕著である。彼らはリベラルである」。郊外は共和党が強かったが、そこがリベラルに転換し、フィラデルフィア全体が「ブルー」になる、という予測である。この変化は、「2016年の大統領選挙でトランプに回ったペンシルベニアが、今度は民主党にふれることを示唆している」。そして「ラストベルトの多くの都市で同じことが起きる」と同誌は読み解いている。ラストベルトは20世紀後半に衰退し、「都市の「かたち」が激変した。社会的、政治的な公共空間もトランプ現象を起こすほど変容した。それがいよいよ、ふれ過ぎた振り子がふれ戻す段階を迎え、再生が加速し、公共空間の旗色に変化が起きる。[81]
（1）Atlantic, March 1, 2009.
（2）金成隆一『ルポ トランプ王国』（岩波新書、２０１７年）は、民主党の支持基盤だったラストベルトの小都市、炭鉱地帯を訪ね、２０１６年の選挙でトランプ支持に回った人々を取材。『ルポ トランプ王国２』（岩波新書、２０１９年）は、トランプ政権2年半後の報告。トランプに投票した人々が「トランプを支持する」「裏切られた」に分断される状況を報告していた。金成本を参考に吉見俊哉『トランプのアメリカに住む』（岩波新書、２０１８年）は、「ラストベルトの「貧困文化」」で中西部ダメ論を綴っている。
（3）L・マンフォード、生田勉訳『都市の文化』鹿島出版会、１９７４年。
（4）中西部都市人口動態データは「見聞録――元気になったラストベルト都市」の項（本書178頁以降）を参照。
（5）Detroit Free Press, June 13, 2016, The Pew Charitable Trusts, July 25, 2016, Curbed, May 1, 2018.
（6）Citylab, July 22, 2013.
（7）連邦準備銀行（シカゴ、リッチモンド、フィラデルフィア、クリーブランド）が「ラストベルトを再定義」を主題に6回の会議を開催し、報告書が公表されている。そこでは「人口動態が上向きに転じた」が、「全体的に経済危機以降、依然、厳しい」という認識を示している。「他都市の戦略に学ぶ」「地域にある主要機関の役割」「荒廃の緩和と「空き」の管理」「都市活性化の機会と教育改革」「健康とコミュニティ開発に関する都市間関係の見方」などラストベルトの課題が網羅的に語られている。
（8）Detroit Free Press, Nov. 4. 2019. 経営者300人を対象に調査したところ、83％が「デトロイトには投資機会がある」と回答した。デトロイトの復活には、郊外住民も積極的な評価をしていた。
（9）New York Times, August 12, 2016.

（10）矢作弘「財政破綻から3年、デトロイトの最新事情――「先端」と「異端」のはざ間で急展開する都市再生」『世界』２０１７年1月号。
（11）Planetizen, Oct. 27, 2011で3位に評価された。
（12）Detroit Free Press, Oct. 24, 2017, Forbs, Feb. 26, 2018.
（13）Detroit Free Press, Oct. 24, 2017.
（14）http://worldpopulationreview.com.
（15）Detroit Free Press, May 20, 2016.
（16）朝日新聞２０１３年7月19日、日本経済新聞２０１３年7月20日、8月3日。
（17）日本経済新聞２０１３年7月31日。
（18）日本経済新聞２０１９年7月10日。
（19）Detroit Free Press の市民アンケート調査（２０１５年12月13日）では、回答者の69％が「デトロイトは正しい方向に動いている」と考えていた。56％が「状況は改善している」、44％が「行政サービスはよくなった」と回答した。
（20）J. Gallagher, *Reimaging Detroit: Opportunities for redefining an American city*, Wayne State University Press, 2010, J. Gallagher, *Revolution Detroit: Strategies for urban reinvention*, Wayne State University Press, 2013.
（21）New York Times Magazine, July 11, 2014を以下の記述の参考にした。
（22）矢作弘、２０１７年。
（23）Detroit Free Press, August 16, 2015.
（24）Looking for progress in American's smaller legacy cities: a report for place-based-funders, Federal Reserve of Chicago, 2017.
（25）New York Times Magazine, 2014.
（26）矢作弘『縮小都市の挑戦』（岩波新書、２０１４年）、Unpacking the formula for success in Detroit's

oldest neighborhood, Model D, August 8, 2016。ミシガン中央駅界隈は「コークタウン」と呼ばれ、草の根発の再生が有名。寂れた地区で犯罪が多かった。街の不動産店の、若い兄弟の共同経営者がバーベキューレストランを開店したのは２００４年である。その後、トレンディな外食店が相次いで開業。最近は大規模住宅開発が進む。

（27）矢作弘『ロサンゼルス』（中公新書、１９９５年）は、ロサンゼルスのダウンタウン再生が海外からの移民の手によって先行して行われたことを詳細に記述している。

（28）Detroit News, May 25, 2016. ポニーライドがそれ。旧印刷工場を10万ドルで買い取り起業の場にした。５年間に60企業以上が育った。ジーンズと鞄の「デトロイトデニム」、Ｔシャツの「ラズロ」、ホームレスに防寒服を提供する「エンパワーメント・プラン」などがある。

（29）CURBED, March 30, 2016, Detroit Free Press, August 15, 2018, Feb. 26, 2019.

（30）New York Times Magazine, 2014.

（31）Daily Beast, Dec. 17, 2014, Economist, March 3, 2016, J. Austin, A tale of two Rust Belts, can the Midwest's smaller communities succeed?, Brookings Institution, Dec. 5, 2017, Office and residential development driving revival of Midwest downtowns, Urban Land, July 13, 2018.

（32）A. Mallach & L. Brachman, Regenerating America's legacy cities, Lincoln Institute of Land Policy/Greater Ohio Policy Center, May, 2013, T. Hollingsworth & A. Goebel, Revitalizing America's smaller legacy cities: Strategies for Postindustrial Success from Gary to Lowell, Lincoln Institute of Land Policy/Greater Ohio Policy Center, August 29, 2017.

（33）Federal Reserve of Chicago, 2017.

（34）Economist, March 3, 2016.

（35）A. Mallach & L. Brachman, 2013.

（36）New York Times, Jan. 21, 2020. ミシガン中央駅はニューヨークのグランドセントラル駅と同じ建築家が設計した。研究施設、高級ホテル、レストラン、パフォーマンスアートスタジオ、起業の苗床、高等教育施設が併設される予定。

（37）Detroit Free Press, May 3, 2019, Jan. 27, 2020. GMはデトロイト–ハムトラミック工場を電気自動車／自走運転車工場に転用する。完成時には2200人が雇用される。

（38）184戸（2階建て160戸、1階建て24戸）が落葉樹に囲まれて並ぶ。バーベキューを楽しむ家族、ジョギングをする人、サッカーに興じる親子。3寝室2バスルーム住宅の売値が59万9900ドル（Detroit Free Press, Dec. 4, 2017）。

（39）矢作弘「旧産業都市の再生とコミュニティ連携——米国クリーブランドの衰退地区の事例」西山八重子編『分断社会と都市ガバナンス』（日本経済評論社、2011年）で紹介した。ユニバーシティサークルにあるAMCの周囲には、空き建物が散在する。病院が安値で買い上げて修復し、起業して創薬開発を目指す生命科学者に安い家賃で貸し出している。建物管理を地区のCDC（コミュニティ開発会社）に委ね、マイノリティが働いている。CDCが都市農業を始め、食材を病院のカフェテリア、入院患者食向けに納めている。

（40）都心からOSUに至る通りはおしゃれな商店街である。以前は寂れた商店街だった。治安が悪く、夜歩きは危なかった。OSUが危険地区の土地を買収し、計画し、建築投資している。アメリカではこうしたことがしばしば起きる。ニューヨークのユニオンスクエア界隈にザ・ニュースクール（大学）とニューヨーク大学のキャンパスビルが集積している。1970年代に衰退した時期に大学が不動産を取得し、都市計画を変更して学生寮や教室に転換したものである。それが界隈の再活性の先導役になった。

（41）矢作弘『町並み保存運動 in U.S.A.』学芸出版社、1989年。

（42）野球場とフットボール場の間、オハイオ川河岸（The Banks）で複合都市開発が進行している。ダウンタウンからは徒歩圏。職住接近が都心居住を加速する。

（43）Economist, 2016. 世紀末まで都心は淋しかったが、Lock 3 Park（公園）が整備され、野外音楽会をはじめ多彩なイベントが毎年催されるようになった。公園に残された運河が憩いの空間になっている。

（44）シアトルにあるワシントン大学（University of Washington）と間違われないように、Washington University at St. Luis と表記するようになった。

(45) CityLab, August 19, 2019 によると、スクエアの創業者J・ドーシーとJ・マッケルビはセントルイス育ち。都心投資は、錦の御旗を掲げての帰郷である。ドーシーが私的に投資するディベロッパーが市北部で大規模都市更新を計画しており、活性化するダウンタウンとそのほかの地区との間で格差が拡大する。

(46) City Commentary, Aug. 14, 2018.

(47) N. Heinzen, *The perfect Square: History of Rittenhouse Square*, Temple University Press, 2009. 写真を満載した本書の著者は、公園に近いアパートに暮らし、「家賃が高騰し、高級コンドミニアムが並び、街がすっかり変わった」と言う。

(48) ボストン北駅発、終着駅ローウェル駅行が通勤時間帯には30分に1本、日中は1時間に1本走っている。所要時間は50分。ローウェル駅の駅舎には、往年の繁栄を伝える、紡績工場の女子労働者を撮ったセピア色の写真が幾枚も架かっている。

(49) 都心から徒歩30分の郊外に集住している(国内2位の規模のカンボジアタウン)。街なかにアジア市場がある。しゃれた街に変わる都心で社会インフラ労働に就く人はいるが、日常の暮らしは市街地から離れた場所。

(50) 港に近接してプロ野球場がある。薄暮試合時には、レストランに席待ちの列ができる。最近のハーバープレイスは業績不振で、経営の失敗が指摘されている(CityLab, Jan. 16, 2020)。

(51) CityLab, Dec. 4, 2019.

(52) Brookings Institution, 2017.

(53) 矢作弘「アメリカの都市再生の救世主を期待させるアカデミック・メディカルコンプレックス」『地域開発』日本地域開発センター、2010年6月号。

(54) **ミネアポリス–セントポール(73万人)** ミネソタ大学がある。都市圏で税の再配分に取り組む。国内最大級の4核店舗ショッピングセンター(アメリカンモール)があり、豊かな郊外住宅地が広がっている。

インディアナポリス(87万人) インディアナ大学―パデュー大学連携キャンパスがある。工学に強い。

一貫して人口が増加している。都市圏人口210万人。広域行政の、市郡の協働委員会(UniGove)がある。

ミルウォーキー(59万人)　ウィスコンシン大学がある。マディソンの本校まで高速道路で1時間、エバンストンのノースウエスタン大学(MBAが有名)まで1時間半。都市圏人口157万人。ミシガン湖畔に裕福な住宅地が広がる。機械、食品、醸造など産業に多様性がある。

(55) **ヤングスタウン(6・5万人)**　州立大学があるが工学系は脆弱。GM工場が閉鎖(Detroit Free Press, June 6, 2019)、地元紙(Vindicator)が廃刊(CityLab, July 22, 2019)。都心に起業センターがある。S. Safford, Why the Garden Club couldn't save Youngstown: Civic infrastructure and mobilization in economic crises, MIT Industrial Performance Center, 2004は製鉄の町(ヤングスタウンとアレンタウン)の比較研究である。ビジネスコミュニティの紐帯の違いがアレンタウンを再生に導き、ヤングスタウンを苦戦させている、という分析。ヤングスタウンと同じ人口規模の旧製鉄の町ベスレヘムは、産業遺産を活かし、ハイテク誘致で再生を目指している。カジノを誘致し、ギャンブルに都市復活の夢を託している。カジノ利用の再生戦略には、住民の間に反対がある。工場跡地400ヘクタールの80％に軽工業が貼りつき、再生を引っ張っている(T. Wiechmann の発表、Traveling Conference in Korea, Nov. 19, 2019)。工学部の強いリーハイ大学(アイビーリーグに属さない優良大学「影のアイビーリーグ」に属する、1865年設立)があることが再生に寄与している。

フリント(9・6万人)　先導的な大学はない。GMの企業城下町だった。産業に多様性を欠く。

カムデン(7・4万人)　ラトガース大学、ロワン大学医学部(2012年設立)、地元総合病院が連携してAMCの構築に動いている。キャンベルスープ、RCAビクター、ニューヨーク造船があったが工場が閉鎖し、その遺伝子は引き継がれていない。カムデンから川沿いにLRTリバーラインが走り、トレントンが終着駅。その間が旧煤煙型工場地で、ウォーターフロント開発が進む。

トレントン(8・4万人)　有力な理系大学はない。州政府、連邦政府の雇用が大きいが、役人は市内に暮らしていない。閉鎖工場をスーパーマーケット／起業センター／アフォーダブル住宅に転換する動きがある。ダウンタウンには、1枚5ドルのTシャツを吊るし売りする廉価な衣料品店、ファストフードが並ぶ。街角に黒人、ヒスパニックがたむろし、ホームレスが路上に座り込む。中間所得階層の姿はない。負の連鎖を断ち切る機会を見出せずにいる。フィラデルフィア都市圏に属して「地の利」があるが、その恩恵に浴していない。

ブリッジポート(14万人)　本書3章参照。

(56) Detroit Free Press, August 21, 2019 が底上げの遅れを表すデータを示している。失業率は全米平均の2倍以上。2010〜18年に1万8000人の雇用増があったが、もっぱらダウンタウンとミッドタウンでの増加。住宅の平均価格は州平均の3分の1。インナーシティの住宅価格の低迷が影響している。世帯所得は州平均の半分。貧困率は最貧困グループである。

(57) Bridge Magazine, Sept. 1, 2017.

(58) New York Times Magazine, 2014 がリトル・ギルバート(黒人の起業家2人)を紹介している。衰退地区の空き住宅を買い取って修復し、地区の改善を促している。

(59) CityLab, August 8, 2019. デジタル系の新たな雇用10人の増加は新規雇用7人を生むが、うち極めて賃金の安いサービス労働が6人である。

(60) R. Tomalty & A. Mallach, *American's urban future: Lessons from North of the border*, Island Press, 2015. 2018年からデトロイト空港とダウンタウンを結ぶ路線バスが走り始めた。タクシーを使うと60ドルかかる。バスは50セント。途中、黒人が頻繁に乗り降りする。デトロイト外郊外都市のトロイを結ぶ路線バスも走り始めた。都市圏行政で交通問題は大きな課題だが、郊外の反対で実現しない。

広域都市圏行政を考える際、「補完性の原理」が議論になる。「小さな組織ができることは小さな組織に任せなさい」という原理である。19世紀末の、ローマ教皇レオ13世の回勅に依拠する。この原理は、「補完性」に意味がある。人間も組織も完全ではない。補完され、ようやく人間として/組織として自立できる。補完はヨコ(友人、仲間、隣接自治体)の連帯もあるが、タテ(親、上司、教師、上部の政府)の支援もあり得る。タテの支援がパターナリズムに陥ってはいけないことは論を待たない。都市圏行政では、補完性の原理のヨコの連携が問われる。

(61) R. Florida, *The New Urban Crisis*, Basic Books, 2017.
(62) 大企業は大都市に集積する(PBS News, Nov. 13, 2018)。大都市には、①多様な人材、②恵まれた交通インフラ、③金融の利用が容易、④政治、経済界のリーダーがいる、⑤直接対面のネットワークを活かせる――などの集積の利益がある、という。
(63) Financial Times, Dec. 8-9, 2018は、サンフランシスコの住宅難を報告している。住宅価格の中央値は140万ドルし、２０１１年９月比113・7％も高騰。不動産税は評価額の１・２％で税負担も大変である。New York Times, Dec. 26, 2018は、「スーパースター都市を目指さない方がよい」と書いている。サンフランシスコでは極貧者とハイテク金持ちが同じブロックに暮らし、教師や消防士は、毎日、渋滞する高速道路を片道2時間かけて通勤している、と報じている。
(64) J. Rappaport, The faster growth of larger, less crowded locations, Federal Reserve Bank of Kansas City, Dec. 4, 2018, R. Florida, How density can defer growth in America's largest metros, CityLab, March 15, 2019.
(65) New York Times, Feb. 22, 2019, Financial Times, Dec. 18, 2018.
(66) WIRED, July 9, 2018は、「社会がカースト化している」と指摘している。起業家タイプの金持ち、高給を稼ぐ中間所得階層、その一方にサービス業就業の低賃金労働者、ホームレスが増加し、社会全体が階層化してその間に流動性はない。
(67) New York Times, Oct. 21, 2019. カリフォルニアではホームレスが急増し、ロサンゼルス市当局者は「知事は非常事態宣言を発し、対応すべきである」と語っている。シリコンバレーにあるサンノゼには、６２００人(２０１９年)のホームレスがいる。２０１７年比42％の増加。
(68) ２０１７年前年比０・44％減少、２０１８年前年比０・47％減少(http://worldpopulationreview.com)。CityLab, Sept. 9, 2019.
(69) CityLab, July 9, 2019によると、都市圏別の創造階級の伸び率ランキング(２０１５～17年)では、ラストベルトの６都市(ピッツバーグ、シンシナチ、グランドラピッズ、クリーブランド、セントルイス、ボルチモア)、山岳地域の2都市(ソルトレイクシティ、ラスベガス)が10位までに入った。絶対数が小さいので伸び率が大きくなる傾向はあるが、伸び率で上位を占めた事実は注目に値する。R. Florida, America's tech hubs still dominate, but some smaller cities are rising, CityLab, April 18, 2019 でも「the rise of the rest」を論じている。スーパースター都市の「独り勝ち」論を展開していたフロリダが、「台頭するほかの地域」を論じ始めたことは興味深い。

(70) CityLab, Sept. 5, 2019.

(71) CityLab, Jun. 17, 2019.

(72) Magazine Cincinnati, April 4, 2017, Progress, March 13, 2017.

(73) City Journal, Jan. 20, 2019.

(74) City Journal, 2019 によると、2010～16年にコンピュータ/数学関連雇用の伸び率で幾つかの中西部都市(クリーブランド、カンサスシティなど)は全国平均を2倍上回った。ハイテククラスターのハブのワシントン、ニューヨーク、ボストンに比べても高率だった。ニューヨークのコンピュータ関連雇用は、2017年には0・8%増で、53都市圏中40位にとどまっていた(高い伸び率と絶対数は別の話だが)。

(75) City Journal, Autumn, 2017, M. Lind and J. Kotkin, Report on the new American Heartland, Center for Opportunity Urbanism, May 16, 2017.

(76) 製造業雇用を多く増やした都市はグランドラピッズ、ルイスビル、ナッシュビル、デトロイト、オースチン、オクラホマシティ、シンシナチ、コロンバス、ミネアポリスである。

(77) ミレニアル世代の51%が社会主義に共感している。一般的にアメリカでは社会主義に対する反発が強いが、そこで主張されているジェンダーや環境、移民に対するリベラリズムは、ヨーロッパでは社会民主主義に相当する程度の左派である。

(78) California losing residents via domestic migration, CA Economy & Tax, Feb. 21, 2018. カリフォルニアでは2007～16年に500万人が他州から流入、600万人が流出。Economist, July 22-28, 2019, 日本経済新聞2019年6月22日、8月15日、Austin American-Stateman, June 23, 2019 によると、グーグルはオ

ースチンの都心にある35階建てビルをほぼ借り切る。将来、5000人が働く。

(79) The Architect's Newspaper, Nov. 27, 2019. アップルは10億ドルを投資して10棟のビルを建設し、いずれ1万5000人が働く新たなビジネス基地を開発する。

(80) City Journal, June 21, 2019.

(81) 2020年の大統領選でトランプが敗れる、ということを意味していない。しかし、ラストベルトの都市、郊外のいずれでも、中長期的には民主党化する傾向は強くなる。

【追記】 コロナ禍がラストベルトの復活にどのような影響を及ぼすかをめぐって、現地(中西部)のシンクタンクや大学の研究者の間では楽観論が多く聞かれる(Financial Times, June 1, 2020)。デトロイトの場合、①ミシガン州内の感染死者の40％がデトロイトからだった、②失業率が48％にアップした——など、打撃が大きかった(5月下旬)。特にインナーシティの黒人居住区で影響が甚大だった。他のラストベルト地帯も同じように影響が悪化した。

しかし、デトロイトは財政破綻後、収支の改善に努め、企業や財団との協働を推進し、ダウンタウン—ミッドタウンの再生で成功してきた。結果、2000〜18年にダウンタウンの人口は23・3％増加した(1990〜2000年は17・6％減少)。この成功体験を今回の危機にも生かせる、と考える識者が多くいる。

中西部の適度な「高密度」都市は、これからもスーパースター都市の創造階級や高学歴層を引きつける、という見方が多い。一方、再生の遅れるインナーシティでは、コロナ禍がさらに再生の足を引っぱる。ダウンタウン—ミッドタウンとの間で都市内格差が一段と大きくなる。

G

III

変容する「郊外都市の「かたち」」

郊外の歴史は1920年代の路面電車郊外(streetcar-suburb)に遡る。そして20世紀末までの「郊外の「かたち」」は、豊かさと白人/中間所得階層の暮らしを通して語られてきた。その郊外が激変している。所得階層、及び人種の多様化が急進展して「郊外と都市が似通い」、いよいよ「郊外の終わり(end of suburbs)」が話題になっている。[1] また、貧困が蔓延し、「郊外のスラム化(slumburbia)」が進行している。[2] 1世紀の郊外化を経て郊外が大きく変容し、都市学は、伝統的な枠組みを超克する、新たなジャンル——「郊外学(suburban studies)」の創造が求められる時代を迎えている。[3]

上：「郊外の貧困」の影響を受けて閉鎖されたショッピングセンターの青空駐車場は空っぽ，人影もない(デトロイト郊外のノースランドセンター).

下：車歩道分離された緑陰に開発された田園都市ラドバーンは，アメリカのニュータウン開発史に大きな足跡を残した(ニュージャージー).

(1) L. Gallgher, *The end of the suburbs: where the American dream is moving*, Portfolio, 2014はアメリカ郊外史を紐解きながら「郊外の「かたち(緑の芝の庭付き戸建て住宅の暮らし)」」に託されたアメリカの夢の終焉を論じている。

(2) New York Times, Feb. 10, 2010, City Journal, Sept. 20, 2019は、都市のインナーシティに近い古い郊外は苦戦し、新しい郊外(外郊外)が善戦し、郊外がパッチワーク化している事実を認めている。

(3) K. Lecy, The new sociology of suburbs: a research agenda of emerging trends, Annual Review of Sociology, July, 2016は、郊外の黒人、郊外の移民、そして郊外の貧困を通して21世紀の郊外を分析する論考。Citylab, Nov. 7, 2019, Curbed, Nov. 11, 2019は、徒歩、排出ガス、高齢化、土地利用、戸建て住宅、貧困、学校、経済について新しい郊外を語っている。

５章　ショッピングセンター葬送の鐘が鳴る

――郊外の「変容」とアメリカ例外主義の衰亡――

ショッピングセンターは大量消費社会の申し子として産声を上げ、豊かな郊外の暮らしを具現した。そしてアメリカ例外主義（ぶ厚い中間所得階層が暮らす、保守的で均質性の高い空間）の「金字塔」になった。ところが新しい世紀を迎えた頃から異変が起きている。閉鎖が相つぎ、社会現象になっている。「郊外の貧困」が急増し、ショッピングセンターの屋台骨を揺るがす一因になっている。

ショッピングセンターは「発明品」である。発明者のＶ・グルーエンは、ヨーロッパの都市に学び、その賑いをアメリカの郊外に埋め込むことを考えていた。しかし、実際はその意に反し、ショッピングセンターはスプロールの元凶になってしまった。そしてアメリカ例外主義がその勢いを失い、「郊外の「かたち」」が変容し始めた時代を迎え、いよいよショッピングセンターも衰亡の危機に直面するようになった。

社会現象になったショッピングセンターの閉鎖

ニューヨーク・タイムズが「ショッピングセンター葬送」の記事を載せた(1)。記事中の不動産投資顧問によると、「２０１０年以来、２ダース以上のショッピングセンターが破綻した。さらに60前後が閉鎖の瀬戸際にいる」。記事は、「我々は、誰でも子どもの頃にショッピングセンターに行った思い出がある」と書き出し、「以前は、都会に出た人々が故郷の本町商店街（メインストリート）に郷愁を感じたが、昨今の世代は、生まれ育った土地のショッピングセンターに懐かしい記憶がある」という趣旨のことを書いている。そして、「当時、ショッピングセンターが経営に行き詰まってお手上げ状態になるなどと考えたことのある人は、きっといなかった」という客の話を紹介していた。「閉鎖され、放置されたショッピングセンターは、浜に打ち上げられた鯨のようである。その姿に仰天させられる」と記者は嘆息していた。

アメリカでは、ショッピングセンターの閉鎖が日常になっている。閉鎖したショッピングセンターに関する情報を流す専門の情報サイト（DeadMalls.com）がある。アクセス数が急増している。そうした時代を反映し、ショッピングセンターの閉鎖風景を考察する議論が活発である。「ショッピングセンターの文化的景観論」である。どのレベルの客層を期待してどこの百貨店や外食チェーンが入店していたか、施設や街路のデザインがどのように時代遅れになったかなどを探索し、小売業の変遷を考える議論である。

閉鎖したショッピングセンターの風景――野球場ほどの広さがある青空駐車場に、駐車する車はなく、雑草が繁茂している。その先に無窓の、全面コンクリート壁の、低層の建物（＝ボックスストア）がある。青空の下に人影がない。そうした風景は殺風景というよりは、不気味である。賑わいと対照的な閑散とした風景――その大きな落差は、夏の終わりの、海辺の遊園地に漂う、あのもの哀しさを連想させる。

筆者のデトロイト調査の際に、ウェイン州立大学に「廃墟のポルノ学（ルーイン・ポルノグラフィー）」

という演習科目がある、という話を聞いた。旧産業都市の廃墟を訪ねる。工場や倉庫、豪邸だった建物である。使われなくなって久しく、荒廃している建物が多い。そうした建物の壁面に残る装飾や大理石の列柱を、春画を眺めるように観察する。そして建物の来し方を調べる美学／産業史学である。縮小都市デトロイトには、破棄されたさまざまな規模の工場が散在している。研究対象に事欠かない。それと並び、破綻したショッピングセンターも、「廃墟のポルノ学」の、格好の研究題材になる。

黄昏のアメリカ例外主義　ここでは、「アメリカ例外主義(American exceptionalism)」を以下の意味で使う。[2]戦後のアメリカは、激しく郊外化した。芝の庭付き戸建て住宅が延々と建ち並ぶ。人々は大型耐久消費財に囲まれ、豊かな暮らしをするようになった。それぞれの家庭は、複数台の車を所有している。どこに行くのにも、移動は車である。車社会の到来は、移動の自由を約束した。1950年代以降に台頭した新しい中間所得階層と呼ばれる人々が、そうした生活様式を満喫した。彼らは戦前の、伝統的な中間所得階層とは気質を別にする。保守的である。[3]コミュニティへの帰属意識が薄い。不都合が生じれば、自己中心的にたちまちほかに移動する。しかし、そうした自由気ままな、豊かな暮らしが「アメリカの夢」として語られた。ぶ厚い中間所得階層の出現は、大量消費を通じてアメリカ経済を牽引し、高度成長を達成した。中間所得階層が郊外に広く拡散して暮らす「都市の「かたち」」は、旧市街に中高所得階層が暮らすヨーロッパ都市とは様相が違う。[4]その意味で、戦後のアメリカは、ヨーロッパの都市形成史と絶縁し、世界史に例外的な「郊外の「かたち」」を形成したのである。

郊外化時代のアメリカは、対ソ連と冷戦のさなかにあった。アメリカは、消費主義を満喫する中間所得階層の郊外暮らしを、社会主義に対する資本主義的民主主義(平等社会)の優位性を示す都市空間として誇示した。[5]そしてそれを、対外戦略の一環として喧伝する材料に使った。アメリカ的生活様式は、途上国の人々に憧れの的になった。それはアメリカの国威高揚につながった。J・S・ナイの国際政治学になぞらえれば、郊外に展開されたアメリカ的生活様式は、20世紀後半、軍事／経済のハードパワーに対しソフトパワーとして、対外戦略の展開で重要な役割を担ったのである(6)。

アメリカに出現したショッピングセンターは、車を利用して来店する客に照準を定めている。客はそこで大量のまとめ買いをする。そこには、消費主義を象徴する「かたち」が具現していた。一つ屋根の下で、「買う、食べる、遊ぶ」を満喫できる。その「かたち」には、「アメリカの夢」が詰まっていた。そしてそこには、アメリカ例外主義が闊歩していた。アメリカ全土に1200以上のショッピングセンターが開発された。ショッピングセンターは増殖し、郊外風景のシンボルになった。ショッピングセンターは20世紀半ばに登場し、その後の半世紀をもっぱら郊外と道連れしたのである。

ショッピングセンターの不振に関しては、オンラインショッピングの影響を指摘する声がある。半面、専門家の間には、「インターネット経由の小売販売額は、小売り全体の10％未満に過ぎない」「高級百貨店が核店舗のショッピングセンターは、量販店に比べて影響は軽微である」という反論がある。国際ショッピングセンター協会（ICSC）の調べによると、2015年実績では、「オンラインセールスは小売り全体の6％に過ぎなかった（最近は10％強＝日本経済新聞2019年9月23日）(7)」。一方、オンラインショッピング業者が「実際の店舗を出店する(8)」、「高級食品スーパーを買収する(9)」というニュースもある。また、既存の小売業も、ネット、店舗、宅配サービスを連携させる新業態開発に努め、業績を拡大させている(10)。オンラインショッピング市場がショッピングセンター経営に、ボディーブローを浴びせるように影響を与えているのは間違いない。しかし、ショッピングセンターの不振には、立地先である「郊外の「変容」」が影響している。

葬送の鐘

2007年が転機に――新規開店が止まる

1950年代後半に、郊外立地のショッピングセンターは量産時代を迎えた。プロトタイプ（広大な青空駐車場を併設し、三方を壁で囲い込む型の建物）になったのは、中西部のミネソタ州ミネアポリス-セントポール郊外に開発されたサウスデールセンターである。1956年に開店した。それから半世紀後の2007年に、いよいよショッピングセンターの新規開店がゼロになった。アメリカの小売商業史に記録を残す、初めての経験になった。

1990年代の最盛期には、毎年120～140店の新規開店があった。それがゼロになった。この間に、ショッピングセンターの置かれた時代環境が激変したことを物語っている。アメリカ第一号のショッピングセンターは、1954年にデトロイトの郊外、サウスフィールドに開発された。非囲い込み型のノースランドセンターである。そのノースランドセンターも、2015年に閉鎖された（208頁の写真）。それ以前は、2008年に閉鎖されたオハイオ州アクロンのローリング・エーカース・モールが史上最大規模のショッピングセンターの閉鎖だった。ノースランドセンターは、それを上回る規模の倒産になった。

ショッピングセンターについて用語の整理をしておく。小売業を類型するのに、「業種」と「業態」区分がある。「業種」は扱い商品による整理である（書店、靴店、生花店、精肉店、鮮魚店……）。「業態」は売り方による類型である。対面販売か、セルフサービスか。店舗売りか、無店舗販売か。無店舗販売もカタログ販売、インターネット通販など多様である。ショッピングセンターも、規模、立地条件、入居する店舗の組み合わせ（テナントミックス）によって違いがある。ＩＣＳＣは、ショッピングセンタ

アメリカのショッピングセンターのタイプ

タイプ	店舗数	市場占有率（%）	平均床面積	商圏（半径）	
スーパーリージョナルモール	620	10.2	11.3 万 ㎡	8～40 km	リージョナルモールに近似だが，もっと多様な店揃え
リージョナルモール	600	4.7	5.3 万 ㎡	8～24 km	雑貨，ファッション製品を扱う．囲い込み型店舗，内装重視の造り，周囲駐車場

注：上記2タイプ以外にコミュニティ，近隣型センター，ストリップ／コンビニエンス，パワーセンター，ライフスタイル，ファクトリーアウトレット，テーマ／フェスティバル，空港型のショッピングセンターを定義している．出典：ICSC Research and CoStar Reality Information, Inc. から作成．

ーを10タイプに類型し、業態コンセプトを簡潔に解説している[11]。

本章で書くショッピングセンターは、スーパーリージョナルモール（大型地域モール）／リージョナルモール（地域モール）を指す（表）。2核店舗の間に専門店／外食店が並ぶタイプ、4核店舗とその間を専門店／外食店街がつなぐタイプなどがある。核店舗は百貨店か、大型量販店（general merchandizing store）。百貨店が2店舗入居する場合は、高級百貨店と大衆百貨店になる。入居する専門店／外食店が100店舗を超える場合もある。アメリカでは、一般的に以上のような業態を「ショッピングモール」と呼ぶ。しかし、アメリカ以外では、大方、その呼び方は「ショッピングセンター」である[12]。混乱を避け、読者が具体的なイメージを描きやすいように、本章ではショッピングモールをショッピングセンターと一律に表記する。

ショッピングモールタイプに限らず、ほかのタイプのショッピングセンターを合算すると、アメリカでは2006年にショッピングセンターは1800万㎡の新規増床があった[13]。ところが2010年には、新規増床が300万㎡まで減少。その後も落ち込みが続いた。大型商業施設をめぐる商業環境に大きな変動が起きた。リーマンショック以降、ショッピングセンターの終末を報じるニュースが急増した。英紙ガーディアンは、「アメリカでは、今後20年間に、現在苦戦している数百のショッピングセンターが閉鎖する。ビジネスにはライフサイクルがある。衰退期のビジネスに廃業が出るのは自然の摂理である」という記事を掲載した[14]。オーストラリアのテレビ局は、もっと悲観的なニュースを流した。「2030年までに、アメリカのショッピングセンターは半減する[15]」。また、ショッピングセンター自身も、「百貨店のメイシーズが今後100店舗閉店する」「量販スーパーのシアーズ・ローバックが150店舗以上閉める」などの縮退方針を打ち出した[16]。記事の見出しは、「ショッピングセンターの旗艦店舗だった百貨店が、いまや厄介者になった」。閉鎖予定百貨店の過半は、ショッピングセンターの核店舗である。核店舗を失ったショッピングセンターは、屋台骨の崩壊である。航空母艦を喪失した連合艦隊のようなものである。顧客を引き付ける磁力を失い、ショッピングセンター自体が閉鎖に追い込まれる。

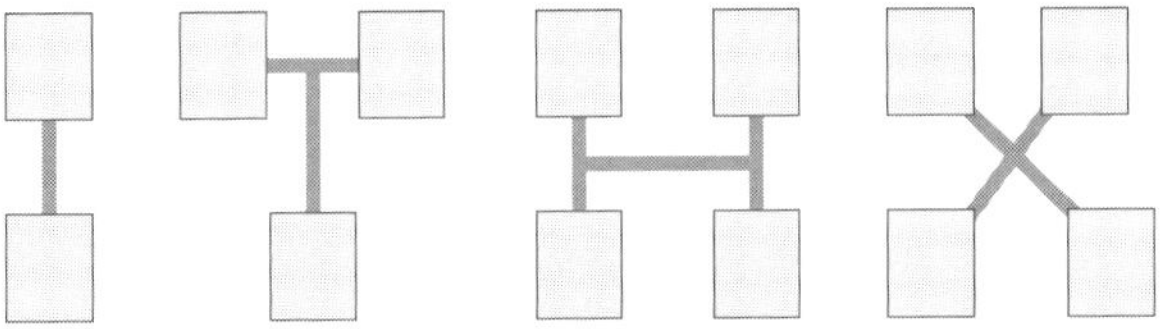

ショッピングセンターの形態

どのタイプで開発するか．あるいは百貨店と量販スーパーの２核店舗型，３核店舗型，４核店舗型の組み合わせをどうするかなどは，立地住民の所得階層などを検討して決める．

ショッピングセンターを追い詰める「郊外の貧困」

ショッピングセンターがここまで切羽詰まったことには、幾つかの事情がある。まず、業態間競争の激化がある[17]。郊外出店に傾注して店舗展開してきたディスカウンターのウォルマート、オフプライス(季節外れや傷、汚れのあるブランド品を安く売る)のファクトリーアウトレット、あるいは卸売りクラブ(会員制の安売り量販店）系チェーン店、大型専門ディスカウント店のオフィスデポ、ホームデポとの競争である。いずれも安売りを前面に押し出して価格で勝負している。来店の目的は、できる限り安い買い物をすることにある。顧客には、ウインドーショッピングや「食べる」「遊ぶ」などをしながら買い物を楽しむ、という考えはない。

　安売りを前面に押し出した小売業態の伸張は、貧しくなった「郊外の「変容」」と深く関係している。１９７０年代以前に人口が急増した「古い郊外都市（「第一次郊外」と呼ばれる）」にあるショッピングセンターが、特に苦戦している。古い郊外都市で貧困層が広がっていることと関係している。そこでは、１９９０年代に貧困層が急増した。都市圏中心都市の周縁に広がる、住工混在の貧困地域を「インナーシティ」と呼ぶ。それにならい、古い郊外都市に広がる貧困地域を「インナーサバーブ」と呼称するようになった。

　２０００〜12年に郊外の貧困人口は65％増加した[18]。都市部や田舎を上回るペースで貧困が増大している。元来ショッピングセンターは、中間所得階層をターゲットにして開発された業態である。ところがショッピングセンターの指間から、貧困化する中間所得階層、及び中の下以下の中間所得階層がこぼれ落ちている。この落ちこぼれの増加がショッピングセンター経営の足元を揺るがしている。逆に安売りチェーン系はこうした中間所得階層以下の消費需要をしっかりつかみ、業容を拡大している。

　アメリカの都市圏では、１９７０年代以降、「エッジシティ」が急成長した[19]。そしてエッジシティは、新しい「郊外の「かたち」」をつくり上げた。エッジシティは、ベッドタウン型都市でも、衛星都市でもない。ショッピングセンター、高層オフィスビル、ホテル、劇場やレストランが集積したひと塊の「自己完結型都市」である。エッジシティの主役は中間所得階層以上の、特に裕福な白人層だった。しかし、当然、そこでも社会的インフラ労働（ホテルの清掃、外食の皿洗い、ゴミの収集など）が必要になる。そうした労働需要を満たしているのは、貧しいマイノリティである。

また、成功した黒人中間所得階層が中心都市から郊外化し、エッジシティに暮らすようになった。エッジシティでは、階層的にも、人種的にも多様化が進展した。そうすると今度は、中の上以上の白人中間所得階層は、貧困労働者を嫌悪し、黒人中間所得層を嫌ってエッジシティから逃げ出すようになった。逃亡先はさらなる郊外――「外郊外」である。あるいは、都市圏の中心都市に回帰する。ショッピングセンターは、ここでも消費需要を逸失している。白人の中間所得階層は、コミュニティに「黒い斑点」が付くと、たちまちほかに移動する。しかし、中の下以下の「プアーホワイト（貧しい白人）」は逃亡資金がない。古い郊外都市に残留である。貧しい彼らはショッピングセンターには買い物に行かず、安売りチェーン店の客になる。

アメリカの「郊外の「かたち」」は、けっして安定していない。そこにあるのは、常々「変容する住宅地」である。それはヨーロッパの都市とはまるで事情が違う[20]。そしてショッピングセンター経営は、変容する「郊外の「かたち」」の影響を受ける。特に貧困化、多様化する古い郊外に立地するショッピングセンターは、人口動態の変化が引き起こす商圏の劣化に機敏に対応できず、苦戦している。

しかし、一方では、中の上以上の中間所得階層が暮らす外郊外のショッピングセンターは善戦している。週末には、広大な駐車場は満杯になる。核店舗はブルーミングデールズやニーマンマーカスなどの超高級百貨店である。逆に豊かな外郊外では、安売りチェーン店を頻繁に見掛けることはない[21]。

アメリカの「郊外の「かたち」」は、以前は、「少しの違いが気になる人々」のコミュニティだった。そこに特徴があった。郊外の暮らしは、向こう三軒両隣が均質であることに魅力があった。それが郊外に広がったアメリカ例外主義の本質だった。ところが最近の郊外では、貧困が拡散する一方、貧富の拡大が同時進行している。格差が当たり前になってきた。そこに暮らす人々の肌の色も、いろいろである。すなわち、郊外の「変容」――「貧困が拡散するようになったこと」と「ショッピングセンター葬送の鐘が、どこでも普通に聞こえるようになったこと」との間には、強い相関関係がある。

事例・デトロイト

全国ニュースになったノースランドセンターの閉鎖

以上概観した「ショッピングセンター葬送」の現状を、デトロイト都市圏を事例に検証する。

映画『8マイル』(カーティス・ハンソン監督、2002年)は、ラッパーのエミネムの自伝的物語である。デトロイトでは、デトロイト川に面するダウンタウンから北方に向かって番号道路が順番に、東西に走っている。ダウンタウンから8マイル(およそ13㎞)の位置を通る「8マイル」道路までが市域である。それを越えると郊外、「8マイル」道路が市境である。それは同時に、コミュニティを分断する境界線である。道路の南側――デトロイト側は黒人コミュニティ。そして貧乏人の居住区。道路を越えると白人コミュニティになる。中間所得階層以上の住宅地である。

デトロイトの都心から北西の方向、「8マイル」道路を越えるとサウスフィールド(7万3000人)である[22]。1960年代に人口が倍増し、デトロイト都市圏では古い郊外都市に属している。典型的なエッジシティである。高層のオフィスタワーとホテル、コンドミニアムが並ぶ。その先に低層の集合住宅と戸建て住宅が広がっている。市の財政に余裕があった時代に建てられた、ガラス張りの立派な図書館兼市民ホールがある。所々、街路沿いに、商店や外食店の並ぶパワーセンターがある。しかし、

「ここがダウンタウン」というような、特段の商業集積地はない。

サウスフィールドにあったノースランドセンターが、2015年、破綻した。核店舗が撤退し、ショッピングセンター全体の経営が瓦解した。それ以前にも、専門店街では空き店舗が目立っていた。閉店すると店先に大きなベニヤ板が張られる。しばしば、そこに落書きをされる。空き店舗が増えると店の照明が消える。買い物通路が薄暗くなる。こうした殺伐とした風景が、次の閉店を誘い、閉店の連鎖が起きる。いよいよ対策を打てなくなり、ショッピングセンターそれ自体が閉鎖に追い込まれる。ノースランドセンターは、盛時には核店舗が4店、それに専門店、外食店が100以上並ぶ本格的なショッピングセンターだった。その閉鎖は、全国ニュースになった。規模が大きかったことに加え、1954年に開業し、ショッピングセンターの第一号だったためである。

ノースランドセンターの施主は、ハドソン百貨店だった。デトロイトのダウンタウンに、当時、国内で2番目に大きな巨艦店舗を構えていた。自動車産業が勃興し、そこで働くホワイトカラー、中間所得階層に属した労働者階級を顧客に、大きな商売をしていた。戦後、ノースランドセンターを開発し、ハドソン百貨店はその核店舗になった。大きな青空駐車場を備え、1日3万台の買い物車で賑わった。その後、ハドソン百貨店は、イーストランドセンター(1957年)、ウエストランドセンター(1965年)、サウスランドセンター(1970年)を開発し、そこに支店を構えた。デトロイトの周囲を自社店舗で固め、顧客を囲い込む戦略だった。商圏をめぐる陣取り合戦を制するねらいがあった。ハドソン百貨店のオーナー家は、中堅自動車メーカー、ハドソン・モーター・カー(ジープの生産で名をはせたアメリカンモーターズ、そしてクライスラーに転身)の出資者だった。車を売りさばいて郊外化を促進し、一方で郊外に逃げ出した消費需要を追いかけて、郊外に大規模ショッピングセンターを展開したのだった。

しかし、場当たり的な稼ぎ主義は、タコが自分の足を食う羽目になった。23階建て高層百貨店の、盛時に1日10万人の来店客があったといわれるハドソン百貨店は、1983年に閉店に追い込まれた。そしてほかの百貨店連合に身売りする運命をたどった。ハドソン百貨店の倒産は、「デトロイトの敗北」「中西部産業都市の衰退」「アメリカ製造業の衰亡」を象徴するニュースになった。また、「都市圏中心都市が郊外に完敗した」話題でもあった。郊外型ショッピングセンターが全盛期を迎えた頃の話である。

2013、2016年に、ノースランドセンターを訪ねた(23)。2013年には、売り場全体が閑散とし、淋しかった。店員も顧客も、黒人かヒスパニック。当時、立地先のサウスフィールドでは、マイノリティが急増していた。店員と顧客の肌の色に、人口動態の変化が反映していた。2016年の訪問時には、閉鎖していた。広大な青空駐車場に車が1台も停まっておらず、セイタカアワダチソウが茂る風景に驚愕した。廃墟になったショッピングセンターに隣接して、ガラス張りの超高層オフィスビルとコンドミニアムが建っていた。今度は、そのビルの空き室率が高止まりしている、という話を聞いた。いよいよ、エッジシティのサウスフィールドそれ自体が、元気を失う段階にあった。

ノースランドセンターが立地したサウスフィールドは、1950年代に市になった。1960年代に人口が急増し(1960年3万1000人、1970年6万9000人)、初期のエッジシティに属する郊外都市になった。映画館を併設するノースランドセンター、それにビジネスビル、ホテル、住宅ビルの集積する自己完結型の都市が、「8マイル」道路沿いに大規模開発された。エッジシティの定義を満たす郊外都市になった。しかし、1990年代以降、人口に異変がおきた。2000~10年には、

8・4%の減少になった。特に人種構成の変化は劇的だった。ノースランドセンターの開業当時――20世紀半ばには、圧倒的な白人中間所得階層のコミュニティだった。ところが2000年センサスでは、黒人が54・2%に達し、2018年は70・1%になった。逆に白人は38・8%から23・7%に急落した。その過半は、逃げ遅れたプアーホワイトである。

20世紀後半には、経済的に成功した黒人中間所得階層が郊外化した。サウスフィールドにも、黒人中間所得階層のコミュニティができた。しかし、黒人の流入を嫌った白人中間所得階層は、早速、荷物をまとめて外郊外に逃げ出した。あるいは豊かな階層は都市回帰し、デトロイトのダウンタウン、ミッドタウンに再開発された贅沢なコンドミニアムを購入した。しかし、貧しい白人は動けずにいる。こうした人口動態の変化が、ノースランドセンターの閉鎖につながった。

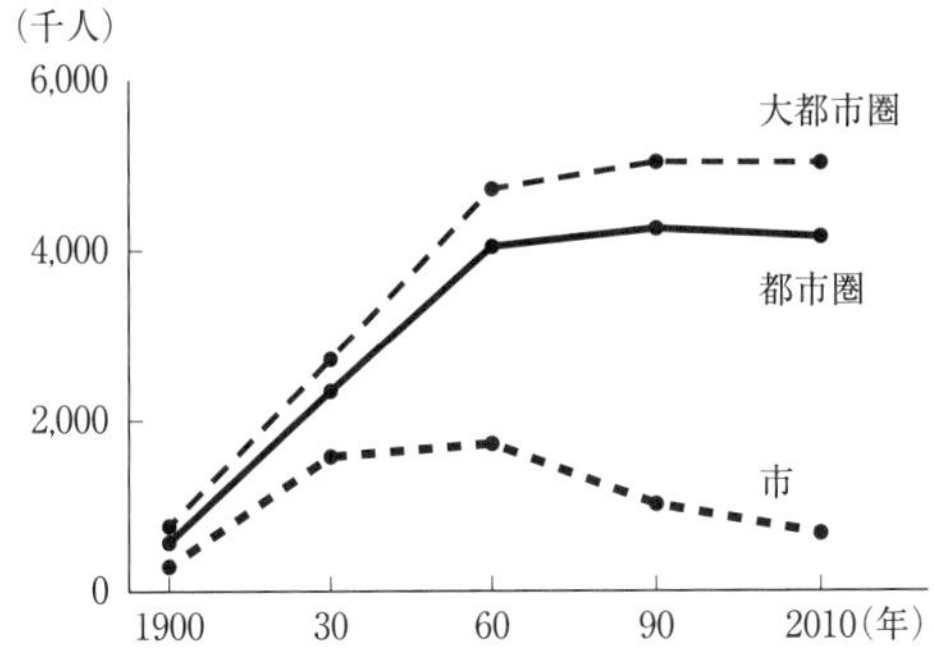

デトロイト都市圏の人口動態
出典：センサスから作成.

潰れるSC vs.稼ぐSC　古い郊外から外郊外に人口移動が起きた様子は、人口動態史に浮き彫りである（図）。デトロイトの市人口が頂点に達したのは1950年。都市圏の人口がピークに達したのは20年遅れて1970年である。外郊外の広がる大都市圏では、さらに30年遅れて2000年まで人口が増え、ピークを迎えた。この人口動態は、都市圏の中心都市から古い郊外、そして外郊外に波紋が広がるように人口移動が起きたことを示している。古い郊外には、移動できない中の下以下の白人、社会インフラ労働に従事するマイノリティ、そして黒人中間所得層が取り残された。製造業の衰退、ビジネスの都心回帰の影響を受け、中以下の中間所得階層では、失業者が増えている。実際、サウスフィールドでは、人口の13・0%が貧困ライン以下である。平均所得も郡内で最下位。リーマンショック以降の回復も遅かった。多くの住宅が、庭先に「わが家売ります」の看板を掲げていた。ここでは、貧乏が「8マイル」道路を越えて郊外にしみ出ている。興味深いのは、ここでは、貧困率が白人(14・3%)の方が黒人(12・1%)より高いことである。この数字は、古い郊外都市ではプアーホワイトが増加し、一方で黒人中間所得階層の定住が進行していることを示している。

人口動態の変化を受けて苦境にあるショッピングセンターは、ノースランドセンターに限らない。ウエストランドセンターでは、2017年に入って核店舗百貨店のメイシーズが撤退を決めた。イーストランドセンターは、デトロイト都市圏では最裕福層が暮らす郊外住宅地(グロスポイント/グロスポイントパーク、湖畔沿いに緑に囲まれた豪邸が並ぶ)に隣接している。しかし、イーストランドセンターは「8マイル」道路の南側、貧しいデトロイト側にある。センターの西側は、デトロイト警察が「市内で最も危険」と指定する地区である。2000年頃からセンターの駐車場がギャングの抗争現場になった。ウイキペディアの「Eastland Center Detroit」のページには、「violence(暴力)」という項目がある。そこには、界隈、及びセンターで殺傷事件が起きた記録が列挙されている。それほど怖いショッピングセンターである。いずれのセンターも、世紀末を迎えた頃からは、いつ「葬送の鐘」が鳴ってもおかしくない状況である。

古い郊外都市にあるショッピングセンターが荒れているのは、デトロイトに限らない。オハイオ州アクロンにあったローリング・エーカース・モールは、殺人事件が起きるほど治安が悪化し、

２００８年に閉店。タイヤ産業が斜陽になり、街が荒れていた。バージニア州チェスターフィールドにあるクローバーリーフモールは、１９９０年代に状況が悪化。ベルトやチェーンをぶら下げた悪童がたむろする風景が日常になった。警備員も脅す。そのため女性客、白人の子ども連れが激減した。

一方、外郊外に立地するショッピングセンターは、中の上以上の中間所得階層が顧客である。駐車場には高級車が停まっている。彼らは旺盛な購買力を持っており、外郊外にあるショッピングセンターは商売の冷え込みを知らない。売り場を拡張するショッピングセンターがある。新規開発される例もある。デトロイト都市圏のトロイ（8万4３００人）にあるモールのサマーセットコレクションは、その一例である。１９６９年にサマーセットモールが開業し、その後、１９９２年にサウス、１９９６年にノースを増床した。アメリカで最も儲かっているショッピングセンターの1つである。4核店舗――高級百貨店のサックス・フィフス・アベニューとニーマンマーカス、トレンディーな品揃えで有名なノードストローム、メイシーズ――の大規模ショッピングセンターである。ニューヨーク、パリ、ミラノの有名ブランド店が軒を並べ、随所に美術品を展示している。ショッピングセンターの廊下や広場が、そのまま回廊美術館になっている。

サマーセットモールのあるトロイは、現在も人口が増えている。２０１０～18年に4・1％増加した。ラストベルトにある都市でも、確実に人口を増やし続けている都市がある。トロイはその仲間である。人口を減らしているサウスフィールドから高速道路を走って20分弱。郊外都市の間にも、都市間格差が生まれている。２０１９年には、白人が人口の7割。日本を含むアジア系駐在員家族が多く暮らしている。1家族当たりの平均年収は11万ドルを超える。金融機関が集積し、授業料の高い私立大学が幾つもある。公立学校のレベルが高い。貧困ライン以下の人口比は2・7％である。サマーセットモールの商圏内にあるバーミンガム、ブルームフィールドヒルズなどの郊外都市も豊かな緑に囲まれ、豪邸が並ぶ。アメリカの、トップ5に入る金持ち住区である。

300以上のショッピングセンターの経営は、「C評価」だという。[24]「C評価」のショッピングセンターは、いつ閉鎖に追い込まれても住民は驚かない、という状況にある。来店客が伸び悩み、経営状態は厳しい。残りは「まずまず」と「A評価」である。すなわち、分極化するショッピングセンターの経営状況には、変容し、斑模様になった「郊外の「かたち」」がそのまま映し出されている。

ショッピングセンターは「発明品」である

発明者グルーエンの小伝記

あのショッピングセンターの「かたち」は、自然発生ではない。「発明品」である。発明したのはV・グルーエンである。20世紀後半にアメリカで台頭した新しい都市計画運動、ニューアーバニズムの旗手たちは、スプロール開発を指弾し、「郊外開発のショッピングセンターはその元凶である」と非難している。[25]スプロールは、「移動を車に依存する、低密度の土地浪費型開発」である。一般的には「無秩序な乱開発」と説明されているが、それはウソである。郊外開発される大規模住宅団地も、ビジネスセンターも、そしてショッピングセンターも、行政が深く関与した計画的な開発である。乱開発のスプロールではない。計画的なスプロールである。

グルーエンは、反スプロールを唱道した建築家／都市計画家だった。しかし、実際に設計したショッピングセンターは、いずれも郊外立地だった。追随者たちも、同じタイプのショッピングセンターを郊外に開発し続けた。結果、アメリカの郊外は、スプロールの先進国になってしまった。そして「郊外の「かたち」」は、ショッピングセンターを「金字塔」として建立し、完成したのである。

ショッピングセンターは、大量消費主義の殿堂になった。しかし、意外な話なのだが、ショッピングセンターを発明したグルーエン自身は、社会主義者を自認していた。講演でも書籍でも、スプロールを激しく批判した。しかし実際のところ、彼の仕事も、彼の仕事に付きまとった消費主義も、その主張に反するものだった。この落差が面白い。ショッピングセンターは、「優れた発明」ゆえに広く普及した。それがブーメランになって舞い戻り、グルーエンを裏切ったのである。皮肉な話である。結局、グルーエンは、その半生を通じて自分が忌み嫌ったものを建て続けることになった。(26)

高級誌「ニューヨーカー」に掲載されたエッセーが、グルーエンの評伝としては秀逸である。(27) ユダヤ系オーストリア人で、1903年ウイーンに生まれた。そのことが、その後の建築／都市計画活動に大きな影響を与えた。(28) ウイーン・ファインアート・アカデミーで建築を学ぶ。1938年、ナチスの迫害を逃れ、スイス、英国経由でアメリカにたどり着いた。ナチス親衛隊の制服を着た友人に空港までエスコートされ、無事に出国できたといわれている。ニューヨークに降り立った時のことを、「持っていたのは建築士の資格、ポケットに1ドル札8枚。英語はまったくダメだった」と述懐していた。(29) ドイツ系移民と知り合い、亡命者アーティスツグループを組織した。ユダヤ人音楽家たちから資金支援を得、A・アインシュタインから仕事の推薦状をもらったりした。その後、ロサンゼルスに移動して建築事務所を開く。

建築雑誌「アーキテクチュラルフォーラム」が1943年、ミース・ファン・デル・ローエを含む建築家集団に、「戦後のアメリカ都市を考える」デザインプロジェクト「194X」を委託した。(30) 第二次世界大戦の最中だった。アメリカは、戦時に戦後の建築／都市計画を考えるコンペを開催していたのである。日本はそういう国と無謀な戦争をしたことになる。グルーエンは、このプロジェクトに応募し、「ショッピングタウン」というコンセプトを初めて公表した[31]。そしてその後、ショッピングセンター、ダウンタウンの再開発に猛烈な勢いで邁進するようになった。その始原は、この時の着想にあった。

アメリカ第一号のショッピングセンター、デトロイトのノースランドセンター以降、囲い込み型で建設され、ショッピングセンター開発のモデルになったサウスデールセンター、ハドソン百貨店がデトロイト郊外に開発したサウス、ウエスト、イーストランドセンター。いずれもグルーエンの仕事である。生涯にグルーエンとその建築事務所がデザインしたショッピングセンターは40を超える。30年間のアメリカ暮らしの間、猛烈な勢いで働いたことになる。1968年にウイーンに戻り、1980年に亡くなった。

「無名」で亡くなった「偉大な建築家」

グルーエンが発明したショッピングセンターは、大洋を越えて普及した。そして暮らしの空間で圧倒的な存在感を示すようになった。日本では1980年代以降、最近は中国でもアジア諸国でも、大衆消費社会はショッピングセンターといっしょにやって来た。車の普及がその拡張を促進し、ショッピングセンターは消費市場を席巻するようになった。建物の外装（ボックスストア）も内装も、国境や文化の壁を越えてユニバーサルにデザインされ、建設された。

おそらく、20世紀、そして21世紀の「都市の「かたち」」に決定的な影響を与えた建築家／都市計画家としては、グルーエンは、ル・コルビュジエやF・L・ライト、バウハウスの建築家たちに比肩する。グルーエンが亡くなった時に、ニューヨーク・タイムズは、「郊外型ショッピングセンターのパイオニア」という書き出しで追悼記事を載せた[32]。しかし、その記事の長さは、わずかに1段に過ぎなかった。当時の朝日新聞と日本経済新聞を調べたが、死亡記事を載せていない。

その不思議には、ショッピングセンターが商業建築であることに関係がある。都市圏の中心都市、その都心にある有名百貨店は、古典派やゴチック様式で建てられた。それぞれの都市史に残る、記念碑的な建物である。昔の百貨店は着飾って行く場所で、建物もそれにふさわしい様式建築になった。内装も、壁は大理石、照明はシャンデリア。いずれも豪華だった。一方、ショッピングセンターは、そういうハレの場ではない。ジーンズにTシャツ、時に短パンで行く場所である。建物も安普請が基本で、ファサードを除き、3面コンクリート壁である。壁を背に無駄なく商品棚を並べるためである。その結果、効率主義を徹底した空間利用が実現した。しかし、外に向かっては無表情である。したがって建築的には二流以下の扱いになった。それゆえ、この建築様式の発明家は、「偉大な建築家」として後世に広く名前を残すことができなかったのである。

グルーエンの著作に *The heart of our cities* がある。[33] 序文のタイトルは、「プランニングについての本をプランニングする」である。本文中では、プランニングをイタリックで強調し、「民主主義社会でプランニングし、それを実行することで成功するためには、創造性、リーダーシップ、寛容さ、特に一貫した哲学がなければならない」と書いている。2章は「プランニングは無駄か、あるいは賢明か」。プランニングに対するこの強い思い入れは、グルーエンが社会主義を信奉していたことと関係していたに違いない。半面、ショッピングセンターに長い時間滞在させ、衝動買いを促してできる限り買い物をさせる装置を埋め込むなどし、消費主義を先導した。しかし、社会主義者のグルーエンの胸中には、矛盾はなかったに違いない。当時はイズムに関係なく、消費が豊かさのバロメーターになっていた。それは社会主義でも同じだった。そのことを考えれば、グルーエンの頭の中では、消費主義と社会主義は両立していたはずである。

グルーエンのショッピングセンターに触発され、稼げるショッピングセンターを開発したのは、A・トーブマンである。(34)ポーランド出身の、ドイツ系ユダヤ人の貧しい家庭に生まれた。ショッピングセンターの開発では、ユダヤ人の貢献が大きかったことになる。トーブマンのショッピングセンターは、単位面積当たりの売り上げが業界平均の1・5倍弱ある。そのため、ショッピングセンターの「発明者はグルーエン、完成させたのはトーブマン」と評されている。彼の会社が所有する、ニューヨークから車で30分ほどの高級住宅街ショートヒルズ(ニュージャージー州)にあるショッピングセンターは、売り場効率の良さで国内トップ3にランクされている。トーブマンは苦学した。そして起業し、後に美術品オークションのサザビーズの大株主になった。フランス印象派から現代アートまで収集し、美術品のコレクターとして名をはせた。オークションで熾烈な競争相手だったクリスティーズとの間で手数料価格をめぐって共謀を疑われ、告発され、収監されたことがある。それでも母校のミシガン大学や医療機関に膨大な額の寄付を続けるなど、慈善家でもあった。

ショッピングセンターに埋め込まれた都市思想

近代都市計画批判に発する　グルーエンがショッピングセンターに埋め込もうとした都市思想は、どのようなものだったのか。著書 *The heart of our cities* を手がかりに考える。副題は「都市の危機、診断、そして治療」である。以下のことは大切なので最初に書いておく。訳書が出ている。『都市の生と死』である。(35)在野の都市研究家だったが、ル・コルビュジエやL・マンフォードなどの大御所を容赦なく論難し、それゆえ彼女自身が都市研究のアイコンになったJ・ジェイコブズの代表作(『アメリカ大都市の死と生』1961年)から表題を借用した訳出だと思う。(36)ジェイコブズは、世に出るチャンスになった論文でグルーエンを称賛している。[37] グルーエンも、著作でジェイコブズに言及している。訳書の表題は、ジェイコブズ本の『死と生』と順番が逆である。ジェイコブズに『死と生』を書かせることになった1950年代のアメリカは、マクロレベルでは絶頂期にあった。一方、都市では、衰退が表面化していた。その病巣は既に危機的な状態だった。それに対してジェイコブズは、当時、一般的だったスラムクリアランスを批判し、それに対峙する、都市を甦らせるための手法を提示したのだった。したがって本の表題は、『死と生』、すなわち、『死、そして甦って生』である。グルーエンの副題「都市の危機、診断、そして治療」も、彼女の著書にならったに違いない。それならば、ショッピングセンターが都市再生を担うと考えた本の訳書は、『都市の死と生』でなければならない。

20世紀は、科学技術が長足の進歩を遂げた時代だった。しかし、グルーエンは、「都市の「かたち」」がその進歩に追い付いていない、その遅滞が都市危機を生み出している、と考えていた。たとえば、車所有の大衆化のことがあった。車が人口の増加を上回るスピードで普及したが、都市はそれを管理できずにいた。日々の暮らしは車に従属させられている。「赤信号でストップ、青信号で進め」などというのは、人間が車に調教される風景である、とグルーエンはいう。そこでは人間の尊厳が損なわれている。そしてどこもかしこも車が満杯、渋滞している。カリフォルニア大学ロサンゼルス校では、年間契約の駐車料が学費よりも高い、という本末転倒が起きていた。

グルーエンは、「ハイウェイは都市ではない」という。人々の暮らしを遠隔地に拡散し、人間的なつながりを希薄にする。「ドライブインは都市ではない」という。他者との対話を拒否する機能である。カフェ、公園、ベンチ、路上のアイスクリーム売り、教会、花売り娘、噴水……人々の接触を誘うもの、「それが都市である」という。「私は反スプロール主義だが、反車ではない」というグルーエンには、車を適切に管理できていないことが問題だった。それを治療するためには、日々の多様な活動をコンパクトな広がりに集中させ、有機的なつながりを持てる「都市の「かたち」」に変換しなければならない、と述べている。

グルーエンは、transfiguration という言葉を使っている。単に変換ではない。「より高いレベルに」を含意する変換である。その場合、都市の心臓（＝ダウンタウン）が要になる。しかし、グルーエンの診断によれば、アメリカ都市の現状は、郊外に無定形にスプロールしている。郊外の人々の諸活動は拡散して孤独な暮らしが広がる一方、都市の心臓は麻痺状態になっている、という。グルーエンは、コルビュジエの「輝く都市」も、ライトの「ブロードエーカーシティ」も、そのプランニング思想では車を調教できない、と考えていた。そして土地の浪費を管理できない、と批判した。このあたりの挑発的な論述は、コルビュジエは都会嫌いで、「輝く都市」などはハワードの「田園都市論」をちゃっかり借用し、それを天空に向かってスプロールさせる都市開発思想に過ぎない、と指弾したジェイコブズを連想させる(38)。グルーエンとジェイコブズは、多くの点でお互いに共感するところがあったに違いない。半面、グルーエンが計画と管理を重視したのに対し、ジェイコブズはそれらを基本的に嫌悪し、自生的なメカニズムによる都市再生に信頼を寄せた。計画と市場に対する考え方は真逆だった。

ふるさとウイーンの都市づくりに学ぶ

アメリカの都市を再生するのに、グルーエンはパリやウイーンの「都市の「かたち」」を念頭に置いていた。特に生まれ育ったウイーンに強いこだわりがあった。市壁が「都市の自由」を守る時代ははるか彼方に過ぎ去り、ウイーンの壁は、市民の散歩道になった。壁を撤去してリングシュトラーセが建設された。その沿道には、美術館、博物館、歌劇場、劇場、大学が建設された。その内側に遊歩道がつくられた。そこにカフェやたばこ店、レストランや雑貨商、市場、画廊、公共施設が軒を並べた。上質な市民生活は、恵まれた建築環境と相乗して達成された。暮らす人々も、億万長者から質素な労働者まで混住していた。ウイーンっ子にとっては、住みたい地区の一番人気は都心だし、そこには賑わいがあった。リングの内側は、「都市の心臓」である。そこがポンプになって活力を外に循環させていた。グルーエンは、そうしたウイーンをアメリカの郊外開発に応用したい、と考えていた。

グルーエンは、件の本をヨーロッパに向かう豪華客船で執筆した。客船は「小さくまとまった都市」である、と書き始めている。客船には、多種多様な都市機能(食堂、カフェ、劇場、図書室、広場、医務室)がコンパクトに装備されている。乗船客のお付き合いも活発である。出港すれば間もなく客同士、そして客と乗務員の間に連帯感が生まれる、という。そうした空間に、グルーエンは親しみと理想を見出していた。

こうした議論を語り継ぎ、グルーエンは、彼が考えるショッピングセンター(同書ではリージョナルショッピングセンターと記している)の「かたち」を後半のページで細述している。店舗は幹線道路から離れた敷地の中心に建てる。店舗の周囲に大規模な無料駐車場を整然と配置する。そこから店舗までは、専用歩道をつくる。ショッピングセンターは単なる商業施設ではない。社会的、文化的、娯楽的な機能を持ち、人々の結節点になる。したがって小売店に加えて事務所、ホテル、劇場、音楽教室、郵便局、保育園、医療施設を集約して付設する。建物をつなぐプロムナードには、花壇や休憩用のベンチを並べる。太陽光を採り入れた広場には、噴水や彫刻を置く。広場では多彩なイベントが行われ、顧客が集い、交わる場所になる。囲い込みタイプの1号ショッピングセンターになったサウスデールセンターには、夏蒸し暑く、冬寒い中西部の気候を考慮して冷暖房を完備した。また、エスカレーターを稼働させた。

「ライフ」「タイム」「フォーチュン」「ビジネスウイーク」、ニューヨーク・タイムズが開業風景を華々しく報じた。地元商店を中心にしたテナントミックスになった。その店揃えには、グルーエンがこだわったコミュニティ主義の片鱗を窺うことができた。住宅の併設を提案したが、ディベロッパーの同意を得られず、学校もダメだった。結果的に、グルーエンが描いていた混合用途主義は中途半端に終わった。そのためサウスデールセンターは、「駐車する車の海」にボックスストアを開発したのであり、「小売りの transfiguration を実現したに過ぎない」という辛口の批評があった。

広域都市圏の郊外都市には、ビジネス地区、住居地区、買い物娯楽地区を隣接して開発し、ショッピングセンターを中心に配置する。そうした複合開発によってショッピングセンターは、地区を結合し、融合する役割を担うことができる。グルーエンはそう考えていた。「中世都市の中心に教会が建てられたように、郊外では商業施設が中核になる」。まさしくショッピングセンターを金字塔にする「郊外の「かたち」」である。そうした結合と融合を通して郊外都市の悪弊——スプロールを止揚できる、と信じていた。実際、サウスフィールドに開発されたノースランドセンターは、そうした複合都市機能に囲まれて開発された。

ショッピングセンターに埋め込まれたこうした都市思想は、衰弱した「都市の心臓」を再活性させるのにも応用できる、とグルーエンは考えていた。実際に、カラマズー（ミシガン）、フォートワース（テキサス）、フレズノ（カリフォルニア）などのダウンタウン再生に関わった。ここでもウイーンの街並みを連想し、プランニングに反映させた。カラマズー（人口7万5000人の大学町）の場合、ダウンタウンを囲むリング道路の外に駐車場を配置した。そこから専用歩道をつくり、メインストリート沿いの2街区（後日、4街区になった）から車を完全に排除した。「車輪から靴に（車で来て街歩きを楽しむ）」をキャッチフレーズに、[39]アメリカ第一号のショッピングプロムナードが誕生した。開道を祝う日（1959年8月19日）には、3万人が来街し、ストリートミュージシャンや露店などで賑わった。最近、訪ねたが、街区に空き店舗がないことに驚いた。メインストリートにつながる路地が幾本もある。路地裏にカフェやバーが並ぶ。夜半まで賑わいがある。

なぜ、グルーエンは裏切られたのか

複合用途を実現できなかった　グルーエンは、ショッピングセンターをスプロールする広域都市圏の中心に配置することによって郊外を結合する筋金にし、郊外を融合する触媒にすることができる、と考えていた。しかし、そうはならなかった。その後の歴史が証明したように、ショッピングセンターは、スプロールを加速するモンスターに化けてしまった。グルーエンはまた、単なる商業センターではなく、社会的、文化的な諸活動の拠点になる、と論じた。そこでは人々が集い、諸団体が生まれてさまざまに交流し、豊かな語らいが始まるはずだった。すなわち、「ショッピングタウン」の実現である。アメリカ人は出入り自由な結社（association）をつくる天才で、それが民主主義の基礎になっている、と論じたA・トクヴィルの『アメリカのデモクラシー』を思い出させる記述である。グルーエンは、郊外の暮らしで失われていたシビックアーバニティ（市民的都会性）を、ショッピングセンターを苗床にして涵養することができる、と期待した節がある。それが彼の言う「都市を transfiguration する」であった。しかし、その期待は裏切られた。ここでは、シビックアーバニティを以下の意味で使っている。コミュニティに帰属意識を持っている。コミュニティに貢献するとか、責任を感じている、などの精神を指す。そして多元主義を基本的な信条とする。したがって新奇なものや、多様性、異質なものに対して寛容である。すなわち、利己的なリベラリズムの対極にある。

なぜ、グルーエンは裏切られたのか。それについてグルーエン自身は、ディベロッパーを説得することに失敗し、実装化段階で混合用途を徹底したショッピングセンターを開発できなかったためである、と考えていた。特にサウスデールセンターの開発をめぐっては、住宅を併設できなかったことが「残念だった」と記述している。確かに「住む」は、都市にとって本質である。「住む」を欠落させた「かたち」を、ショッピングタウンに育て上げることは難しい。もしかすると、ディベロッパーを口説けなかったグルーエンは、時代に早過ぎたのかもしれない。そうだとすれば、グルーエンが本来思い描いたショッピングセンターではなく、それとは別の、ディベロッパーとの妥協の産物（似非ショッピングセンター）がその後、ショッピングセンターのプロトタイプとして郊外に拡散した、ということになる。グルーエンには、口惜しい話である。

雑誌「ニューヨーカー」は、別の論点をあげている。ショッピングセンターを取り巻く経済環境の変化である。当時、ショッピングセンター開発に加速減価償却制度が導入された。その結果、毎年度、減価償却できる額が大幅に引き上げられた。この制度を使ってディベロッパーは、多額の減価償却費を計上した。そして年度決算を赤字にすることができた。赤字決算にして税金を払わず、一方で多額の含み益を積み増すことができた。そして頃合いを見計らって売却し、多額の売却益を稼ぐ。ショッピングセンター開発が、所有し育むための資産開発ではなく、転がして儲けるための不動産開発になった。すなわち、投機の対象になった。そのためグルーエンが考えたように、都市の中心ではなく、ディベロッパーは中心からかけ離れた外延の安い土地を取得し、安普請のショッピングセンターを建てるようになった。スプロール開発である。

いつ手放すか、そのことだけを企むディベロッパーは、「ショッピングセンターの「かたち」」に持続可能性や社会的、文化的な活動を埋め込むことには関心がなく、手放すことしか考えていない。立地先に対しコミュニティ意識を持つことなどあり得なかった。ましてコミュニティに貢献することなどは論外だった。そうした性格を背負って開発されたショッピングセンターが、最終的にショッピングタウンにならなかったのは当然である、というのが「ニューヨーカー」の論旨である。

ショッピングセンターの「かたち」に内在する限界

確かにそうした不利な、外的な経済環境に遭遇したグルーエンは不運だった。しかし、それ以外にも、「ショッピングセンターの「かたち」」、それ自体に内在する――その意味ではもっと根源的な――ショッピングセンターの体質ゆえに、グルーエンは裏切られたのである。ICSCはショッピングセンターを類型化し、その特徴を解説している。その際、「inward」という言葉を使っている。「ショッピングセンターの「かたち」」をめぐってその可視的、建築的な姿を「内向きの」と表現したのである。

大規模ショッピングセンターは、3000〜5000台が駐車する「車の海」にある。時々、どこに駐車したかわからなくなる。顧客は買い物袋をぶら下げてさ迷い歩く。それほど広い。ショッピングセンターはその中央に建設される。空間的に周辺のコミュニティから完全に隔離され、孤立している。また、建物それ自体がボックスストアである。3面がコンクリート壁で窓がない。不愛想である。そのため「囲い込み型」と表現されたのだが、そうした構造では、周辺コミュニティの建築的環境、経済社会的環境との間でコミュニケーションは起きない。対話の拒否である。建築様式としては、郊外を結合する筋金や融合する触媒になる流儀を備えていない。本来的に、シビックアーバニティが、こうした「内向き」の建築空間で育つとは思えない。

建築は空間である、という反語的な言い方がある。[40] 建築は空間を仕切る。仕切ることで空間を創造し、演出する。ショッピングセンターも建築である。仕切ることで「内部」「外部」の2つの空間をつくり出す。取りあえず、「内部」をどのように扱うかはディベロッパーの専権事項だが、「外部」については周囲との連続性や周囲との序列といったことに配慮が必要である。換言すれば、新たな建築は、それまでの建築環境の質をバージョンアップさせる方向で付加されなければならない。[41] ボックストアのようなショッピングセンターの場合、「外部」についてそうした配慮はない。

ショッピングセンターの「内部」――そこに入店している店舗や外食店はどのような気質だろうか。サウスデールセンターでは、地元商店が入店した。そこではコミュニティ主義が重視された。それはグルーエンの卓見だった。しかし、その後、ショッピングセンターを埋めたのは、全国チェーン系の専門店やファストフード店、あるいはレストランである。高い同質性――どのショッピングセンターも似たりよったりのテナントミックスになった。店長も店員も、常々、本部からもっと稼ぐようにけしかけられている。売り上げが伸びなければ撤退する。チェーン経営は、スクラップ・アンド・ビルド(新規開店と不採算店の閉鎖の繰り返し)を経営戦略の基本に据えている。腰が据わっていない。ショッピングセンターには、入店者のコミュニティ(テナント協議会など)があるが、協働の意識は薄い。ディベロッパーが指令しない限りは、入店者(テナント)同士は協働するとか、連帯するとか、そうしたことは二の次である。そこのところは、一国一城の主が店を連ねるメインストリートの商店街とは本質的に異なる。

そもそもショッピングセンターは、私的空間である。グルーエンがこだわったように、郵便局や保育園、役所の出張所、それに広場などの公共施設を揃えたとしても、それによって私的空間が公共空間に transfiguration することはない。都市は時間の積層である。人々の営為の積み重ねである。一ディベロッパーの号令で、一朝一夕に都市をつくることはできない。一時滞在者や流浪者は、その都市に責務を感じていない。それはショッピングセンターに対する顧客の場合も同じである。実際、グルーエン自身がウイーンの街並みに愛情を抱いたのは、「都市的性格が濃厚な、歴史と伝統の染み渡った場所」だったからである。「革命とそのまた革命がカフェで謀議され、並木のある大通りで実行された都市」だったからである[42]。都市をつくるのは、人々のそうした諸活動である。涙とため息、笑い、そしてラブである。そうだとすれば、プランニングにできることは、時間が都市を編み出すのを少々お手伝いする程度のことではないだろうか。

グルーエンは、郊外のショッピングセンターが広域都市圏の中心都市を餌食にして拡張する——スプロールの吸血鬼になるとは思っていなかった、と伝えられている[43]。彼は郊外暮らしの人々を批判し、そこに暮らす中間所得階層を非難し、後継者たち(ディベロッパー)を糾弾した。しかし、その苛立ちは、結局、グルーエン自身に向かって跳ね返ってきたのである。矛盾した人生だった[44]。

ウイーンに帰国後、アメリカを再訪する機会があった。その際、自分が設計したショッピングセンターを訪ね、それがスプロール開発の真っただ中に建っている風景に愕然とした、と伝えられている。そして「これらの馬鹿げた開発(彼がつくった子どもたち)と決別するために、私は扶養料を支払う考えはない(私には責任がない)」と話していたという[45]。亡くなる2年前の話である。そしてさらに皮肉だったことは、当時ウイーンのリングの外側では、大規模ショッピングセンターの開発が進行していたことである。グルーエンは、アメリカの郊外をウイーンのような都会にすることを考え、ショッピングセンターを発明したのだが、それは結局、ウイーンをアメリカナイズするブーメランとして帰来したのだった。

郊外で失われたシビックアーバニティ
利己的、保守的で市民性を欠落した郊外

R・ボールガード(コロンビア大学教授、都市計画)は、アメリカ衰退論を2冊書いている。『衰退の声――戦後アメリカ都市の運命(fate)』(1993年)では、中西部、東海岸の産業都市の衰亡を活写した。[46]「fate」には破滅とか、死という意味がある。次著の『アメリカが郊外になった時』(2006年)では、[47]戦後の郊外化が産業都市を収奪、あるいは搾取しながら進展したプロセスを歴史的に振り返っている。戦後の郊外は、人口も資本も、したがってあらゆる都市機能を産業都市から奪取して成立した、という意味である。そうした都市化を、「寄生型都市化(parasitic urbanization)」と呼び、戦前の「分配型都市化(distributive urbanization)」と峻別した。

そしてボールガードは、この郊外化の時代――戦後から1970年代までは、アメリカ例外主義が郊外を闊歩したアメリカ最強の時代だったという。そしてアメリカ例外主義は、ナショナルアイデンティティに昇華した。しかし、わずかに四半世紀の「短いアメリカの世紀」だった。文明は、普通、ひっそりと後ずさるように衰退する。「ある朝、突然に」というようなことはめったに起きない。郊外化という「アメリカの世紀」が坂道を上っていた時代に、産業都市は逆に坂道を転げ落ち始めた。そしてアメリカは、戦前に発する成長/拡大期から長い衰退期を迎えた、という論旨である。

短いアメリカの世紀――ショッピングセンターが発明され、アメリカ全土を跋扈するようになった時代の「郊外の「かたち」」については、ほかのアメリカ衰退論者も多くの紙片を割いて論じている。

そこでは、「均質化」「利己的な保守主義」などのキーワードを通して「郊外の「かたち」」が語られている。[48] それらは、郊外の人々の心象風景にも共通するキーワードである。

郊外に生まれたぶ厚い中間所得階層は、近隣の人々と同じであることに強いこだわりを持った。それは、戦前の中間所得階層の本質的特徴だった「多元主義」とは別の、むしろ対極の精神である。どこまでも拡散する郊外の風景では、レビットハウス（大量生産住宅）が軒を連ね、青い芝の前庭が律儀に延々と並ぶ。アメリカをイメージするワンショットを撮るとすれば、この風景をおいてほかにない。そして大型耐久消費財に囲まれて暮らし、着る衣料も、チェーン専門店で買った似通ったアパレルである。要するに、郊外全体が画一化された量産品に埋め尽くされ、丸ごとフォーディズムを実現したのだった。これほど広大な大地に、これほど均質な暮らしが出現したことなど、どこの都市史を探してもお目にかかれない。特殊であり、例外的である。しかし、そこでは、同じゆえに、今度は僅かな違いがますます気になる、その違いを埋めるために必死になる、という均質化の悪循環が起きる。「均質化の罠」である。

郊外のぶ厚い中間所得階層を需要先として開発された「ショッピングセンターの「かたち」」は、当然、「郊外の「かたち」」と相性がよかった。大陸を股にかけて多店舗展開された没個性的な、酷似したボックスストアを幾度訪ねても、その間に違いを探すのは難しい。専門店街にはZARA、GAP、そしてH&Mなどの量販衣料品店、マクドナルドやKFCなどの均質化店舗が並ぶ。そこには歴史も多様性も、そして地域性もない。あるのはフォーディズムが最終着地した消費主義の現場である。

郊外の「利己的な保守主義」については、A・ハッカーは、「(労働者階級でさえ)この新しい多数派は、保守的で自己中心的である。マルクス的な意味での階級意識を欠いている」と言い切っていた。[49]「保守的で自己中心的」な気質は、郊外の暮らしがコミュニティから孤立し、「私」と「私の家族」のことだけを気にしていることと裏腹である。そして「私」は、「「アメリカの夢」の達成者」「アメリカ例外主義の具現者である」という誇りを持っている。しかし、一方では、世間から孤立した暮らしに孤独を感じている。しばしば寂寥感に襲われる。淋しい。

そうした自己矛盾した郊外の暮らしを、桐島洋子が面白おかしく書いている(50)。郊外暮らしの中年たちが淋しさを紛らわせるために、郊外で発行されているタブロイド紙の3行広告でセックスのお相手探しをする様子を赤裸々に描いたルポルタージュである。ある日、夫婦交換パーティに潜入した時の話が載っている。そこにいたのは、中の上の中間所得階層に属する幾組かの夫婦だった。腹の脂肪が気になり始めた、倦怠期を迎えた夫婦が集っているようだった。右往左往の騒ぎがひとしきりおさまった頃合いに、誰かが突然、音頭をとった。すると全員が起立し、国歌斉唱がはじまった、というのである。直立不動、そしてさる部分も丸出しにして……。国家はアメリカ例外主義を国威高揚に援用し、ソフトパワーとして国際戦略に駆使したが、それがそのまま郊外暮らしの、中間所得階層の誇りに直結していたのである。そこでは、「帝国アメリカ」と「豊かな郊外」は同義であり、その間に矛盾はなかったのだが、それにしても豊かさに対する自信が、淋しさを紛らわせる行為の直後に爆発したというのは、いかにも戯画的であり、滑稽である。

桐島洋子は書いている。一般のアメリカ人――この場合は、郊外暮らしのアメリカ人は、日常、会社と家庭とそのコミュニティから一歩も出ない。お決まりの生活を続け、交際範囲はおそろしく狭く、浅い。近隣との対話や交際も希薄である。それに見栄っ張りである。ショッピングセンターの安売り量販スーパーで買い物するのに、世間の眼を気にし、敢えて高級百貨店側に駐車する、という話を聞いたことがある。また、税金を払うのを厭わないが、払った税金が他人のために使われるのは嫌だ、というのが郊外気質である。だから隣の貧乏自治体と合併したり、協働したりするのを拒否する。税金を払うことの見返りに、地方政府に対しては、自分の財産価値を守る施策ばかりを要求する。そこにあるのは、地域エゴの塊である。

ショッピングセンターの「かたち」vs. 郊外の「かたち」の相似性

「ショッピングセンターの「かたち」」が、そうした性格の郊外との間に相似性があることについては既述した通りである。D・ブーアスティンは、売り手のトリック（広告やマーケティング）が過剰消費を平等に促す空間を、「消費の共同体」と呼ぶ(51)。衝動買いを仕組むショッピングセンターなどは、その最たる空間の1つである。そこでは誇示や顕示、浪費などに親和的な消費が行われ、「生産の共同体」とは様相が違う。そうした「消費の共同体」が、真正のコミュニティに transfiguration するはずがない。

内向きで近隣付き合いをしないか、多様性との交わりを嫌がる郊外暮らしの人たちが、都会性を仮装し、偽装したショッピングセンターに出向き、新たに濃密な人間関係を構築するようになる、と考えるのは楽観的に過ぎる。この人たちは、コミットメントすることを拒む。本来的に、シビックアーバニティを涵養する素養を備えていない。換言すれば、ショッピングセンター開発で住宅や学校、病院や広場などの公共施設を含む混合用途を導入したとしても、郊外には、それをショッピングタウンに育て上げることができる人々はいないのである。そこにグルーエンの誤解があった。

ボールガードは、戦前の産業都市には、成長の果実を広く分配しようという機能があったという（分配型都市化）。それを支えた精神が「シビックアーバニティ（ボールガードは「ブルジョア的アーバニティ」と表現している）」である。たとえば、都市開発は富裕層の肩にかかっていた。彼らは大学を建て、美術館に投資し、総合病院を寄付したりした。福祉活動にも目配りし、貧者に対する支援活動に積極的だった。平均的な中間所得階層の場合も、そうした都市開発や福祉事業に「一口」参加するのを厭わなかった。そこでは、コミュニティ主義が健在だった。

その時代にも、スラムはあったし、移民も増えた。それでも中間所得階層がマイノリティを嫌悪して郊外に大挙して逃げ出す、というようなことは起きなかった。デトロイトのハドソン百貨店の創業者J・ハドソンは、移民一世の苦労人だった。それゆえ「デトロイトのために役に立ちたい」という気持ちが強かった。稼ぎ主義ではなく、顧客第一を貫いた。未使用の商品ならば、1年後でも返品に応じたという。都心の祭を支援することにも熱心だった。しかし、戦後の経営者は、郊外に大規模ショッピングセンターを幾棟も開発し、商圏の争奪戦で先手を打ち、顧客を囲い込むことに奔走した。それが仇となり、会社全体を轟沈させてしまった。

シビックアーバニティについては、ジェイコブズの『死と生』が紹介しているように、庶民レベルの話もある。けして立派とはいえないマンハッタンのハドソン通りである日、酒場から出てきた見知らぬ男が、ちょうど大怪我をして倒れていたジミー少年に止血をし、名乗らずに立ち去った。その後、現場近くにいた女性が公衆電話から救急車を呼び、ジミー君の命を救った、というエピソードである。こうした知らない人同士の、心温まるバトンリレーは、自己中心的な郊外では起きない[52]。戦後の郊外では、共感豊かな、公共性に満ちたアーバニティは育まれなかった、とボールガードは嘆いている[53]。

アメリカ例外主義の衰亡の後に

東海岸や中西部の、初期のショッピングセンターが開発された古い郊外都市では、1990年代以降、多民族コミュニティ化が急進展している。貧困が顕在化し、インナーサバーブになった。グルーエンの期待に反し、これまでの郊外都市では、ショッピングセンターが人種間の融合を進める役割を担うことはなかった。経済社会を統合し、新しい都市構造をつくりだすこともなかった。所得階層によって住区が露骨に分断されたアメリカの郊外では、それぞれの地区に同じ所得階層の、同じ皮膚の色の人たちが集まって暮らしていた。「どこにお住まいですか」という質問は、深謀遠慮、相手の社会的地位を見定めようという、周到な計らいの場合が多い。人々が郵便番号(Zip Code)に敏感なのは、そのためである。

中の上の白人のコミュニティに、黄色や褐色、黒い皮膚が引っ越してくれば、白色系は荷物をまとめて逃げ出す準備を始める。「短いアメリカの世紀」には、古い郊外都市では、外郊外側の堰が崩れ、豊かな中間所得階層はさらなる郊外に流出した。20世紀末以降は、今度は、同じ郊外都市の、広域都市圏の中心都市側の堰が決壊し、中間所得階層が中心都市に回帰する流れができた。古い郊外都市には、ダブルパンチである。そうして「ショッピングセンター葬送の鐘」が鳴るようになった。アメリカ例外主義を具現したショッピングセンターでは、落書き、暴力、窃盗などのバンダリズムが頻発し、アメリカの恥部に零落するところが続出している。

中心都市のダウンタウンやミッドタウンに移住し、都市回帰する中間所得階層は、子育てが終わった世帯(empty-nester)か、子どものいない共稼ぎ夫婦(DINKS)である。それにヤッピーである。これらの都市は、20世紀半ば以降、世紀末まで「逆都市化」現象に襲われ、縮小都市化していた。たとえば、デトロイトやクリーブランド、セントルイスである。「短いアメリカの世紀」に、人口を半減させた。ところが今度は、郊外から戻る中間所得階層を迎え入れ、「再都市化」である。デトロイトでは、ダウンタウン―ミッドタウンの間で空前のコンドミニアム／高級アパートの建設ブームが起きている。衰退し、荒れ果てた街が小奇麗になる。治安が改善する。まちに賑わいが戻っている。ジェントリフィケーションである。

それでは、中心都市に回帰した中間所得階層は、シビックアーバニティを発揮するようになるだろうか。分配型の再都市化が始まるのだろうか。直ちには、そうはならないと思う。新自由主義経済学の影響を受けた都市論が、中間所得階層の都心回帰の動機を、消費者選好説で的確に説明している。都心には、劇場がある、スタジアムがある。車に乗らなくてもレストランでワインを飲み、食事ができる。そうした理由で中心都市の都心に回帰している。自己中心的な居住地選択に過ぎず、いつまた郊外に逃亡してもおかしくない。それに、郊外でバラバラに孤立して暮らしていた人たちが、場所が変われば——すなわち、都会暮らしを始めれば、たちまち手をつないで街歩きを始める、と期待するのは非現実的である。

一方、彼らが抜け出した後の郊外では、アメリカ例外主義の退潮がはっきりしてきた。マイノリティが増加し、所得階層が多様化する流れが勢いを増している。それに加え、生来、多様性に対して寛容で受容性のあるミレニアルの郊外回帰もある。そうして変わる郊外(これまでとは「別の郊外(another suburb)」)に、アメリカ例外主義に代わって今度はどのようなアメリカニズムが生まれるのか(「もう1つの郊外(alternative suburb)」については次章を参照)。それはまだ薄明りの中にある。いまはその輪郭を捉えきれないが、それでもリベラルな、分配型郊外化にふれる可能性がある。

（1）New York Times, Jan. 3, 2015. 日本経済新聞（２０２０年3月1日）は、「商業施設の空き、過去20年で最高」とアメリカのショッピングセンターで空きフロア率がアップしていることを報じていた。２０１９年10～12月の空きフロア率は9・7％に達し、リーマンショック時を上回った。日本のメディアは、高級百貨店の倒産、量販店の破産のいずれの場合も、「アマゾンの影響を受けて」という説明が常套句になっているが、無店舗販売の影響は小売業態によって違う。

（2）R. A. Beauregard. *When America became suburban*, University of Minnesota Press, 2006, 佐伯啓思『「アメリカニズム」の終焉――シヴィック・リベラリズム精神の再発見へ』ＴＢＳブリタニカ、１９９３年。同書で使われているアメリカニズムは、アメリカ例外主義と近似した意味で用いられている。

（3）アンドリュー・ハッカー、北野利信訳『アメリカ時代の終り』評論社、１９７０年。

（4）南ヨーロッパの都市では、豊かな階層は旧市街に暮らす。サボイア公国の首都だったトリノ（イタリア）は、20世紀を迎えると「フィアットの町」として国内移民労働者を受け入れて郊外開発が進展した。それでも住宅価格が最も高いのは旧市街、次にポー川対岸の丘陵地である（脱工業化都市研究会編著『トリノの奇跡』藤原書店、２０１７年）。

（5）N・フルシチョフ（ソ連共産党第一書記）とR・ニクソン副大統領の間で行われた「台所論争」が知られている（モスクワで開催されたアメリカ産業博覧会にて）。共産主義と資本主義のどちらが真の豊かさを実現しているかをめぐって論争し、ニクソンは、皿洗い機やペプシコーラなどを例示し、アメリカ的暮らしの豊かさを強調した。それは正に「豊かな郊外の暮らし＝アメリカ例外主義」の誇示であった。

（6）ジョゼフ・S・ナイ、久保伸太郎訳『不滅の大国アメリカ』読売新聞社、１９９０年。

（7）Shopping centers: America's first and foremost marketplace, ICSC, 2014. Voice of America, Feb. 28, 2020 によると、小売市場の89％は店舗販売、11％が無店舗販売（商務省調べ）。

（8）New York Times, Jan. 5, 2017.

（9）日本経済新聞２０１７年6月17日。

（10）日本経済新聞２０１９年11月15日。Voice of America, Feb. 28, 2020 によると、ミレニアル世代は親の時代の人気ブランド(GAPなど)を「古くさいブランド」として忌避し、自然派の、本物の(authentic な)ブランド志向が強い。そのためターゲットなどの量販店は、これらのブランドの品揃えをやめ、マイナーなデザイナーブランドを強化して店売りを伸ばしている。

(11) 2016–17 Annual Report, ICSC.

(12) 「流通革命」を牽引した中内㓛(ダイエー)、伊藤雅俊(イトーヨーカ堂)、岡田卓也(ジャスコ)、堤清二(西友ストア)らは、アメリカの流通事情を視察し、シアーズやJ・C・ペニーなどの量販店を参考にして日本型総合スーパー(1階に食品スーパーを導入)を開発した。

(13) 日本経済新聞2017年6月17日。

(14) Guardian, June 19, 2014.

(15) abc.net.au/news, Jan. 28, 2015.

(16) New York Times, Jan. 5, 2017.

(17) M・P・マクネア(アメリカの経営学者)は、小売業では常々、革新的な低コスト/低価格経営の新業態が新規参入し、古い業態の小売業から売り上げを奪う一方、既存小売業は次第に高級化路線に転じ、結果的に高コスト経営に苦しみ、市場から退場を強いられる、と説いた。このプロセスが繰り返されることを「小売業の輪」と命名した。

(18) E. Kneebone, Urban and suburban poverty: The changing geography of disadvantage, Penn Institute for Urban Research, Feb. 10, 2016.

(19) J. Garreau, *Edge city: Life on the new frontier*, Doubleday, 1991.

(20) アメリカ人は、生涯平均10回引っ越す、と言われる。「場の移動」によって「アメリカの夢」——経済的、社会的により高い暮らしが実現すると信じているからである。移動することに価値を置く。一方、ヨーロッパ人は、「その場」に対するこだわりが強い。F・フェリーニの映画『道』(1954年)では、旅芸人のジェルソミーナが、一宿をお願いした修道院で修道女に「一生、この修道院に暮らすのですか」と尋ねる場面がある(「定住したい」という思いからの問い)。修道女は、「折々、修道院を変わるのよ。同じ土地が長くなると、その土地を神様より好きになってしまうからです」と答えていた。ヨーロッパでは長く暮らし、その土地に愛着を抱くことを大切に考えている、それを物語るシーンだった。

(21) コロナ禍の影響を受けてニーマンマーカスが破綻したが、サックス・フィフス・アベニューやノードストロームなどは頑張っている。ウォルマートの出店戦略は、当初、①田舎の都市を狙う、②豊かではない郊外を狙う、というものだった。田舎は労組がないので反労組主義のウォルマートには都合がよかったし、競争相手が少ない地域を狙って市場を独占する狙いがあった。

(22) Worldpopulationreview 2019. 以下の人口動態データはここから得ている。

(23) 矢作弘「財政破綻から3年、デトロイトの最新事情――「先端」と「異端」のはざ間で急展開する都市再生」『世界』２０１７年1月号。

(24) K. Gustafson, While you've been paying attention to failing malls, these shopping centers are thriving, CNBL, Jan. 26, 2017

(25) A. Duany, E. Plater-Zyberk, J. Speck, *Suburban and nation; The rise of sprawl and the decline of the American dream*, North Point Press, 2000.

(26) The father of the American shopping mall hated what he created, qartz.com.

(27) New Yorker, March 15, 2004.

(28) M. Hardwick, *Mall Maker; Victor Gruen, architect of an American Dream*, University of Pennsylvania, 2010.

(29) The Economic Development Curmudgeon, Let's take a stroll down memory lane: Victor Gruen and the central business district, Journal of Economic Development, Vol. 13, Jan., 2016.

(30) A. M. Shanken, *194X–Architecture, planning, and consumer culture on the American home front*, University of Minnesota Press, 2009 に詳細。戦時のために建設ニーズ、及び暮らしの製品開発が制限され、建築／生活品のデザイン力が劣化することを心配して開催された。

(31) A. Baldauf, Shopping town USA: Victor Gruen, the cold war, and the shopping mall, http://www.

eurozine.com, Feb. 13, 2008.

(32) New York Times, Feb. 16, 1980.

(33) V. Gruen, *The heart of our cities: The urban crisis: diagnosis and cure*, Simon and Schusters, 1964（神谷隆夫訳『都市の生と死――商業機能の復活』商業界、１９７０年）。

(34) New York Times, April 18, 2015.

(35) 注(33)。神谷が訳した時には、ジェイコブズの『アメリカ大都市の死と生』の黒川紀章訳はまだ出版されていなかった。グルーエンの原著では2度引用されているが、そこでは〈death and life〉と記述されている。

(36) J. Jacobs, *The death and life of great American cities*, Random House, 1961（山形浩生訳『アメリカ大都市の死と生』鹿島出版会、２０１０年）。

(37) The exploding metropolis: a study of the assault on urbanism and how our cities can resist it, edited by Fortune, 1957. *The exploding metropolis* として書籍になった。小島将志他訳『爆発するメトロポリス』鹿島研究所出版会、１９７３年。

(38) 矢作弘「偶像的な偶像破壊者――J・ジェイコブズの都市思想と幾つかの争点」『別冊「環」』22号、２０１６年。

(39) http://www.kpl.gov/local-history/general/mall-city.aspx.

(40) 矢作弘「大阪・梅田の「都市空間」「商空間」」『季刊 消費と流通』１９８１年夏号。

(41) C・アレグザンダー他、平田翰那訳『パタン・ランゲージ』鹿島出版会、１９８４年。

(42) ウイーンとカフェのつながりは古く、100年以上続く老舗がある。文豪や政治家、芸術家が落ち合い、談論風発の場になってきた。トルコ軍が持ってきたコーヒーがウイーンでカフェ文化として開花し、その後、ヨーロッパ各地に伝播した。

(43) Economist, Dec. 19, 2007.

(44) M. Hardwick, 2010.

(45) New York Times, Feb. 16, 1980.
(46) R. A. Beauregard, *Voice of decline; the postwar of fate of U.S. cities*, Routledge, 2003(初版1993年).
(47) R. A. Beauregard, 2006.
(48) D. Boorstin, *Democracy and its discontents: Reflection on everyday America*, Vintage Books, 1975(後藤和彦訳『過剰化社会──豊かさへの不満』東京創元社、1980年)、高坂正堯『文明が衰亡するとき』新潮社、1981年、佐伯啓思『「アメリカニズム」の終焉』TBSブリタニカ、1993年。
(49) ハッカー、1970年。
(50) 桐島洋子『淋しいアメリカ人』文春文庫、1975年。
(51) D. Boorstin, 1975.
(52) J. Jacobs, 1961.
(53) R. A. Beauregard, 2006.

【追記】 コロナ禍で「Stay Home」が広がり、小売業は打撃を受けた。名門百貨店のニーマンマーカス、量販店のJ・C・ペニー、専門店のJ・クルー、ブルックスブラザーズなどがあいついで連邦破産法11条の適用を申請して経営破綻した。業態によって経営環境に違いがあり、J・C・ペニーなどは無店舗販売の伸張による影響が甚大だったが、高級紳士服や婦人服の場合には、IT企業の台頭が職場のカジュアルファッション化を進め、それが高級服市場の縮小につながっている、という見方もある。そうした厳しい状況にコロナ禍が追い打ちをかけた。

6章　「郊外学」が求められる時代
――貧困、多様性、リベラリズム、「もう1つの郊外」――

豊かさがどこまでも広がる郊外の風景は、アメリカの誇りだった。その郊外で貧乏が増殖し、貧困者の過半が郊外に暮らすようになった。アメリカ都市史上、初めての経験である。さらに郊外では、人種、所得階層の多様化が進展している。いずれも、これまでとは「別の郊外化(another suburbanization)」である。それを牽引しているのは移民、ミレニアル世代、そしてハイテク企業で働く高学歴専門職たちである。こうした新しい「郊外の「かたち」」に直面し、郊外学の擁立が求められる時代を迎えている。

アメリカ郊外史を振り返ると、いつの時代にも、画一的で凡庸な「郊外の「かたち」」に異議申し立てをするニュータウン運動があった。20世紀半ばには、高邁な理想を掲げたニュータウン運動が「もう1つの郊外(alternative suburb)」を建設した。その後、時代が右傾化し、運動は保守化したが、いよいよ時代が反転し、リベラリズムが勢いを取り戻す時を迎え、今度はどのような「ニューニュータウン」運動に受け継がれていくのか、それを考える。

「別の郊外化」が進む

「郊外の問題」になった貧困 物事がステレオタイプ化されて把握されると、それを変えるのは難しい。フェイスブック上でニューアーバニズムに共感する若い建築家、都市計画／交通計画家を対象に郊外のイメージを尋ねるアンケート調査をしたところ、以下のような、教科書的な「模範回答」が多かった(1)。

(1)可視的な「郊外の「かたち」」 圧倒的な同質性と画一化。目隠しされてどこかの郊外に連れて行かれ、そこがどこかを言い当てるのは難しい。住宅も、庭先の車も、そして街路に並ぶレストランも同じ。歩ける範囲に特段何もない。公共交通がない。

(2)働き方／暮らし方の「郊外の「かたち」」 没個性的で人々の振る舞い、生活価値観に違いがない。誰もが富と成功(出世)、プライバシーに強いこだわりを持つ。物質的に豊かな暮らし。しかし、そこに広がるのは、孤立し、孤独な暮らしである。

こうした同質的な空間にいる人々は、近隣の人々と同じであることに執着する。違いや多様性を忌避する。利己的な個人主義が強い。他者を「世話したり」、他者に「お節介したり」することには無関心である。それ以上に冷淡である。そうした郊外都市では、人々と公共空間の関係は希薄である。「違い」を嫌がるコミュニティでは、同類の仲間同士(人種、階層)が烏合してゲーテッドコミュニティをつくる。多様な人々の暮らす中心都市から離脱、独立し、似たもの同士が集住する小さな自治体をつくる。伝統的な都市圏中心都市では、常々、多様性が衝突し、それを調整する努力が繰り返される。その努力が寛容性を育む。一方、分離、離脱する郊外の小規模自治体同士では、都市間の利害をめぐっていがみ合いが起きる。そして郊外の都市は、反都市圏主義に走る(2)。結果、都市圏の公共空間はパッチワーク化する。

ところが昨今、こうした定式化された郊外化とは、「別の郊外化」が進展している。それも急ピッチである。それを端的に表現すれば、「都市化する郊外」が広がる、ということになる。

アメリカでは、貧乏人が増えている。[3] 21世紀を迎えて以降、急増した。2000年の貧困者は3390万人だった。それが経済危機後の2011年には、4620万人に膨れ上がった。[4] その後、高止まりし、2018年には3810万人まで改善した（連邦国勢調査局）。しかし、貧困率は11・8％と依然高い。連邦政府が定義する貧困ラインに近接する「準貧困者」を加えると、貧しい暮らしを強いられている人々は1億人を超える。

連邦政府の定義する貧困ライン（絶対的貧困）は、4人家族で年収2万4418ドル以下（2014年）、全人口の14・8％である。

貧困の実態と郊外

1960年代前半に、貧困者は4000万人いた。1970年代初期には、2500万人まで減少した。その後、景気の波動を反映してアップ／ダウンを繰り返しながら、貧困者は基本的に右肩上がりで増加した。1960年代の貧困の改善は、「偉大な社会」政策とケインズ主義政策の成果である。トリクルダウン効果を確認できた唯一の時代だった。しかし、1960年代には、アメリカ各地で都市騒乱が頻発した。以降、「貧困は大都市圏の中心都市、そのインナーシティ、及び農山村地域の問題である」と考えられてきた。

その定説を覆す人口動態が起きている。ブルッキングス研究所のレポートがしばしば引用されている。95大都市圏の貧困動向を調べた報告書である。[5] それによると、1970年には、740万人の貧困者が都市に集住していた。それに対して郊外の貧困者は640万人だった。その後、都市でも、郊外でも、貧困者は継続して増加した。それが昨今は、郊外で貧困者の増加が急である。

（1）2000年の調べで、郊外暮らしの貧困者（1040万人）が都市暮らしの貧困者（1000万人）を初めて上回った。アメリカの人口動態史で歴史的な変転が起きたことになる。以降、その乖離が継続している。そして貧困が郊外の問題になった。

（2）「貧困大国アメリカ」と揶揄されるが、貧困者の3分の1が豊かなはずの郊外に暮らしている。2015年の貧困者の地理的分布は、大都市圏2900万人（郊外1600万人、都市1300万人）、小規模都市圏1000万人、農山村地域800万人だった。

（3）「郊外の貧困」は、郊外でホームレスの急増につながっている（サンフランシスコ郊外のコントラ・コスタ郡では、路上生活者が2011〜16年に26％増加）[6]。これまでは、ホームレスは都市を徘徊している、と考えられてきたが、郊外でも普通に出会うようになった。

「都市化する郊外」が、郊外を「二郊外物語（A tale of two suburbs）」に改変している[7]。ワシントン大学教授で貧困学を専攻しているS・アラードの近刊書が、「郊外の貧困」研究として高い評価を得ている[8]。シカゴの北に位置する郊外のレイク郡の変容を活写している。国内でも上位にランクされる豊かな郊外だった。20世紀後半に開発が進展した新しい郊外である。分割された敷地に立派な造りの住宅が並ぶ、中間所得階層が暮らす典型的な郊外コミュニティだった。そのため、郊外を舞台にした映画の撮影現場に使われることも多かった。そこで広がる貧困話である。

「郊外の貧困」は、必ずしも可視化されていない。しかし、注意深く観察すると、貧困が随所で姿を現す。1棟の戸建て住宅の前に、5、6台の車が停まっていることがある。ホームパーティなどではなく、しばしば家賃が高いため、複数の貧しい家族が共同生活している風景である。貧者のシェアハウスである。まちでは高級店が閉店し、安物店への転換が起きている。食品スーパーでは、フードスタンプ(食料の配給券)を使う客を見かける。小ざっぱりした衣服で来店するので、意識的に観察しないとほかの客と区別がつかない。そのレイク郡では、1990〜2014年に貧困者が150%増加した。

名門のシカゴ大学は市の南にある。キャンパスの周囲が荒廃している。以前、訪ねた時に、「夜道は怖い」という印象を持った。麻薬や犯罪が日常になっていた。黒人歴史博物館がある。南部から仕事を求めて北上した黒人の、最終到達地になっていた。その歴史を伝えている。製鉄など煤煙型製造業が栄えたが、閉業した後は失業率が高い。それに対して市の西側は恵まれたコミュニティだったが、ここでも最近は、「郊外の貧困」が忍び寄っている。伝統的に白人の、中間所得階層の住区である。キリスト教団体が2013年、この裕福なコミュニティに数百万ドルを投資して大規模な社会福祉センターを建設した。ところが需要にセンターの活動が追いついていない(9)。生活支援を必要とする住民が急増している。

シカゴの郊外は、かくの如し。「郊外の貧困」が三方――南北、そして西郊外に広がっている(東はミシガン湖)。アラードは、シカゴに加えてロサンゼルスとワシントン郊外を調べているが、ほかの都市圏でも事情は同じである。

脱バニラ化する郊外　1967年の都市騒乱の後、L・ジョンソン大統領の下で活動したO・カーナー委員会(1968年)が、騒乱の背景分析と政策提言をまとめた報告書を提出した。そこには、「この国は二極――白人と黒人に分断される。不平等が拡大する」と書かれていた。その10年後に、ミシガン大学のグループが論文「チョコレート都市vs.バニラ郊外」を発表した。[10] このチョコレートは黒人、バニラは白人の暗喩である。論文は、デトロイト都市圏を事例研究し、「二極化する都市圏」を描いていた。そして豊かになった黒人中間所得階層は郊外に暮らし、人種的に混住することを希望するが、白人はそれを嫌い、それより外の「外郊外」に逃げ出す傾向を明らかにしていた。

「郊外の貧困」と同時並行し、もう1つの、これまでとは「別の郊外化」が進行している。郊外の「脱バニラ化」である。都市雑誌「ガバニング」が、「いよいよ我々は、郊外の人種の多様性について語らなければならない時機に来た」という記事を掲載し、シカゴ郊外のクック郡の事例を紹介していた。[11] 国内最大規模の郊外郡である。それによると、1970年代初めまでは白人の中間所得階層が暮らす「バニラ型郊外」で、白人が住民の89%を占めていた。黒人は7%。しかし、以降、黒人比率がアップし、1990年には30%、2010年には54%に達した。郡内の36自治体のうち26自治体で黒人が過半を占めるようになった。さらにヒスパニック系の居住者が増えている。

ほかのラストベルトの都市圏、さらにはサンベルト、西部の山岳地域、西海岸の都市圏でも、郊外の「脱バニラ化」が進行している。「郊外の多様化」である。こうした「別の郊外化」は、「郊外学」の創設を求めている。郊外の歴史は100年を超え、これまでも多くの郊外研究がある。その基本的なスタンスは、都市学(urban studies)の一部(都市学の尾鰭)という位置にあった(寡聞にして「郊外学会」、「郊外学誌」というジャーナルを知らない。最近ニューヨーク州のある大学が郊外学研究所を設立し、ニュースになった)。しかし、21世紀を迎え、「郊外の「かたち」」が大きく変容し、独立したジャンルの総合科学(社会科学、自然科学、人文学を包摂する)として「郊外学」を創設する意義を訴える研究が出てきた。

「郊外」の定義は曖昧、タイプもさまざま

アメリカ人は引っ越しを幾度も繰り返す。そして郊外に大

きな家を買い、そこを終の棲家にすることが成功の証だった[12]。アメリカンドリームである。では、どこが郊外か。それを問われると、答えはあやふやになる。研究者も調査機関も、都合よく、したがって恣意的に「郊外」を使っていることが多い。人口統計を扱う連邦国勢調査局(United States Census Bureau：USCB)も、郊外について公式の定義を持っていない。

ハーバード大学のグループが3つの基準を示して「郊外の定義」を試みている[13]。

(1) センサス(人口統計)による定義——都市圏にあって中心都市(principal city)ではなく、人口が10万人を超えない地域。この場合、アメリカの総人口の70%が郊外暮らしになる。

(2) 暮らし方による定義——「郊外様式(suburbanism)」と呼ばれ、高い持ち家率、高い戸建て率、移動が車に大きく依存する暮らしの空間。この定義では、総人口の60%が郊外暮らしになる。

(3) 街区による定義——低い人口密度、築年の近似した住宅が集積している地域。この場合は、総人口の80%が郊外暮らしになる。

オックスフォード大学の研究班は、郊外を以下のように定義している[14]。

(1) 都市中心に近接する、中心の外の地域。低密度で戸建て住宅が多く、住民は都市センターに通勤している。

(2) 都市中心は通勤のハブ、行政の中心。

都市圏については、連邦国勢調査局が定義を持っている。

(1) 少なくとも5万人の人口集積がある地域が存在し、そこが近接コミュニティと経済的、社会的に高度に統合されている。

(2) 大都市圏の場合、中心都市が複数存在することもある。

（3）（1）（2）の定義では、国内に381の都市圏があり、全人口の85％が都市圏に暮らしていることになる。また、3分の2が大都市圏の居住者である。

いずれの定義でも、「郊外の貧困」が進行し、社会問題化していることに違いはない。

アメリカの郊外化は戦前に遡る。時期や事情によって幾つかのタイプの郊外がある。まず、路面電車が郊外に延伸されて住宅開発が起きた。「Streetcar Suburb（「路面電車郊外」）」と呼ばれ、ホワイトカラーもブルーカラーも、路面電車を使って中心都市に通勤した。買い物も中心都市に出かけた。ベッドタウンである。

同じ時期に「衛星都市」が形成された。ベッドタウンとは違い、中心都市から相対的に独立している。衛星都市を牽引したのは製造業である。デトロイトの隣町、ディアボーンはその典型である。フォードがデトロイトから本社と大規模工場を移転して成立した。工場の拡張に伴走して衛星都市も成長した。G・テイラーの『衛星都市――産業化される郊外の事例研究』（1915年）は、このタイプの都市形成を分析して衛星都市論の古典になった。当時の衛星都市は、中心都市を小規模に真似したものが多かった。好例はニューヨークにならったニューアーク（ニュージャージー）である。ダウンタウンにメインストリートを整備し、そこにアールデコ様式のタワービルを建てた。インナー郊外（都市内の郊外）には工場が並び、その外側に住宅地を開発した。衛星都市のダウンタウンは、20世紀半ばまで大いに賑わった。しかし、その後、急速に衰退した。

戦後の郊外を席巻したのが「レビットタウン」である。[15] W・レビットが考案した量産型の住宅団地である。手慣れた職人たちが手がけると、1日で1棟建ったといわれる。安価なお手軽住宅で、帰還兵を中心に売り出された。連邦政府が低利の住宅融資を用意した。しかし、それは人種差別的な助成制度で、黒人はその政策から締め出された。そのためレビットタウンは、もっぱら白人が暮らす郊外住宅地になった。ロングアイランドのナッソー郡（ニューヨーク）、それにフィラデルフィア郊外に「レビットタウン」の名前を冠するニュータウンがある。芝生の前庭付きの、それも同じ様式の住宅がどこまでも拡散する風景。そしてほぼ100％が白人のコミュニティは、戦後のアメリカを象徴する「郊外の「かたち」」になった。

１９７０年代頃から、「エッジシティ」の形成が始まった。[16] エッジシティは、都市圏の州際高速道路、特に環状高速道路沿いに形成された。その先には「外郊外」が広がる、という構図である。高層のオフィスビル、ショッピングセンター、ホテルや外食店、映画館などの文化施設が揃っている。衛星都市に比べても、中心都市に対する独立性が強い。仕事、日常生活のほぼすべてがエッジシティ内で間に合い、自己完結型都市である。人口規模が100万人を超える大都市圏では、幾つものエッジシティが形成された。

20世紀後半に、「ブームバーブ（boomburb）」と呼ばれる「郊外の「かたち」」が隆起した。[17] サンベルトに多い。究極のスプロール型郊外コミュニティである。都市にある機能は、大方、備えている。しかし、ダウンタウンに相当する高密度な都市核がない。空間は弛緩し、都会性が欠落している。高層の建物は少ない。低層の大規模ショッピングセンター、ビジネスパークが州際高速道路のインターチェンジ沿いに開発されている。ブームバーブは、①10万人以上の人口を抱えているが、②人口規模はその中心都市に比べて小さく、③人口が急成長している。フェニックス都市圏（アリゾナ）のメサは、その典型である。１９７０年には小さな町だったが、以降、人口が急増。現在、300㎢以上のスプロールした地域に戸建て住宅が連棟、50万人が暮らす。半世紀の間に人口が8倍に増えた。多くの住民はフェニックスに通勤し、圧倒的な車社会である。最近、フェニックスからLRT（軽量軌道交通）が延伸された。モルモン教徒にゆかりがあり、白人の比率が高い。政治的には保守。右派のティーパーティ運動の温床になった。

「都市化（貧困／多様化）する郊外」の正体は？

鬱蒼とした緑に囲まれた外郊外の、広大な敷地の奥に邸宅が建つ金持ちコミュニティを除き、おしなべてどのタイプの郊外でも、これまでとは「別の郊外化」が広がっている[18]。

以下は、ブームバーブのメサ——そのハイウェイを走った時に、車窓に流れた風景である。プールやジャグジー付きの戸建て住宅が並ぶ。所々にストリートストリップ（街路沿いの商店地区）がある。街路はヤシの並木、それにサボテン。低層のアパートがある。所々に中層階のオフィスビルが点在している。人影はない。ところがその合間の原っぱに、幾台ものトレーラーハウスが「駐車」していた。戸建て住宅の間にも、貧困が広がっている[19]。メサを含む都市圏の2018年の貧困率は15・7％に達していた[20]。公立小学校では、生徒の65％（2018年）が給食費を払えないか、減額措置を受けている（2008年58％）[21]。富裕層は、子どもを私学に通わせている。そのためか、ヒスパニックの生徒数が白人の生徒数を上回る公立学校がある。

郊外都市が多様化し、貧困層を抱え込むようになった事情はいろいろである。

（1）都市の暮らしを支えるインフラ労働の増加　1970年前後以降に形成されたエッジシティでも、ブームバーブと似た状況がある。貧者が増えている。ブームバーブもエッジシティも、ベッドタウンではない。単一の、純粋な住宅都市ではなく、多様な都市機能を揃えている。当然、都市機能を支える経済的、社会的インフラ労働が必要になる。道路の掃除、ゴミの収集などの公共サービス、オフィス／ショッピングセンター／ホテルの清掃、レストランの皿洗い……。仕事はいろいろだが、時給は最低賃金水準。白人はこうした仕事には就かない。低賃金サービス労働に従事しているのは、大方、黒人、ヒスパニック、東ヨーロッパ系移民である。

こうしてエッジシティタイプの郊外でも、人種の多様化が起きている。ヒスパニック系の不法移民は、最低賃金以下で働かされている。1日に複数の仕事を渡り歩き、働いている。[22] しばしば家族総出で働いている。それでも満足な生活費を稼げず、貧しい。こうしたところでは、怠惰が貧困の原因ではなく、貧困は構造的な社会問題である。

（2）海外からの移民　海外からの移民は、これまでは都市圏の中心都市にとどまることが多かった。アメリカは、人種が混ざり合って暮らす「メルティングポット」ではない。それぞれが別々に集住してコミュニティをつくって暮らしている。「サラダボウル」である。[23] これまでの移民は、都市の「サラダボウル」に構築されたネットワークを頼って渡来し、そこに定住するのが普通だった。ところが最近は、都市圏の中心都市を経由せずに、郊外都市に直行するようになった。[24] 仕事が郊外に流出しているためである。その結果、今度は郊外に、多様なマイノリティの「サラダボウル」が形成されるようになった。その「サラダボウル」を頼って新しい移民が郊外に直接流入して来る。そして不安定な低賃金サービス労働に就く。

（3）ジェントリフィケーションの「敗者」　中心都市の再生やスーパースター都市の成長が家賃を高騰させている。家賃を払えない中の下の所得階層、貧困層が増えている。彼らが中心都市から排除され、住宅費の安い郊外に流入している。それが「郊外の貧困」「郊外の多様化」を促進している。

（4）サブプライムローンの被害者 2008年の経済不況で失業したり、住宅ローンで破綻したりした人たちが多くいる。2015年頃までは、郊外の住宅地を歩くと、交差点を挟む三方の住宅の前庭に「Sale（この家を売ります）」の立て看板が立っているのが珍しい風景ではなかった。多くのマイノリティが金融機関に騙されて破綻したが、当然、白人の間にも、住宅ローン破綻者がいる。

（5）内発する「郊外の貧困」 ワシントン大学のアラードが注目している[25]。以前の郊外都市には、高卒の非熟練労働者が多く暮らし、それなりの暮らしができる製造業の仕事があった。しかし、製造業が縮退し、失業するか、低賃金のサービス労働に追いやられている。20世紀後半に、中心都市のインナーシティが経験したこと（製造業の破綻と雇用構造の変化＝脱工業化）を、今度は郊外都市が経験している。

郊外では、貧困者の増加率が人口全体の伸び率を上回っている。それは内側からの「内発的な貧困」が増加しているためである。すなわち、既住者の間にも貧困が広がっている。郊外の既住者は、これまでは圧倒的に白人だった。したがって郊外の製造業が衰退して失業しているのは、過半は白人である。「郊外の貧困」のもう1つの特徴は、「貧しい白人（プアーホワイト）」の増加である。

「郊外の貧困」に対する取り組みは難しい。郊外の貧困者の場合、職住が空間的に乖離している（中心都市のインナーシティは相対的に職住接近している）。そのため長距離通勤を強いられる。しかし、郊外は公共交通が乏しく、移動には車が必要になる。車を購入できないか、買っても維持費が嵩み、生活の重圧になる。郊外でも、母子／父子家庭が増えている。「夫婦に子ども2人」の家族構成というのは、昔話になった。ベビーブーマーが高齢化し、高齢世代の間に貧困者が増加している。一人暮らしの高齢者も多い。家族形態にハンディキャップがあると、近所付き合いが希薄になる。暮らしが孤立する。

「貧困は都市の問題である」「郊外には豊かな中間所得階層の暮らしが広がっている」という既成概念の蔓延が、「郊外の貧困」に対する初動の取り組みを妨げている[26]。研究者にとどまらず、日々、現場と向き合っている政策担当者の間でも、認識の転換が起きていない。1960年代の政策「偉大な社会」以来、連邦政府の貧困対策は、都市を重点に予算が組まれてきた。その傾向はいまも変わらない。州政府の対応も同じである。非営利団体のCDCs(Community Development Corporations)や教会、社会福祉団体、移民の支援活動などのコミュニティネットワークも、都市圏の中心都市に比べて郊外は乏しい。そうしたところには、政府の予算が回ってこない。そのため非営利団体の新たな組織化が進まない。

「もう1つの郊外」を希求――ニュータウン運動史

建て売り住宅業者が農地を買収し、そこに数百戸の住宅を建てる。隣接地で別の業者が同じことをする。郊外の都市政府はそれを後追いし、学校を建てる、道路をつくる、上下水道を敷設する。将来を総合的に考える余裕などない。そうやって郊外に似たり寄ったりの、同質性の高い空間が拡散していった。そこでの暮らしは、近隣との付き合いが乏しく、孤独で殺伐とし、倦怠感が漂っている。そして20世紀半ばには、物質的に恵まれた生活風景の背後にある「淋しいアメリカ人」の暮らしがルポルタージュされた。あるいは、「豊かさとは何か」を問う社会学の本が出版された[27]。

しかし、当時、「郊外の「かたち」」に疑問を投げかけたのは、ジャーナリズムやアカデミズムだけではなかった。開発の現場でも、批判があった。それが「もう1つの郊外」をつくるニュータウン運動として開花した。都市は時代を反映して変化する。ニュータウンも同じである。ニュータウンはマスタープランが練られ、それに沿って建設される。マスタープランには、開発の先導者が掲げる理念や理想と同時に、時代が刻印されている。

最近、アメリカのニュータウン開発史を研究し、そこから新しい「郊外の「かたち」」を考えるヒントや知見を得ようとする著作、そして研究論文の発表が増えている。こうした新しい研究動向の背後には、現実の郊外の変容――「多様化する郊外」「貧困化する郊外」の進展がある。ここでは、そうした最近のニュータウン研究に学び、20世紀アメリカのニュータウン運動史をふり返ることにする。(28)

戦前のニュータウン運動

グリーンベルト 戦前の、初期のニュータウンにグリーンベルト(メリーランド、2万4000人)がある。連邦再居住局がニューディールのモデル住宅政策として労働者向けに住宅を供給した。1937年に着工。「緑の」シリーズと呼ばれ、シンシナチ郊外にはグリーンヒルズ、ミルウォーキーではグリーンデールが開発された。再居住局行政官だったR・タッグエルは、左派の経済学者で、「住宅は政府の仕事である」という信念の人だった。そして田園都市論の信奉者だった。ワシントン郊外のグリーンベルトには、アールデコ様式のルーズベルトセンターが残っている。全体に、私的空間に対して公共の広場や歩行者専用の小径を優先するデザインになっている。住宅は小径を正面にして建ち、住宅同士を分離する壁はない。当時の近隣住区論(C・A・ペリー)に学び、学校が重視され、アールデコ様式の美しい校舎が建てられた。

L・マンフォードは、「「緑の」シリーズがアメリカの郊外に新しい時代を切り開く」と信じていた。大統領のF・ルーズベルトはグリーンベルトを訪問し、「今後の住宅開発が複写しなければならない経験がここにある」と語った。しかし、期待は裏切られた。間もなく第二次世界大戦に突入し、戦後は保守派とビジネス／金融資本が結託し、「住宅開発は民間の仕事。財政は脇役に回るべし」という政策が打ち出された[29]。そのため、「緑の」が再び日の目を見る時代は来なかった。逆に復員兵を対象に、量産型のレビットタウンが大量供給されるようになった。レビットタウンの台頭と「緑の」の挫折は、表裏の関係にあった。「緑の」のつまずきは、20世紀半ば以降、アメリカの住宅開発が郊外を単一／一色に塗りつぶす一因になった。

社会的な多様性をめぐっても、時代の制約があった。グリーンベルトでは、入居希望者に面接し、「コミュニティへの参加」を約束させるなど、コミュニティ主義が強調された。しかし、ニューディールの人種差別主義を引きずり、黒人の入居を拒絶した。タッグエルは、「モダニズムデザインと協同主義（協同組合住宅や購買店）」の結婚を目指し、「階級のない平等なコミュニティ」の実現を夢見ていた。しかし、真の、民主的な田園都市は実現しなかった。タッグエル自身が「アメリカ最初の共産主義タウンの先導者」などとメディアに叩かれ、辞任に追い込まれた。

建設から80年を経た現在、居住者は黒人51%、ヒスパニック15%。白人は少数派である。多様化が確実に進展してきた。ルーズベルトセンターにある「ニューディール・カフェ」は、20世紀末に協同組合方式で開業した。「第3の場所運動（The Third Place Movement）」（20世紀末に生まれ、政治、社会、文化を語り合い、市民参加や地域民主主義を促進する運動）の拠点になっている。そこでは、コミュニティ主義が時空を超えて受け継がれている。人々はコーヒーを啜《すす》りながら、ニュータウンの話題、そして政治談議をする。そういう場になっている。

ラドバーン 「緑のシリーズ」のお手本になった(ニュージャージー、3100人、208頁の写真)。20世紀を通してニュータウン運動に大きな影響を与えた。開発は1929年。E・ハワードの田園都市論、C・A・ペリーの近隣住区論を踏まえ、C・シュタイン、H・ライトが建築/計画のデザインに携わった。歩車道分離を実現し、「車時代のタウン」の魁になった。スーパーブロック(大きな一街区)にクルドサックス状(道路から「U」字型に入れ込みをつくり、そこに5〜6戸の戸建て住宅を建てる)の住区を連続して埋め込み、戸建て住宅を並べた。住宅の裏手を小径が迂回している。生活道である。小径は広大な緑地を抜けて駅に通じている。

実際は、「田園郊外」として開発され(30)、職住近接は実現しなかった。ラドバーン駅からニューヨーク・マンハッタンまで、乗り換えを含めておよそ45分。平日は午前7時台に3本、8時台に2本の通勤電車が走っている。ラッシュアワーでも、座席を確保できる。ビジネス紙を読み終わる頃に、マンハッタン着である。定住率が高い。訪ねた時に、庭先や広場で出会った10人にインタビューすることができた。8人が25年以上の居住歴があり、残り1人は5年、もう1人が3年半。ある高齢者は、「子どもは巣だってカリフォルニア暮らし。引退後はここに戻る」と話していた。30年前に25万ドルで取得できた住宅が、最近は60万ドル以上する。それでも「この素晴らしいニュータウン環境、そしてニューヨークへの通勤圏にあることを考えれば「安い」」という。居住歴3年半の家族(子どもが2人)は、大学教員夫婦(アメリカ文学史専攻の夫と、マンハッタンのザ・ニュースクール――プラグマティズム哲学のJ・デューイゆかりの大学で美術史を教えている妻)だった。ジャージーシティから引っ越して来た。ラドバーンは小中学校のレベルが高いこと、そして緑豊かな環境に魅かれて移住を決めた、という。

住民組織のラドバーン・アソシエーションが共有地の処分権を持ち、運動施設も管理している。土地利用、個人の住宅を含めて建物／ランドスケープのデザイン規制を引き受けている。住民は世帯当たり1600ドル(2018年)前後の年会費を払う。それがアソシエーションの活動費になる。アソシエーションのガバナンスをめぐる揉めごとがあった。[31] 1世帯に1票の投票権がある(賃借住宅の居住世帯は除く)。そして9人の理事を選挙する。それまでは、理事会が理事候補リストをつくり、住民はリストから理事を選ぶ制度になっていた。そのため理事候補になるのは、ラドバーンの居住歴が長い住民に限られていた。偶発的に、開発主義者を理事に選ぶことなどを避ける選挙制度だった。「結果的に、ラドバーンの優れた歴史的環境を保全することに役立っている」。理事会側はそう考えていた。それに対して「現行の理事会制度は専横的、非民主的、閉鎖的」とガバナンスに対する批判が起き、訴訟になった。その後(2017年)、州法が改正され、住民(住宅所有者)は誰でも理事選挙に立候補できるようになった。

小学校のホームページを開くと、30カ国・地域語で説明書きを読める(グーグルの翻訳機器を利用)。「多様化対応が凄い」と驚いた。庭先で出会った人に、「日本からまち調べに来ました」と話しかけると、「我が家を見学する?」と誘ってくれる。開放的でフレンドリーである。しかし、2度、それぞれまる1日歩き回ったが、黒人にも、そしてヒスパニック系、アジア系と思しき人にも出会わなかった。間もなく建設100年祭を迎えるが、「ラドバーンの「かたち」」は、いまも圧倒的に単一／一色である。

レストン ワシントンの郊外に開発された(バージニア、6万人)。主導者のR・サイモンは、田園都市論の影響を受けて計画を推進した。父親がラドバーン開発に深く関与し、サイモンもマンフォードの愛読者だった。グリーンベルトの「歩いて暮らせるコミュニティ」に感化された。高速道路網が整備され、「一家に車2台」という時代を迎えていたが、サイモンは、そうしたライフスタイルを嫌悪し、車依存の、スプロール型の低密度開発を批判する提案を目指した。サイモンはカーネギーホールの株を売却し、その資金で広大な農地を取得した。1962年にマスタープランをまとめた。タウンハウス(連棟型住宅)70%、アパート15%、戸建て住宅15%を混在して建て、住民が年齢を重ねながら幾つかのタイプの住宅を移り住む——生涯居住型コミュニティを提唱した。多様なタイプの住宅を供給すれば、可視的にも、人口動態的(所得階層、年齢層)にも、コミュニティに多様性、平等主義を約束できる、と考えていた。田園都市論にならって職住接近を重視し、外縁部に軽工業や研究所用地を置き、雇用機会を創造した。

近代建築の4大巨匠とされ、ハーバード大学教授だったW・A・G・グロピウスの弟子が計画と建物のデザインに携わった。多極分散型に7つのビレッジセンター、その上位に1つのタウンセンターを配置した。レイク・アン・ビレッジがよく知られている。イタリアの観光地で漁港のポルトフィーノ——急勾配の岸壁が小さな入り江に迫り、商店やカフェが狭い水辺に軒を並べ、住宅が岸壁に張り付くように天空に這い上がっている——を参考にし、人工湖沿いにアパート、タウンハウス、広場、ショップを配した。

「技術革新が労働時間を減らし、娯楽時代が到来する」と考えたサイモンは、「働き、遊び、暮らす」を標語に掲げてマスタープランを練った。ビレッジ計画では、近隣住区論から距離を置き、(学校ではなく）娯楽施設を重視した。ゴルフ、プール、テニス、湖水でのスポーツ、フィッシングなどの整備に傾注した。しかし、施設の利用料が高く、負担できる中間所得階層以上、払えない低所得階層――その間にライフスタイルの格差が表面化した。公民権運動が活発になった時代だったが、入居者については特段の工夫はせず、「自然の成り行きに任せる」方針を貫いた。初期入居150世帯のうち、黒人世帯は3世帯にとどまった（1970年代には、黒人比率は11％にアップした）。

売れ行き不振が続き、サイモンは経営陣から排除された。資金面から開発を支援したガルフ石油の子会社ガルフ・レストンが経営を引き継ぎ、白人の、中間所得階層向けに戸建て住宅を量販するようになった。結果、どこにでもある没個性的な郊外住宅に傾斜していった。資本が戸建て住宅主義の、富裕層の住宅市場にすり寄ったのである。ここでは、時代（1970年代）の保守化が「コミュニティの「かたち」」に影響した。ガルフの方針に反発した初期の住民（パイオニア）は、レストン・コミュニティ・アソシエーション（RCA）を結成した。以降、RCAは、ディベロッパーに対して異議申し立てをする市民運動体になった。

現状の人口は、白人63％、ヒスパニック13％、アジア11％、黒人10％である。タウンセンターに高層ビルが建ち、地下鉄が開通した。ワシントンへの利便性が向上して家賃が高騰している。中間所得階層以上と低所得階層の格差が広がっている。RCAは「もうこれ以上の開発はやめて！」と訴え、我が家の不動産価格が上がることよりは、「レストンらしさ」を守ることにこだわっている。

コンコルドパーク　公民権運動の、リベラリズムの時代に先行してペンシルベニアで計画された（隣接住区を含めて2万人）。結果、リベラリズムの申し子のようなニュータウンになった。そこでは、レストンとは違って社会的な多様性の実現が最優先された。建築デザインの革新性、新奇性は二の次になった。1968年公正住宅法が住宅をめぐる人種差別を禁止した。それよりも10年以上前に計画され、民間開発では「人種統合型ニュータウンの第1号」になった。当時の郊外開発で主流になったレビットタウンは、「黒人には売らない」の方針を明示していた。そしてペンシルベニアでも「レビットタウン」の名前を冠したニュータウンづくりが始まっていた。

そうした時代を背景に、平等主義者のM・ミルグラムは、ニュータウン開発に着手した。レビットタウンから18㎞しか離れていない近接地に開発用地を確保し、レビットタウンに内外装を真似た住宅(したがって建築デザイン的には平凡)を売り出した。近接して立地し、あえて建物のデザインを真似たことには、レビットタウンに対するミルグラムの対抗心、そして意地が込められていた。

ロシア系移民の子どもとしてニューヨークに生まれ育ち、10代で左派思想に染まった。早熟だった。戦後間もなくの連邦政府や裁判所は、新しいコミュニティをどのように開発するかは、「ディベロッパーの、神聖不可侵な権利である」と考えていた。それゆえ、レビットタウンは、堂々と黒人に住宅を売ることを拒否していた。それに対決したミルグラムは、「人種統合」を提唱し、コンコルドパークではクオーター制(白人向け割当戸数55%、黒人向け割当戸数45%)を示して販売を始めた。当時のニューヨーク・タイムズは、「郊外が人種の壁を破る」という記事を載せた。記事の中で記者は、「白人と黒人が一緒に暮らしている。なのに、揉めごとが起きない」と驚いていた。社交クラブが結成され、ベビーシッター協同組合が生まれ、住民の間に次第に「橋」が架かっていった。しかし、1968年法でクオーター制が違法(「逆差別」という判断)になって以降は、次第に黒人移住者が増加した。最近は、ヒスパニック、アジア系の姿も見かける。

コンコルドパークの挑戦は、時空を超えてその精神が、「正義の住宅運動」として受け継がれている。シカゴの郊外にあるオークパーク（５２００人）は、その一例である。(32) Ｆ・Ｌ・ライトが設計した建物が多く残っている。Ｅ・ヘミングウェイの生家もあり、歴史的街並み保存運動が浸透している。戦前は住民のほぼ100％が白人の、中間所得階層だった。ヘミングウェイは、こうした白人主義を批判し、「ここでは広い芝庭に心の狭い人々が暮らしている」と評したという。戦後間もなくの事件が転機になった。黒人化学者で企業経営者だったＰ・ジュリアンが豪邸を建てた。一部の住民が反発し、爆弾を投下した。300人を超える住民が事件を非難してデモ行進をした。この事件は、コミュニティにトラウマになった。それが公民権運動の時代に、地域公正住宅条例の制定につながった。草の根運動がオークパーク地域住宅センター（Oak Park Regional Housing Center：ＯＰＲＨＣ）を創設した。オークパークの黒人比率は、１９６０年代には１％未満だったが、現在は白人67％、黒人21％、ヒスパニック８％、アジア５％である。

ＯＰＲＨＣのホームページにセンターの使命が載っている。「オークパーク、そしてオークパークを越えて統合された包摂的なコミュニティを建設する」と宣言している。ＯＰＲＨＣは、アフォーダブル住宅の紹介、学校の統合、社会的ネットワークの拡充などのプログラムを展開している。Ｒ・レイモンド（「ボッビエ」の愛称で呼ばれた）は、ＯＰＲＨＣの専務理事を27年間務め、人種統合の闘士になった。ホームページに伝記が掲載されている。少女時代は俳優、長じて大学院で社会学を学び、研究者、そしてアーティストになった。「オークパークを越えて」を実践するために、全国組織オークパーク交流会議を組織し、オークパーク・モデルの普及に努めた。彼女の活躍は、ＡＢＣ、ＢＢＣなどのメディアで広く紹介された。

コロンビア　Ｊ・Ｆ・ケネディ、そして「偉大な社会」を掲げたＬ・ジョンソンの民主党時代に、ワシントン郊外に開発された(メリーランド、9万人)。社会的な多様性の追求、その統合が優先された[33]。入居者についても、黒人、及び低所得者に対して窓口を等しく開いた。融資制度を用意し、低所得者の住宅取得を支援した。主導者のJ・ラウスは、ショッピングセンターとウォーターフロント開発で蓄財した資本を投資した。建築/計画デザインよりは、社会計画に多額の投資を繰り返した。そのことは、街区を徘徊すると可視的に確認できる。煉瓦、コンクリート造りのタウンハウスやアパートは、建築デザイン的には凡庸で没個性的である。一方、ディベロッパーのハワード・ディベロップメント・リサーチ(HDR)は、利益の10%をコミュニティ基金に寄付し、社会文化活動、住民に開発理念を伝える広報活動を支援し続けた。

コロンビアの都市計画も、ラドバーンの影響を受けた。ラウスは、「人間は環境——空間、規模、色彩、自然、歴史に影響される」「よき物理的な計画がコミュニティを、そして人間を育てる」と考えていた。実際の開発では、優れた都市計画と進歩主義の社会開発が両輪になった。しかし、あえて言い切れば、「よき市民を育てる」ことを第一に掲げ、それを実現するために都市計画で苦心した。新進気鋭の社会科学者、人文学者を招集してワーキンググループを組織したのは、そのためだった。

ラウスは1963年に、カリフォルニア大学で講演したことがある。そこでは「人間には小さなコミュニティが必要である。小さなコミュニティでは責任を持つ市民が生まれる。人間は都市よりは村や小さな町でよく育つ」と語り、「小さなまち」に対する熱い思いを語っていた。実際の開発でも、タウンの下に12のビレッジ(1万~1万5000人)を置いた。そこに中高等学校、商業地区、図書館や宗教建築(異教、異宗派が共用するインターフェイスセンター=多様な人々の集まる場)などの公共施設を配置した。ビレッジは小学校を中心に複数の近隣住区(2000~5000人)で構成された。この規模の近隣住区ならば、商店主と客、教師と生徒、公共施設の管理者と利用者が顔見知りになる。そしてコミュニティにアイデンティティが育ち、住民同士の強い結束につながる、と考えていた。

ある会議でJ・ジェイコブズと論争したことがある。(34)ジェイコブズは、社会開発をめぐってコロンビアのような「無菌室(ニュータウン)の実験」を嫌悪し、「真の都市だけが時を経て有機的な複雑さと多様性を実現する。傲慢な都市計画家などゴメンです」とラウスを批判した。これに対してラウスは、「小さな計画はダメ。男の血を湧きたてない」と答えたという。それに対してジェイコブズは、「大きな計画が女の血を湧きたてることはない。女性は、常々、小さな計画を考えるのが好きなの」と応じ、会場から喝采を浴びた。昨今のポストモダニズムのまちづくり論に従えば、ジェイコブズに軍配が挙がる。しかし、2人が掲げた理想のまちが、その後、それぞれの現場(コロンビアとニューヨークのグリニッチビレッジ)でどのように変転し、実際のところどちらが持続可能だったのかを考えると、それは違った評価になる。マンフォードは「ジェイコブズは郊外に素晴らしいニュータウンがあるのを知らない」となじったことがあったが、マンフォードの念頭にあったのは、ラドバーンやコロンビアなどのニュータウンだった。

コロンビアを訪ねた日は、夕方から雪が降り始めた。翌朝は青空の下、白銀の世界になった。タウンセンターに人工湖がある。湖岸を小径がぬっている。早朝から除雪剤を散布している初老の男性に会った。HDRの仕事だが、半分はボランティアだという。7歳からのコロンビア暮らし。パイオニア世代に属する。男性は、「ラウスは清掃人家族の隣に暮らし、家は質素だった」と話していた。ラウスは平等主義を基礎に、社会的混住を有言実行した。「ビレッジで知らない人はいない」という理髪店を訪ねた。店の壁面に200枚を超える子の写真が貼ってある。3世代にわたり髪を切りに来た子どもたちの写真だった。ビレッジ内の移動で使ったタクシー運転手(バングラディシュ出身、薬剤師の夫人、居住歴10年)は、「コロンビアは国際色豊か。人種的偏見はない。高校が素晴らしい。卒業生は近隣の大学に進む」と話し、「ジョンズ・ホプキンス、ジョージタウン、バージニア、メリーランド大学……」と大学の名前を並べた。居住者は白人49%、黒人25%、アジア11%、ヒスパニック8%である。

「コロンビアとラウスを語る」夕べの集いに出席した。30人ほどが個人史を、そしてコロンビアが抱える課題を語り合っていた。「1990年頃からは、コロンビアの歴史も、ラウスの理想も知らずに、単に高いQOL(生活の質)に惚れて引っ越してくる人が増えた」と苦言を並べる人がいた。イスラム教徒とキリスト教徒が共用しているインターフェイスセンターを訪ねた時には、「異教徒の間での交流プログラムはない」という話を聞いた。そこでは劣化するラウスの理想、達成されないラウスの理念を垣間見た。しかし、半世紀を経てコロンビアに対する世間の好意的な評価は崩れていない(35)。メディアが報じる評価は、「我々はコロンビアのその進歩主義、そして経験から多くを学ぶことができる」という筆致である。

ここに紹介したニュータウンは、それぞれに多様性豊かなコミュニティである。しかし、絶海の孤島にあるわけではない。社会に組み込まれている。したがって時代の影響を受ける。それゆえ、そこには世代を超えて受け継がれてきたものと同時に、実現しなかった開発計画、そして薄れる開発者の夢が混在している。それでもなお、訪ねた幾つかのニュータウンには、それぞれ「もう1つの郊外」が時を超えて息づいていた。そのことを確認することができ、その経験はとても印象深かったし、「ニューニュータウン」の可能性を考える貴重な機会になった。

E・ログの挫折

戦後、「もう1つの郊外」を目指した話を1件紹介する。ニューヨーク市の開発担当局長だったR・モーゼスは、大規模都市開発のパワーエリートとしてその名を後世に残した。同じ時代に活躍した都市開発の闘士、E・ログは、「モーゼスの如く立ち振る舞ったが、その思想はモーゼスの対極にあった」と評されている[36]。ボストンの政府センター地区、ニューヨークのルーズベルトアイランドの再開発が有名である。特にルーズベルトアイランドでは、人種の混住を含めて経済的、社会的に多様性のあるコミュニティづくりを目指した。「住民に寄り添う」を信条に、住民の計画参加を歓迎した。進歩主義の官僚、そして剛腕の都市計画家だった。そのログが一敗地に塗れた話である。圧倒的に白人中間所得階層の、しかも金持ちが集住する郊外に多様性(人種的、階層的)を埋め込む戦いを挑み、惨敗した。最近、ログの足跡を追った著書を出版した[37]L・コーエンは、「ログの挑戦」を通して「郊外の多様性」「郊外の民主主義」について問いかけている。

ログはニューヨーク都市開発公社の総裁に着任(1968年)して間もなく、世間がびっくりするニュースを流した。「ニューヨーク都市圏郊外の、エリートコミュニティにアフォーダブル住宅の建設を義務付ける」方針を示したのである。その第一弾が、「スカーズデール(超高級住宅地)に低所得者向け住宅を建てる」という都市計画だった。白人85%、黒人1・5%の、圧倒的なエリート白人の、金持ちコミュニティである(日本からの駐在員家族に人気がある)。次にウエストチェスター郡の郊外9自治体に対し、それぞれ100戸の低所得者向け住宅の建設を要求した。裕福な戸建て住宅専用住区に、「アパート、またはタウンハウスを建てる」という話だった。住民が猛反発し、反対運動が起きた。運動は過激化し、ログに対して殺害予告もあった。ログは主張を曲げなかった。しかし、最後に民主党系の州知事が変節し、計画は頓挫した。

多様性に対する郊外の頑迷な保守主義、それにリベラリズムが退潮に向かった時代が相乗し、ログの理想主義は打ち砕かれた。では、昨今のように「別の郊外化」が進展する時代に、第二のログが立ち現れることがあれば、この時代の郊外は、果たして「もう1つの郊外」化を受け入れる寛容性を示すことができるだろうか。「別の郊外化」が進展するタイミングに出版された件の書は、そうした問いかけをしているように思える。

ニューアーバニズム

ニューアーバニズムは「もう1つの郊外」を追求する運動である[38]。ヨセミテ国立公園（カリフォルニア）で会議を開催し、計画／開発の「アワニー原則」（1991年）を宣言して運動が始まった。20世紀末以降のアメリカで、最も影響力のあるニュータウン運動になった。車移動に依存する、似たり寄ったりの戸建て住宅が連棟する「郊外の「かたち」」に対し、持続可能な郊外――①歩いて暮らせる（Walkable）、②公共交通機関を利用できる（Transit-oriented Development：TOD）、③優れた住宅デザインの街をつくることを、タウン開発の方針に掲げている。もっとも、運動に共鳴する建築／都市計画家の間には、考え方に相当な違いがある。したがって「ニューアーバニズムの建築／都市計画家」と一括りすると誤解を生む。「アワニー原則」を取りまとめた会議に参加し、ニューアーバニズムを唱導してきたP・カルソープ、そしてA・ドゥアニ、E・P・ザイベックの間でも、コミュニティをめぐる考え方で違いが大きい。

ニューアーバニズムは、地球環境保護の時代を迎えてスプロール型郊外開発を批判している。しかし、多様な人種や所得階層の人々が共生する社会統合型のコミュニティをつくること――すなわち、社会開発に対する関心は、概して薄い。ニューアーバニズムに伴走した時代風潮は、レーガン主義、新自由主義である。リベラリズムは脆弱化し、クリントン時代の民主党も、中道／市場重視にシフトした。そうした時代の思潮が、おそらくニューアーバニズムの性格を決めるのに影響したに違いない。

セレブレーション　W・ディズニー社がオーランドに、ニューアーバニズムの温水をたっぷり浴びせて開発した[39]（フロリダ、1万人）。W・ディズニーは、中西部の小さなまちにあるメインストリートに強い郷愁を抱いていたといわれる。彼はその小さなまちをモデルにしたニュータウンを、「明日のアメリカの郊外タウン」として造成する夢を持っていた[40]。当然、中西部の郷愁のまちは、圧倒的に白人コミュニティである。ディズニーの死後、ディズニーの経営で権勢をふるったM・アイズナーが着工し、開村した（1996年）。設計図を描く前に、建築家たちは、サバナ（ジョージア）やチャールストン（サウスカロライナ）の歴史的街並みを視察し、研究した。当時のサバナは、歴史保存協会が結成され、街並み保存運動の先端都市になっていた。しかし、協会員は白人の中間所得階層に限られていた。保存の対象になったのも、もっぱら「白人の歴史」。そういう都市を視察して参考にしたということは、セレブレーションの開発には、初めから多様性に対する偏見があったのではないか、という嫌疑を抱かせる。

　建築的、計画的な「かたち」には、ニューアーバニズムの考え方が活かされている。住宅の建築様式、その壁面の色彩は厳しく制限されている。街区ごとに建物の高さ、規模も規制されている。駐車場は裏手に置かれた。建物はセットバック（道から離れて建てること）を禁じ、必ず道に沿って建てられた。建物正面には、ポーチの設置が義務づけられた。居住者と通行人が挨拶を交わす、そしておしゃべりが始まることを期待するデザインだった。

しかし、皮肉な矛盾が起きている。同質性の高い郊外に反発して開発されたニュータウンだったが、セレブレーションに暮らす住民は、「管理されている」という感覚に陥っている(実現しなかったが、独立した自治体、つまりディズニー政府を設立し、管理主義を徹底する構想もあった)。ニューアーバニストは、しばしばジェイコブズに言及する。(41)彼女に学び、影響を受けた、と語る。しかし、ジェイコブズは、本質的にはリバタリアンである。自生的なものを信じ、政府を疑い、規制や管理、計画を嫌った。それは管理主義のニューアーバニズムと基本的に違う。密度についても、ジェイコブズの主張する単位面積当たりの住宅戸数に比べ、ニューアーバニズムが開発してきたニュータウンは、戸数がはるかに少なく、低密度開発である。それはセレブレーションでも同じ。そもそもジェイコブズは、郊外について多くを語っていない。郊外嫌いだった。

小春日和の快晴の3日間、セレブレーションを歩き回った。しかし、ポーチに腰かける人影を見ることはなかった。80％以上が白人居住者である。英国からの移住者が多い。WASPである。大卒／大学院卒が過半を超えている。小中学校の教師には、有名大学の卒業生を集めた。共和党が強く、ここでは2016年の選挙でトランプが勝った。

セレブレーションの外縁を走る192号線を越えると、そこには決して高級とは言えないチェーンホテルが連棟している。周囲のテーマパークに来園する、観光客相手のホテルである。その奥に、中層階建てのアパートが群立している。テーマパークか、ホテルで働く低賃金労働者向けの高密度住宅街である。暮らしているのはヒスパニックである。このアパート街の子どもたちは、セレブレーションにある高等学校に通学している。そのため、件の高校の生徒の3分の2以上がヒスパニックである。「セレブレーションの高校生はどうしているの？」と公園で孫をあやしていた老夫婦に訊ねたら、「遠方の私学に通っている」と話していた。

開村5年目に、ニューヨーク・タイムズが「人種の統合に失敗！」と書いていた[42]。しかし、その後も改善しなかった。開村20年目に経済誌の「エコノミスト」が再度、「寂れる」セレブレーションについて報じた[43]。ダウンタウンにあった映画館と大学は閉鎖した。書店、ベーカリー、スーパーマーケットがあったが、いまはない。カフェが5、6店ある。客は観光客である。バスを含めて公共交通がない。買い物は、外縁部の商業地区まで車で行く。歩いて暮らすのは難しい。商業地区には、どこの郊外にもあるボックスストア、ドラッグストア、チェーンレストランが集積している。不動産代理店が多い。カフェのあるじにその理由を訊ねたら、「住民の定着率が悪いからでしょ」と解説してくれた。それでも住宅の値段は高騰している。

多様化とリベラリズムが育む「ニューニュータウン」の可能性？

民主党が郊外で巻き返し

２０１８年の連邦中間選挙では、民主党が勝利した[44]。伝統的に大都市は民主党の盤石な基盤である。田舎は共和党の金城湯池《きんじょうとうち》、郊外は共和党色が濃かった。その郊外が民主党に大きくふれ、民主党に追い風になった。２０１６年の大統領選挙では、郊外は50％対45％の比率でトランプに投票した。それが２０１８年の中間選挙では、郊外の52％が民主党支持に回った。その結果、下院では、民主党が41選挙区で共和党の現職を破って議席を得た。38議席は、郊外選挙区での逆転劇だった[45]。サンベルトのアリゾナでは、民主党が上院の議席を確保した。24年ぶりの政変である。ジョージアの知事選でも、民主党がギリギリのところまで競り上げた。

メディアは、「共和党の敗因はトランプにあった」と分析していた[46]。ツイッターでフェイクニュースを流す、母親から小さな子どもを引き離すような冷酷な反移民政策、あからさまな人種差別発言、ジェンダーをめぐる時代錯誤、不倫話と女性蔑視、銃乱射事件が続発しても動かない――などをめぐって「トランプ嫌い」が増幅された。それが中間選挙では、郊外でも共和党離れになった、という解説である。女性が民主党支持に回った。特に保守的な高齢女性が民主党にふれた。そして郊外が共和党離れするのを加速した(47)。ただし、この人たちが2018年の選挙で共和党から寝返って民主党支持になったからといって、「直ちに郊外でもローカルデモクラシーが深化する」ということを意味しない(48)。

しかし、一方では、「トランプ嫌い」という政治的、社会的な気分――換言すれば表層的な現象に対し、もっと深いところで「(政治的、社会的な)公共空間の大転換」が起きている。そういう説を提起するメディアや研究が増えている。重要なことは、この説が、これまでとは「別の郊外化」――人口動態の変化と深く関係して語られていることである。

アメリカの公共空間は分断を深めている。スーパースター都市では、社会民主主義を唱える左派が台頭し、ある程度の規模の潮流になっている(49)。それにとどまらず、これまで保守色の濃かった郊外都市が、今後は中道、さらにはリベラルにふれる。それは、スーパースター都市のある都市圏郊外に限らず、サンベルトやラストベルトの都市圏郊外でも同じである。この考え方は、「今後、郊外がさらに高密度化し、多様化する。換言すれば、都市化する」という認識の上に立脚している。郊外が「人口動態的に都市に近づき」、その結果、「郊外が民主党支持にふれる」という説明である(50)。

公共ラジオのネット記事は、2018年の中間選挙後、連邦下院の選挙分析を掲載した。表題は、「どこの郊外がどのように左派にふれたか」。記事は、民主党がサンベルトからラストベルト、西海岸から西部の山岳地域、東海岸の郊外で幅広く圧勝したことを、「ブルー(民主党)」と「レッド(共和党)」に色分けして地図に示して解説していた。そして郊外では、「トランプ嫌い」以上のことが起きていることを示唆していた。ここでも論点は、人口動態の変化だった。同じようにワシントンポスト紙も、人口動態に注目し、「人口密度が高い(すなわち、都市化している)郊外ほど民主党が強い」という分析記事を流していた[51]。

- 都市化した郊外の9選挙区のうち、民主党は6選挙区で勝った。
- 人口密度の高い郊外の15選挙区のうち、民主党は12選挙区で勝った。
- 田舎、及び非都市化郊外の20選挙区のうち、民主党は15選挙区で敗れた。

都市的か、田舎風か。その「郊外の「かたち」」を考え、「人口密度と政党支持/投票行動、さらにはイデオロギーの間には高い相関性がある」と指摘し、2018年の中間選挙の結果は、その傾向を明確に示し、「高密度化し、都市化している郊外では、民主党が勝利した」と解説していた。

確かに古今東西、どの都市史を繙いても、「都市は人間を解放し、自由にする」と書いてある。都市の本質はリベラルである。都市は社会を寛容にする。創造性は都市に宿る。そのいずれの場合も、都市の高密度化と伴走して多様化が進むからである。多様性は「違い」である。我々は「違い」から多くのことを学ぶことができる。「違い」の協働が創造性を育む。半面、「違い」は衝突を生む。衝突は調整されなければならない。調整の現場では、忍耐力や寛容性を問われる。したがって多様で高密度な都市に醸成される公共空間は、リベラルな性格を帯びる。高密度化をめぐる「都市の真実」は、当然、「郊外でも真実になる」。したがって郊外も高密度化すれば、すなわち都市化すれば、「左」にふれる。そういう筋書きの話である。

人口動態と政党支持の変化をめぐっては、別の分析もある。スーパースター都市(民主党の牙城)から逃げ出す人が増えている。その「逃亡」先は、サンベルト都市圏(共和党の地盤)、ラストベルト都市圏(選挙ごとに民主党か、共和党にふれる)である。それらの都市圏では、「逃亡者」を受け入れて人口が増えている。[52] スーパースター都市発の「逃亡者」は、大方、リベラルである。そのため、ある論者は、「この間、民主党がアメリカ全土にリベラル派を均等に再配分することに成功している」と分析している。[53] 民主党の牙城——スーパースター都市、及びスーパースター都市のある州が、民主党の「シンパ」を共和党の支持地盤に送り出している、という見方である。

そしてその流れには勢いがある。[54] フェニックス都市圏(アリゾナ)やアトランタ都市圏(ジョージア)は、伝統的に共和党の地盤である。その都市圏に、州外——特にカリフォルニアやニューヨークからの移住者が入り込むようになった。これらの地域では、「No more California!(もうこれ以上カリフォルニアから来ないでよ!)」という声が上がっている。それほどの規模の流入である。アトランタの北部郊外は、共和党の牙城で、かつてウルトラ保守の下院議長だったN・ギングリッチを選出した地域である。それが今度は、民主党に議席を奪われた。テキサスも共和党が強い。しかし、最近は、農牧地域を基盤に州レベルは「レッド」、「Texas Five」(ヒューストン、オースチン、ダラス、フォートワース、サンアントニオ)の都市圏は「ブルー」——の二色に分断されるようになった。[55] ラストベルトのコロンバス(オハイオ)、シンシナチ(オハイオ)、ロチェスター(ニューヨーク)、ピッツバーグ(ペンシルベニア)、フィラデルフィア(ペンシルベニア)などラストベルト都市圏の郊外でも、民主党が伸張している。[56]

ミレニアルの郊外化、そして高密度な郊外都市づくり　ここまでは、「結果として郊外の多様化が進行している」話題である。そこで「郊外を需要」している人は、海外からの移民、ジェントリフィケーションのために中心都市から追い出される人々、中間所得層化した黒人と、そのほかのマイノリティである。そうした人々が郊外の多様化を進め、郊外を「ブルー」に塗り変えている。同時に、「多様性を歓迎する」人々も、郊外に移動している。都会暮らしに慣れ親しみ、多様性に好感を抱くミレニアル世代である。[57]

ミレニアルは、アメリカ社会の将来に大きな影響力を持つコーホート（同一世代集団）である。[58] 人口の4分の1を占める。選挙権有権者の30％、労働力人口の5分の2に達する。ミレニアルの30％が「ニューマイノリティ（新しい少数者）」と呼ばれるヒスパニックとアジア系である。カリフォルニアに加え、共和党が伝統的に強いサンベルト（テキサス、アリゾナ、フロリダなど）でも、「ニューマイノリティ」がミレニアル全体の過半に達している。さらにサンフランシスコ湾岸（家賃の高騰が激しい）に暮らすミレニアルの74％が、「5年以内にほかの地域への引っ越しを考えている」という。[59] 行き先は、生活費が相対的に安い都市圏郊外、それもサンベルトか、復活するラストベルトの郊外である。

このタイミングに、郊外都市の側にも動きがある。ミレニアルを魅了し、呼び込むために、アーバンアメニティ（魅力的な都会性）の高度化を目指す都市計画／都市政策を打ち出すようになった。コンパクトで高密度な、郊外型ダウンタウンの開発である。[60]「郊外を供給」する側の変化である。そうした郊外都市を表現するのに、「urban suburb（都会化する郊外）」「suburban development for suburb-loving urbanist（郊外好きの都会っ子を引き付ける郊外開発）」などの言い回しが生まれている。[61] いよいよ、都市と郊外の「かたち」が似たものになる。[62]

デトロイト都市圏の郊外都市バーミンガム（2万人）はその一例である。そのダウンタウンは、四方に徒歩10分の範囲である。おしゃれな海鮮食堂、イタリアンレストラン、ステーキハウス、カフェが軒を並べている。高級食品スーパーもある。大規模ショッピングセンターまで買い物に行く必要がない。季節ごとにお祭(ハローウイン、感謝祭、クリスマスなど)が開催され、仮装パレードがある。図書館や市民ホールもある。都会っ子のミレニアルを満足させる機能と魅力的な空間が揃っている。そして郊外戻りするミレニアルは、郊外ダウンタウンに開発されるアパートに高密度に暮らす。

インディアナポリス都市圏にあるカーメル(9万2000人)も似た事例である。スプロール型の郊外だったが、市政方針を転換し、高密度の都市化政策に熱心である。[63] ラストベルトにあるが、人口を減らしたことがない。1980年の人口が1万8000人。その後、30年間に5倍に増えた。ダウンタウンにアーツ&デザイン地区を設定し、スタートアップに起業の場を、アーティストにスタジオを提供している。界隈にカフェやレストラン、ブティックが集積している。「歩けるダウンタウン」「複合用途開発」「コンパクトシティ」を目指している。シティセンターでは、カーメル交響楽団の定期演奏会がある。「暮らしやすさ都市ランキング」で上位に評価される。ここでもねらいは、ミレニアルの誘致である。

バーミンガムのあるオークランド郡政府がイニシアチブを発揮し、反スプロール政策に動き出した。デトロイトは20世紀後半に人口を半減させたが、オークランド郡の人口は3倍に増加した。その人口は広く、薄くスプロールして郡内に撒き散らされた。それが今度、郡史で初の民主党系郡長を選び、郡づくりの方針を180度転換した(反都市圏主義から都市圏連携主義へ、高速道路の拡充から歩いて暮らせるまちづくりへ、公共交通の拡充)。この動きを捉えて電子雑誌 CityLab は、「最も頑迷な郊外主義だった郊外が、都市化した将来を描くようになった」という記事を掲載していた。[64]

オークランド郡政府は、郡内の郊外都市を誘って郊外ダウンタウンの整備(税額控除制度を使って歴史的景観／建物を保存するメインストリート・プログラムなど）に着手した。(65)以前は、都市間競争の重要性を喧伝し、隣同士の郊外都市は仲が悪かった。それが今度は、郡政府が率先して郊外都市の協働を促し、「都市的な「郊外化」を目指す」。こうした連携が進展すれば、将来、バーミンガムのダウンタウンのような小じゃれた郊外ダウンタウンが、車で10～15分の距離に幾つもつながって出現することになる。

伝統的な郊外の都市計画は、低密度のランドスケープ——広く、薄く、ゆったり暮らすことを優先した。それに対してオレゴン州政府、及びラストベルトの都市政府は、戸建て住宅専用地区（ゾーニング）を禁止する動きを示している。(66)郊外の、低密度な住宅地に、今度は1棟2世帯住宅、タウンハウス、中層階建てアパートの建設を促進する。そこには、ミレニアル、それに貧困層を含めて多様な所得階層／人種の人々が移住し、高密度に暮らすようになる。

ニュータウン開発ほど大規模な郊外開発ではない。既存の郊外を手直しする規模の話だが、それでも事例はいずれも、「もう1つの郊外」づくりである。それは、現に進行する「別の郊外化」に拍車をかける。「空間の密度vs.投票行動／政治意識の関係」について改めて考えると、「都市的な郊外化」が公共空間を保守からリベラルへ、共和党から民主党へ転換する動きの追い風になっている風景が見えてくる。

馬飼育農家の隣に引っ越したミレニアル家族

南部州の郊外都市も、ミレニアルを呼び込むのに積極的である。ウォールストリート・ジャーナルが、スーパースター都市から脱出して南部の小さなまちに移住したミレニアル家族を紹介していた。

そのまちはローリー(ノースカロライナ)の郊外にある。ローリーには、ハイテク企業と研究開発型大学(ノースカロライナ州立大学)がある。「リサーチトライアングル」の中核都市で[67]高学歴がその郊外に暮らし、就職するのには困らない。この町政府も、ミレニアルを魅了するために、アーバンアメニティの向上に一生懸命である。

ミレニアルは「ジェネレーションY(1980年代~90年代半ば生まれ)」「ジェネレーションZ(1990年代半ば以降生まれ)」とにまたがる。[68] ウォールストリート・ジャーナルの現地報告は、「ジェネレーションY」家族についてである。[69] シアトルからローリーの郊外に家族(子ども2人)で移住し、馬飼育農家の隣に住宅(6ベッドルーム)を78万ドルで購入した。シアトルに比べて格安である。周囲に同じ境遇の家族が多く、町の小学校は満杯である。入学に長い空き待ちリストができている。

ミレニアルの前の世代は、セクシャルでアバンギャルドな都会性に魅かれて都市に流出したが、ミレニアルは草食系で大都会の暮らしに疲れて郊外に回帰している、という説がある。[70] そして高学歴のミレニアルは、リベラルである。都会生活を経験し、多様性の重要さ、その魅力を体験し、リベラルに染まった。郊外が共和党から民主党へオセロ返しを起こした場面でも、ミレニアル世代の影響がある。

コロナ禍は、「ウイズコロナの時期」には再郊外化に追い風になる。テレワーキングの普及がそれを支える。では、突風になるか、微風で終わるか――それは「ポストコロナの時代」に向かって郊外都市がどれほど魅力的な「都市化された郊外」政策を打ち出せるかに関わっている。ポストコロナには、「20分コミュニティ」の時代(徒歩20分の範囲で日常生活をまかなえる)が来る、という指摘もある。郊外都市に造られる小規模ダウンタウンはそれにふさわしい。

21世紀型ニューニュータウンの可能性

人口動態は、20世紀末から21世紀初めにかけて都心回帰(Back to cities)を鮮明にした。20世紀後半の、ひたすら郊外化した人口動態が「いよいよ大反転する」と指摘された。ところが2008年の経済危機以降、しばらくして人口動態に再び変化が起きている。「再郊外化(re-suburbing)」である。[71] さらに今度は、西海岸、東海岸で高度なクラスターを形成しているファイナンス、それに情報通信ハイテク系企業の「逃亡」も始まっている。[72] 高騰するオフィス賃料などスーパースター都市の「外部不経済」を嫌ってサンベルト/ラストベルトの郊外に、バックオフィスやテクノロジーセンターを移設するようになった。また、スーパースター都市、中西部の旧煤煙型都市からサンベルト都市、さらにはその郊外に帰還する、成功した黒人中間所得階層が増えている。彼らもリベラルで民主党支持者が多い。

郊外の都市化、多様化、高密度化は、民主党に都合がよい。「いよいよ、民主党が郊外政党になる」という、意表を突く見出しを付けて郊外の変容する公共空間を論じた論文もある。[73] こうした状況を踏まえ、ある都市計画家は、「我々は市民性のある、意味深い「公共空間」を郊外に埋め込むのに最適なタイミングにいる」と語る。[74] そしてそれを実現するための提案をしている。①市民的な活動を促す空間を創出するために、民間に対して開発負担金(development impact fees)を課す、②近隣住区の不動産所有者に疑似課税(Public Improvement District：PD)を課し、それを活動資金にして「空間」を管理する、③その空間での交流、経験を豊かにするための仕組みを考える――などである。

20世紀のアメリカは、「もう1つの郊外」を求めてニュータウン建設を繰り返してきた。本章では割愛したが、ニュータウン建設の事例はほかにも多くある。[75] 21世紀にも、ニュータウン建設が繰り返される。[76] その理由は、アメリカ人の習性に深く関係している。アメリカ人は「場の移動」を通して経済的、社会的な成功を手にすることができる、と考えている。[77] そもそも祖国を捨ててアメリカに移民してくること自体が、「場の移動」を評価しての行動である。そしてニュータウンは、郊外に新しくつくられる「場の移動」先である。

ニュータウン建設では、高尚な理想を掲げる主導者が投資資金を持って立ち現れた。レストンの主導者は、カーネギーホールの株を売却して投資資金を得た。コロンビアの先導者は、ショッピングセンターの開発で稼いだカネを投じた。しかし、それでは資金が足りなかった。彼らをバックアップしたのは、その時代に稼ぎ頭になったビジネスである。レストンではガルフ石油(後にシェブロン)、コロンビアではコネチカット・ゼネラル保険とマンハッタン銀行(後にJPモルガン・チェース銀行)である。ヒューストンの郊外、NASA(航空宇宙局)に近いウォーターフロントに開発されたニュータウンのクリアー・レイク・シティでも、石油資本(ハンブル石油。後にエクソンモービル)が支援者になった。製造業の時代には、「オイル」と「マネー」が産業活動の「コメ」になった。20世紀末の脱工業化/娯楽の時代には、余暇産業資本のW・ディズニー社がセレブレーションの投資家/開発主になった。

21世紀は、情報が産業の「コメ」になる。GAFAに代表される情報通信ハイテク系企業が時代を牽引する。歴史に学べば、今後、情報通信ハイテク企業が都市づくりに深く関与するようになる。実際グーグルは、トロントで進む大規模都市開発プロジェクト(スマートシティ構想)で主役になることを目指した。[78] 郊外型ではないが、ウォーターフロントで複合都市開発を目指すニュータウン建設だった(このプロジェクトはコロナ禍で資金繰りが困難になり、頓挫した)。また、多くの情報通信ハイテク系企業がアフォーダブル住宅を含む大規模宅地開発に投資することを宣言している[79]。その際、ＡＩやＩＴを駆使してどのような「ニューニュータウン建設」が行われるのか興味深い。省エネや移動手段のロボット化など、ハード面での暮らしの革新は当然である。それにとどまらず、リアル／バーチャルなコミュニティの創造を通して人々のつながりにどのような新境地を創り出すのか。格差の解消や、社会的平等を目指してローカルデモクラシー／コミュニティデモクラシーを深化させることができるのか。

元来、情報通信ハイテク企業は、多様性を重視し、ジェンダー、移民問題などに対してリベラルである。現在進行形の、これまでとは「別の郊外化(another suburbanization)」と対話し、将来、どのような「もう1つの郊外(alternative suburb)」を育むのか。２０３０年頃までには、情報通信ハイテク系のビッグビジネスが、きっと幾つかの「解」を提示するに違いない。その時、「もう1つの郊外」をどのように描くかも、今後、擁立が期待される「郊外学」の重要なテーマになる。

（1）A. Hurley, *Radical suburbs: Experimental living on the fringes of the American city*, Belt Publishing, 2019.
（2）R. Tomalty and A. mallach, *America's urban future: Lessons from north of the border*, Island Press, 2015.
（3）E. Kneebone and A. Berube, Confronting suburban poverty in America, Metropolitan Policy Program at Brookings Institution, January 13, 2014, The Changing geography of US poverty, Brookings Institution, Feb. 15, 2017. Economist, Sept. 26, 2019 はアメリカの子どもの貧困、郊外の貧困の特集。
（4）R. Baird, B. Katz, J. Lee and D. Ralmer, Towards a new system of community wealth, Lindy Institute for Urban Innovation, Drexel University, Oct. 27, 2019. １９６７年の連邦政府の調査以来、50年強

が経過したが貧富の格差が依然深刻である。「政府、基金、銀行が貧困対策に多くの資金を費やしたが成果が出ない。トップダウン方式のためである」という。①マイノリティが住宅投資、起業できる資産の形成を促す、②地元優先の優良資金を確保する、③私的資本へのアクセスを改善し、社会的投資家が長期的に投資を考える環境をつくるなどのボトムアップ方式のコミュニティ再生が重要になる、とまとめている。

(5) Brookings Institution, 2015, Brookings Institution, 2017.

(6) KQED, June 26, 2017.

(7) World News Tonight, April 8, 2019 はクリーブランドの貧しい郊外と裕福な郊外を比較考察し、「二郊外論」を論じている。

(8) S. Allard, *Places in need; The changing geography of poverty*, Russell Saga Foundation, 2017, CityLab, July 6, 2017, Poverty in the Lake county (by R. Paral and Associates Developed for County Leadership), May, 2012, Chicago Tribune, Oct. 15, 2013.

(9) S. Allard, 2017.

(10) R. Farley et al., Chocolate City, Vanilla Suburbs: Will the trend toward separate communities continue?, Social Science Research, Dec., 1978.

(11) Governing, July 31, 2019.

(12) J・スタインベック、大前正臣訳『アメリカとアメリカ人』サイマル出版会、1969年。

(13) CityLab, Jun. 12, 2019.

(14) The rise of suburban poverty, Oxford Handbooks Online, Sept., 2016.

(15) New York Times, Dec. 25, 2005.

(16) J. Garreau, *Edge City: Life on the new frontier*, Anchor, 1992.

(17) R. Lang and P. Simmons, "Boomburb": The emergence of large, fast-growing suburban cities in the United States, Fannie Mae Foundation Census Note 06, June 2001, Politico Magazine, Sept. 17, 2014, American's largest suburb flirts with urbanization, Planetizen, May 18, 2017.

（18）CityLab, July 6, 2017.
（19）Planetizen, May 18, 2017.
（20）The Center of Quare, Oct. 1, 2019.
（21）ABC15 Arizona, June 3, 2019.
（22）CityLab, July 6, 2017.
（23）スタインベックは、大都市には国の名前を冠した移民の「タウン」があり、新しい移民は同じ言語／習慣の土地に移住し、他国民が入りこまないように「わが町」を守った、と書いている。アメリカのサラダボウル社会の歴史は古い。
（24）CityLab, Oct. 15, 2019 によると、２０１０～18年に国籍を取得した移民は大都市で大幅に減少。南部の都市では増加した。移民の玄関口だった都市を通過し、内陸部に移住している。国籍取得者は２０１０～12年（景気後退期）の42～52万人から２０１４～15年の90万人に増え、その後、急減して２０１７～18年は20万人。New City, Dec. 5, 2019 によると、ニューヨークのクイーンズは移民の最初の定住地だったため、人種／民族的な多様性が高い。２００８年の経済危機以降、非居住者所有住宅（しばしば大手不動産会社が所有）が増加して家賃が高騰、貧しい移民が居住することが難しくなったという。
（25）S. Allard, 2017.
（26）CityLab, 2017.
（27）桐島洋子『淋しいアメリカ人』文春文庫、１９７５年、D・リースマン、加藤秀俊訳『何のための豊かさ』みすず書房、１９６８年。
（28）N. Bloom, *Suburban alchemy: 1960s new towns and the transformation of the American dream*, Ohio State University Press, 2001, D. Levinson, The next America revisited, Journal of Planning Education and Research 22, 2003, W. B. Pigott, The "problem" of the black middle class: Morris Milgram's Concord Park and residential integration in Philadelphia's postwar suburbs, The Pennsylvania Magazine of History and Biography, April, 2008, A. Hurley, Housing is everybody's problem: The forgotten crusade of

Morris Milgram, Place, Oct., 2017, L. Lazarick, Columbia at 50: A memoir of a city, Booklocker.com. Inc., 2017, Trevose PA, Tuesday hangout: A tale of two “cities”: Concord Park, Dally KOS, May 8, 2018, A. Hurley, 2019, CityLab, April 9, 2019. これらの文献と現地調査でニュータウン史を記述した。

(29) ニュージャージーに計画された「緑の」シリーズのグリーンブルックは法廷闘争になった(Franklin Township vs. Tugwell, 1936)。連邦控訴審は再居住局が資金配分するのは憲法違反との判決を下し、建設に至らなかった。その後、第二次大戦になった。

(30) 田園都市は、E・ハワードが1898年に提唱した。都市と農村の魅力を備える「都市と農村の結婚」を目指した。複合土地利用(商業、住宅、工業、農業)の、自給自立型小規模都市である。田園郊外は田園都市の思想を継承したが、職住近接は実現しなかった。

(31) northjersey.com, January 9, 2017.

(32) oprhc.org.

(33) N. Bloom, *Merchant of illusion: James Rouse, American's salesman of the businessman's utopia*, Ohio State University Press, 2004, L. Lazarick, 2017.

(34) Washington Post Magazine, July 13, 2017.

(35) Baltimore Sun, Oct. 20, 2013, June 8, 2017, Washington Post, July 21, 2017.

(36) New York Times, Jan. 29, 2000, April 23, 2000.

(37) L. Cohen, *Saving America's cities: Ed Logue and the struggle to renew urban America in the suburban age*, Farra, Straus and Giroux, 2019, L. Cohen, CityLab, Oct. 21, 2019.

(38) 川村健一・小門裕幸『サステイナブル・コミュニティ』学芸出版社、1995年、P・カルソープ、倉田直道・倉田洋子訳『次世代のアメリカの都市づくり』学芸出版社、2004年。

(39) Daily Mail Online, Dec. 9, 2010, Guardian, Dec. 13, 2010, M. Lassell, *Celebration: The story of a town*, Disney Editions, 2004.

(40) 最初に販売開始した時の広告は、Celebration, the magical American home town... だった(Guardian,

Dec. 13, 2010)。

(41) R. Montgomery, Is there still life in the Death and Life?, Journal of the American Planning Association, Summer, 1998 など。矢作弘「偶像的な偶像破壊者――J・ジェイコブズの都市思想と幾つかの争点」(『別冊「環」』22号、2016年)は、ジェイコブズの市場、郊外に対する考え方、マンフォードとの関係を論じている。

(42) New York Times, Sept. 23, 2001. 黒人が読む新聞に広告を出し、黒人の販売員を置くなどの努力はした。「しかし、当時のコロンビアがしたことを、20世紀末にセレブレーションがするのは難しかった」(R・テネマウム・メリーランド大学教授)。時代思潮が違っていた。

(43) Economist, Dec. 24, 2016.

(44) Atlantic, Sept. 13, 2019.『世界』(2018年12月号)はアメリカ政治の近い将来をめぐる論文を掲載した。「リベラル化の流れを重視する」ジャーナリストと「保守優位の時代が続く」と主張する学者の対照的な論考だった。連邦中間選挙とその後を考えると、しばらくの政治動向はジャーナリストの読みが当たっていた。New York Times, Oct. 31, 2018 によると、バージニアでは、2018年の選挙でトランプ寄りだった共和党議員が医療保険や銃規制、同性愛者支持で民主党にすり寄っていた。郊外が反トランプ(トランプ支持27%、不支持53%)になったためである。2019年11月の選挙では、共和党の州下院議員候補が民主党知事と並び、選挙ポスターを作っていた、という。CNN, Nov. 6, 2019 は、2019年選挙で、①民主党がバージニア州上下院議会で多数派になり、②ケンタッキー州知事選で民主党が勝利したのは、郊外が民主党に反転したことが大きかったと報じた。

(45) National Public Radio, Nov. 27, 2018.

(46) Washington Post, August 9, 2019.

(47) D. Scott, Vox, Dec. 30, 2018.

(48) New York Times, Nov. 26, 2018 は、共和党地盤のカリフォルニア・オレンジ郡が連邦中間選挙で民主党にふれた事情を分析し、その郊外気質(大きな政府嫌い、不動産価格/学校/税金に対する拘り――総じて利己的な個人主義）は変わっていないのではないか、という疑問を投げかけていた。Planetizen, April 2, 2018は、「the civic（市民性）は仲間に対する責任の認識、相互の敬意である。そこに社会的結束や協働の空間が生まれる。また、限界化される「他者」に対して寛容になる」と書いている。ニューヨーク・タイムズの記事は、そうした「市民性」が共和党基盤のオレンジ郡に育つか疑問があるという指摘。

（49）民主党左派の政策（国民皆保険、富裕層の課税強化、大学の授業料無償化、環境規制の強化など）は、欧州の社会民主党レベルの「左派」であり資本主義を否定しない。日本経済新聞（２０１９年２月８日）は「「反資本主義」の波　脅威に」「富裕層の多くが所有する株式などの金融資産が課税対象になれば、金融市場に悪影響」と民主党左派の伸張に警鐘を鳴らした。

（50）National Public Radio, Nov. 27, 2018.

（51）Vox, Dec. 30, 2018からWashington Postの記述を引用。New York Times, Nov. 26, 2018. 都市化／高密度化と投票行動の間に強い相関関係がある。CityLab, Nov. 6, 2019. ２０１９年11月5日の3州の選挙結果を分析し、①郊外で民主党が支持を広げている、②都市化（高い人口密度）の進展しているところほど民主党支持が増加、③民主党支持率は人口密度の高い郊外で73・7％（8年前46・3％）、人口密度の低い郊外でも53・2％（同22・4％）。

　Economist, January 4, 2020. ブルッキングス研究所の報告は郊外を、①インナー郊外（成熟し、75〜95％が都市化域）、②アウター郊外（台頭する、25〜75％が都市化域）、③外郊外（25％未満の都市化域）に3分類。２０００年以降、人口動態が変容し（都市、及びインナー郊外の人口増加＝再都市化）、都市化率の高いインナー郊外では白人比率が70％（１９８０年）から58％（２０１８年）に低下（黒人、ヒスパニック、アジア系が増加）した。同時に、リベラルな高学歴層の移住が増えた。結果、連邦中間選挙では、民主党は、郊外ではそれ以前に比べて400万票得票を増やした。

（52）Atlantic, Sept. 9, 2019.

（53）Atlantic, Sept. 17, 2019. 大統領選で民主党候補が得票総数で共和党候補を上回っても選挙人の獲得で敗れるということが起きている。民主党支持者が東西海岸の大都市に偏在し、支持層の薄いサンベルト諸州で共和党候補に敗れるからである。

(54) Los Angels Times, Dec. 21, 2019. カリフォルニアの人口は1900年以来の低成長。住民の州外流出、移民の停滞が影響している。

(55) テキサスは20世紀に農牧畜州から石油とガスの生産州になり繁栄を満喫した。世紀末以降、ハイテク製造業も強固になった。産業構造の転換を促しているのは、カリフォルニアやニューヨークから移転するハイテク企業とその人材、ラストベルトから移住する高学歴層である(グーグルは2023年までにテキサスの従業員が5000人に増える(Google expanding in Austin, Planetizen, June 23, 2019))。カリフォルニアからは、バイオ系企業の本社移転が起きている(Economist, June 22, 2019)。テキサスが大統領選で民主党候補の支持に回ったのは、J・カーターまでである。現在、連邦上院議員2人、連邦下院議員25人(36人中)、知事が共和党、そして州議会は上下院とも圧倒的に共和党が多数派である(City Journal, July 12, 2019)。

(56) City Journal, June 21, 2019.

(57) 25~29歳のミレニアルは、2014年に、①都市から郊外に5万2900人が移動、②郊外から都市に移動したのは4万2600人にとどまった(Planetizen, June 8, 2016)。2018年に大都市の25~39歳人口が2万7000人減になった(Wall Street Journal, Sept. 26, 2019)。ニューヨークは3万8000人の減少。クリーブランド連銀報告Population, migration, and generations in urban neighborhoods, May 14, 2019によると、都市に向かっていたミレニアルの移動が2015年を境に反転した。

(58) The millennial generations: A demographic bridge to America's diverse future, Brookings Institution, Jan. 30, 2018.

(59) City Journal, Autumn, 2017. フィナンシャル・タイムズの寄稿家、R・フォルーハーは、「スーパースター都市の不動産が高騰し、ミレニアルはデトロイト、オースチン、ポートランドなどの中規模都市で最初の住宅(エントリーレベルの住宅)を購入するようになっている。そのためこれらの都市でも住宅価格が高騰する気配を示している」と述べている(日本経済新聞2019年10月11日)。

(60) Daily Beast, Jan. 13, 2019.
(61) Planetizen, Oct. 12, 2016, Guardian, July 26, 2018.
(62) Bloomberg, Oct. 11, 2017.
(63) Planetizen, Dec. 17, 2019.
(64) CityLab, Dec. 16, 2019.
(65) Detroit Business, Sept. 25, 2018, Detroit Business, Sept. 23, 2018.
(66) City Observatory, July 2, 2019, CityLab, April 5, 2019.
(67) リサーチトライアングルは、ローリー(ノースカロライナ州立大学)、チャペルヒル(ノースカロライナ大学)、ダーラム(デューク大学)が構成する都市圏で人口180万人。人口増加が続く。大学はコンピュータサイエンス、生命科学の先端研究、応用科学で先行し、トップ企業と先端科学・先端産業クラスターを形成している。
(68) ベビーブーマー(１９４６〜64年生まれ)、ジェネレーションX(１９６５〜80年生まれ)。ミレニアル(１９８１〜96年生まれ)は７３００万人、全人口の22％を占め、その60％は民主党支持(日本経済新聞２０１９年11月３日)。
(69) Wall Street Journal, July 1, 2019.
(70) Bloomberg, 2017.
(71) Brookings Institution, May 24, 2019. ２０１１〜12年にサンベルト34都市圏のうち19都市圏、スノーベルト19都市圏の８都市圏で中心都市の人口の伸び率が郊外の人口の伸びを上回ったが、２０１７〜18年に逆転。サンベルト25都市圏、スノーベルト17都市圏で郊外の人口の伸びが中心都市のそれを上回った。人口25万人以上の都市で２０１１〜12年に４都市(デトロイト、クリーブランド、バファロー、トレド)が人口減少したが、２０１７〜18年には20都市に増えた。
(72) マンハッタンのビジネス地区のビル賃料が高騰している。そのため結構な規模の企業も、ミッドタウンには小さなオフィスを構えるだけで(名刺などに記載される住所をミッドタウンにするために)、実際の仕事場をニュージャージーやもっと離れた州に置くか、在宅勤務にしているところが多い、という話を聞いた。

(73) D. Hopkins, The suburbanization of the Democratic Party. 1992–2018, presented at the American Political Science Association, August 29, 2019.

(74) Planetizen, 2018で紹介しているK. Firthはカナダ生まれ、ボストン暮らしのデザイナー。

(75) デトロイトのダウンタウンに隣接するラファイエットパークは1956年に着工したミース・ファン・デル・ローエ設計のニュータウン。林と芝生の緑が豊かである。スチールの軀体と全面ガラス張りのタウンハウス型の低層住宅が連棟している。デトロイトが衰退した時期にも、空き棟が出ることはなかった。「ミースの優れたデザインは、経済社会の衰退にも対抗力がある」ことを示してきた。ミネアポリス―セントポールの郊外に開発されたジョナサンは、連邦政府の支援を得て1967年に計画された。その後、「自然、芸術、生命を祝福する」というキャッチフレーズで祭が開催され、ミネソタ・ルネサンス・フェスティバルに成長した。

(76) カリフォルニア中部のフレスノ郊外で「未来の都市」づくりが始まる。完成時、人口12万人。職住接近都市を目指している。「ライフスタイル都市」がキャッチコピーで、1960年代のレストンが掲げた「働き、遊び、暮らす」に学ぶまちづくり。60年前のニュータウン思想への回帰だが、AIなどを活用してどのように格上げされたニュータウンになるのか(Fresno Bee, Sept. 5, 2019)。

(77) 斎藤眞『アメリカ史の文脈』岩波書店、1981年。

(78) Financial Times, March 24, 2019. 実際のプロジェクトはグーグルの親会社(アルファベット)傘下のサイドウォーク・ラボが担当していた。同社はコロナ禍をプロジェクトからの撤退理由に挙げたが、市民の間に同社が「ビッグブラザー」になるのではないか、という嫌疑が広がり、それを無視できなかったのが真相と伝えられている。R・フロリダはこのプロジェクトを「21世紀の未来都市」と激賛していたが(The Star, July 2, 2019)、その後、サイドウォーク・ラボの顧問に就任した。日本でもスーパーシティ法が成立し、トヨタ自動車がニュータウン開発構想を発表している。

コロナ禍の最中（2020年9月）、グーグルは、本社のあるマウンテンビューに大規模都市開発（Middlefield Park Master Plan）をする、と発表した（Forbes-Japan, Sep. 11, 2020）。16万㎡の土地に1850戸（うち20％はアフォーダブル住宅）の住宅、大規模オフィス、小売／外食街、広い公園を整備し、その間をプロムナードと自転車道で結び、「10分コミュニティ（徒歩か、自転車で日々の暮らしができる規模）」を造る。

(79) 情報通信ハイテク企業が住宅危機に対応して多額の社会的投資を約束している。カリフォルニア州知事は、かねて「州政府はこの深刻な住宅危機に立ち向かうには力不足である」と悲鳴を上げ、「ビッグビジネスの協力を仰ぐ」と連携を呼びかけていた（Mercury News, Oct. 22, 2019, June 18, 2019, Economist, June 22, 2019. CityLab, Nov. 5, 2019）。こうした動きに冷めた評価もある。New York Times, Nov. 16, 2019は、カリフォルニアでは、今後350万戸の新規住宅需要が生まれ、1兆6000億ドルの住宅投資が必要になるが、それを考えるとGAFAなどの住宅支援は焼け石に水であるという。

【追記】 R・フロリダが「今回のコロナ禍では、子育て世代の家族の郊外移住が進む一方、創造階級は都会暮らしへのこだわりを捨てない」と書いている（CityLab, June 25, 2020）。この説は、筆者が聞いた話と符合する。ニューヨークの投資銀行に勤める知人の話だが、ポストコロナの対応は、ライフスタイルを反映して3タイプに分かれる、という。出世願望の強いエリートはマンハッタンを離れないが、子育て世代は家族と仕事のバランスを考え、郊外に移動（週2回出社、残りはテレワーキング）するという。第3のタイプは、プライベートライフを重視し、山岳都市に移住し、「給与の30％カットOK、100％テレワークに移行」を選択している、という。

以下の章は、下記の雑誌への寄稿論文を加筆、修正した。
1章＝「「創造都市」が生む未曽有の格差社会——アマゾンのニューヨーク進出騒動から読む」『世界』2019年4月号
3章＝「アメリカの「格差社会の震源」コネチカットを歩く——ある工業都市が収奪され、貧困都市に転落した構図を読む」『思想』2019年2月号
4章＝「財政破綻から3年、デトロイトの最新事情——「先端」と「異端」のはざ間で急展開する都市再生」『世界』2017年1月号
5章＝「ショッピングセンター葬送の鐘が鳴る——郊外の「変容」に、アメリカ例外主義の衰亡を読む」『思想』2017年11月号
アメリカ調査等に関しては科学研究費補助金の助成を利用した。

あとがき

コロナ感染症のパンデミックとアメリカ大統領選の成り行きが不透明さを増している時期に脱稿し、再々校のチェックを終えるまで、都度、新しいニュースを加筆しながら校了しました。都市は幾度も襲ってくる危機としのぎを削り、苦闘するが、それでも甦る――そうした都市の強靭さは、今度のコロナ禍でも繰り返されると思います。この楽観主義は、本書の主題と副題『都市危機のアメリカ――凋落と再生の現場を歩く』に通底しています。したがって脱稿した原稿については、その基本的な論旨に手を加えることなく、微調整に徹しました。

大統領選挙をめぐっては、校正の時点では、「J・バイデンがテレビ討論で失敗しない限り」の条件付きで、敵失（トランプのコロナ禍対応の失態と経済対策の行き詰まり）のおかげでバイデンの勝利が予想されていました。本書では、2018年の中間選挙の結果、また、それ以後の人口動態を踏まえて考えれば、選挙結果の如何にかかわらず、アメリカは今後、分断を深めながらも、中長期的にはリベラルに振れる、と考えています。新聞社の仕事で、アメリカを初めて訪ねたのは1980年でした。ロサンゼルスでの取材を終えた後、デンバーからニューヨークまでバスの旅をし、保守化するアメリカを観察しました。それから40年。今度は「振り子がリベラルに振れる」アメリカを歩き、印象深い経験になりました。

ロサンゼルスの都市騒乱当時（1992年）、新聞社のロサンゼルス支局長でした。以来、「分断するアメリカ」は改善されることなく、トランプの下でさらに亀裂が広がりました。それでも一縷の望みはあります。アメリカの都市騒乱は、1960年代は白人と黒人の殺し合いでしたが、ロサンゼルスの都市騒乱では、マイノリティを巻き込み、多民族間騒乱になりました。それが今度の、ミネアポリスで白人警察官が黒人男性を殺害する事件をきっかけに全土に広がった抗議デモでは、白人、特にリベラリズムに共感する若年層の参加が報じられました。そこにも、「変わるアメリカ」を読み取りたいと思います。

私が海外都市を調べるきっかけをつくって下さったのは、国際ロータリー財団の海外留学制度を勧めて下さった樋口治京都工芸繊維大学教授、及びロサンゼルス赴任の機会をつくって下さった鮫島敬治日本経済新聞大阪本社編集局長(当時)です。お二人とも鬼籍に入られましたが、時々思い出し、合掌します。新聞社から大阪市立大学、龍谷大学に転籍する際にも、先輩、同僚の誘いに恵まれました。努力と能力以上の、恵まれたジャーナリスト/研究者暮らしになりました。この間、大洋を越えて多くの友人を得ることができました。本書は、そうした方々の支援を得ながら研究し、調査しながらの、当座の到達点です。

本書に関しては、脱稿後、諸般の事情が重なり難産でしたが、時節を踏まえた表題探し、それに装丁から各章の扉のデッサンまで編集部の田中朋子さんが尽力して下さいました。最後に海外調査から執筆まで暖かく見守ってくれた家族に感謝します。

初秋の夕暮れに、賀茂川の堤で

矢作　弘

矢作 弘

龍谷大学研究フェロー，博士(社会環境科学)．横浜市立大学卒．日本経済新聞ロサンゼルス支局長，編集委員を経て大阪市立大学，龍谷大学教授．この間，オハイオ州立大学，ロンドン・スクール・オブ・エコノミクス(LSE)客員研究員．東京と京都を行き来する2都暮らし．

〈アメリカ都市に関する著書／翻訳〉
『町並み保存運動 in U.S.A.』(学芸出版社)
『ロサンゼルス――多民族社会の実験都市』(中公新書)
『大型店とまちづくり――規制進むアメリカ，模索する日本』(岩波新書)
『「都市縮小」の時代』(角川新書)
『縮小都市の挑戦』(岩波新書)
『持続可能な都市――欧米の試みから何を学ぶか』(共著，岩波書店)
『ダウンサイジング・オブ・アメリカ――大量失業に引き裂かれる社会』(訳書，ニューヨークタイムズ編著，日本経済新聞社)

都市危機のアメリカ――凋落と再生の現場を歩く

2020年10月28日　第1刷発行

著 者　矢《や》作《はぎ》 弘《ひろし》

発行者　岡本 厚

発行所　株式会社 岩波書店
〒101-8002 東京都千代田区一ツ橋2-5-5
電話案内 03-5210-4000
https://www.iwanami.co.jp/

印刷・理想社　カバー・半七印刷　製本・中永製本

ISBN 978-4-00-061431-3　　Printed in Japan